榮格心理學導論

INTRODUCTION TO JUNGIAN PSYCHOLOGY

NOTES OF THE SEMINAR ON ANALYTICAL PSYCHOLOGY GIVEN IN 1925

卡爾·古斯塔夫·榮格

C. G. JUNG

The notes from these seminars form the only reliable published autobiographical account by Jung and the clearest and most important account of the development of his work.

推薦序
榮格的1925年：一場復活的研討會

1

1925年7月26日那一天，榮格在英格蘭南海岸的斯旺納奇（Swanage）度過他50歲的生日。那個傍晚，他在兩三年寫信給猶太女弟子尤蘭得．雅柯比（Jolande Jacobi）是這麼回憶的：「有美麗的夕陽，水鳥相互呼喚，寒冷的夜風從山上吹來，多喝了一瓶酒，抽了一支生日雪茄。」有位朋友覺得應該用一個紀念冊來慶祝這一時刻，榮格內心有股激動，雖然這冊子後來並沒有編出來。

儘管榮格沒有出版任何的紀念冊，但按照傳記作家廸爾德莉．貝爾（Deirdre Bair）的看法，這應該「是一個重要的里程碑」。她說：「他的50歲將他的職業生活幾乎整齊地分成了兩半，之前的幾年以理論的演變和發展為特徵，之後的幾年以這理論成熟的表達為特徵。在前半輩子裡，一起持續到二〇世紀的20年代末，他的專業活動從年輕時所強調的臨床研究轉向對歷史、文化、社會和宗教的深入研究。到了後半段，他用其他方式的探索，取代了他通過分析個人來解釋人類心靈的嘗試，尤其是通過他對煉金術的研究來定義集體無意識。」

關於榮格一生的思想階段，彼得．霍曼斯（Peter Homans，1930～2009）曾提出一個我自己經常借用的主張。

彼得．霍曼斯（Peter Homans，1930～2009）是芝加哥大學心理學與宗教學教授，在他三本重要作品包括《佛洛伊德之後的神學》和《哀悼的能力：幻滅與精神分析的社會起源》，還有就是《脈絡中的榮格：現代性和心理學的產生》（Jung in Contexts: Mordernity and the Making of Psychology）。在這一本書裡，撇開還未成熟，以前的學生時代，霍曼斯將榮格的思想分成三個階段。

2

第一個階段，指的就是追隨佛洛伊德的時代。在1906年到1913年，完成了德意志精神醫學傳統之訓練的榮格，在當時的老師尤金・布魯勒（Paul Eugen Bleuler，1857～1939）的影響和鼓勵下，開始探索無意識，也因此開啟了對佛洛伊德的認同。這樣的認同不是一般平常的認同。可以說榮格是將佛洛伊德當成了理想父親，完全以他為模範角色，從思想到外貌都在不知不覺中完全的合而為一，而且對兩人的關係是深信不疑的，認為兩個人都是在為共同的目標（佛洛伊德的精神分析理論）全力以赴。以至於佛洛伊德開始懷疑他的忠誠時，榮格卻一直認為只要有適當的解釋就可以明白了。榮格還是認為他所謂與佛洛伊德原來想法不同的地方，其實是增加了精神分析的廣度和科學基礎，是拓展了佛洛伊德的理論，佛洛伊德一定是會同意並且接受的。

他是在1913年和佛洛伊德決裂的。然而，在那一年一月生日佛洛伊德的信以前，他一直都只是感覺到十分的沮喪，沒有想到事情會到這樣惡劣的情形。這樣的天真無知，可以從他在更早以前的兩個月，也就是前一年的11月15日，寫給瓊斯（Alfred Ernest Jones，1879～1958）的信裡就可以清楚看出：「佛洛伊德相信，我是因為父親情結的主宰而反對他，才有的這些想法，所以所有的都是情結的無聊玩意……。面對這樣的影射，我是全然無力的……。如果佛洛伊德將所有想要思考精神分析問題的任何新的嘗試，都視為阻抗，事情也就完全不可能了。」他以為瓊斯是自己親近的朋友，當年英國的瓊斯到蘇黎世找他，想要學習無意識有關的醫學，是他堅持介紹瓊斯一定要去維也那跟隨比自己還更精通給佛洛伊德的。然而，在他寫給瓊斯這一封信的時候，卻不知道瓊斯早已經在佛洛伊德的默許下發起的祕密委員會，也就是針對榮格自己以為的創新補充，而進行所謂的「監督精神分析的發展並保護佛洛伊德著作的理論和製度遺產」。

1912 年冬天，榮格與佛洛伊德的溝通破裂；1913 年 1 月 3 日佛洛伊德寫信給榮格，正式結束兩人的私人關係。

佛洛伊德不只是拒絕和榮格來往，同時也不準任何想要參加精神分析的人和榮格有任何的來往。榮格並不是唯一受到這樣對待的人，更早以前是阿德勒，之後還有許多人，其中最悲慘的是落得自殺下場的維克多・陶斯克（Victor Tausk，1879～1919）。

3

霍曼斯認為對榮格而言，1913 年到 1918 年，從榮格經歷了瓦解到重建（或者用煉金術的說法：從黑化到白化）的過程。在遭受到佛洛伊德驅逐出精神分析的學圈以後，用榮格日後自己的理論來說，他原來以佛洛伊德為學習對象的人格面具，完全粉碎了。在過去，榮格「……告訴自己，自己必須成為所扮演的那個外在角色（佛洛伊德），那麼，他必然注定是要沉溺在自己的內在過程裡。因為，他最後還是會基於絕對的必要性而破壞自己的外在角色，或藉由反向轉化（enantiodromia，請參照「反向轉化」這個詞條）而使得原來這個外在角色變得荒謬不堪。他的人生會不可避免地出現反向的發展，他因此將無法繼續走在自己原先選擇的那條道路上。在這種情況下，內在的阿尼瑪往往會不可避免地投射到某個真實的客體上，隨著這情形的發生，自我將對這個客體會產生盡乎絕對的依賴關係，而該客體產生的所有反應也會直接影響了自我，並削弱自我（即主體）的內在。」對於這樣的「這樣的主客關係」，他最後的結論是：「總之……經常是一種悲劇性的關係。」

這一段話是出現在1913～1918之間創作而1921年出版的《心理類型》裡的第807段。在這一段時間，除了《心理類型》，他還陸續完成了《黑書》（主要是1913～1920，最後一筆是1932）和《紅書》（1914～1930的創作，以1913～1916年期間的心理實驗為基礎的）。這些著作可以看出來，他試著建立起一個不只是與佛洛伊德不再糾纏著心理學理論體系，甚至是擺脫了當時整個心理學以科學主義和實證主義為取向的時代趨勢。當他能夠用自己的理論來理解自己所經歷的「悲劇」，這個時候也已經走出來一開始被佛洛伊德驅逐和隔離的痛苦了。

4

最霍曼斯來說，1918年以後的榮格，就一直沿著他所建立出來的核心歷程，終其一生繼續前進了。

只是在一開始的時候，離開學界太久，或者說遭到學界驅逐太久的榮格，他一直是以個人的身分繼續著對自己理論的發展，包括煉金術研究的投入。而正如前面曾經提到的，也就是傳記作家廸爾德莉．貝爾所說的：1925年是一個重要的里程碑。

就榮格而言，不曉得他的內在世界在1925年前後有怎麼樣的改變，讓他的外在世界開始產生變化了。在前一年，他還一直努力者自己用手工打造波林根的石塔，一個拒絕任何水管引流來的水，更拒絕現在的電帶來的方便，想要回到古代的那一種沒有跟萬物隔離的生活狀態，也就是後來社會學大師韋伯所謂的如何在遭到現代生活驅魅（de-enchantment）的環境裡，如何創造復魅（re-enchantment）的可能。

然而，1925年，這個所謂里程碑的年份，榮格將他相當大的一部分展現在世人的面前了。雖然從技術上講，他從1913年起就開始舉辦「研討會」，但直到1925年的這一場，他才開始持續採用講座的形式。而且，這一場用英語舉辦了週三上午的講座，以不同的題目持續了14年。

1925年的這一場研討會雖然是最短的一次，從3月26日持續到7月6日，但確實就是第一場，而且研討會的題目是《分析心理學》，重點就是榮格的個人歷史，即他的心理學如何發展到今天。他從自己的心理學起點開始，即1896年的大學學習。然後他解釋了他的理論是如何在與佛洛伊德共事的這些年裡如何發展起來的，（可能是和佛洛伊德分手以後第一次公開談論到這件事情），接著又精辟地闡述了他的心理學在他們分手後是如何發展的。

這個研討會是在位於市政路（GEMEINDESTRASSE）的心理學俱樂部舉辦，這是這個俱樂部的新家，所以也是新家舉辦的第一次研討會。這座由伊迪絲‧麥考密克（EDITH MCCORMICK）購買的宏偉的房子至今仍是這俱樂部的家。

這一場活動的入場是免費的，但必須要榮格親自批准的人才能參加，而且，一般來說，他們必須曾經被分析過。榮格整個上午都在講話，從九點到中午，只有短暫的茶歇。之後，在一群嘰嘰喳喳的女人的簇擁下，他走了一小段路來到弗賴斯大街的托尼‧沃爾夫的家（TONI WOLF，1888～1953，1911年起開始跟容貴在一起），在那裡他和家人一起吃了午飯。榮格的妻子艾瑪也來參加了，研討會的一些成員會陪她到火車站或渡口，然後從那裡獨自回到庫斯納特的家。[5]

這一個研討會，很幸運地記錄下來了，而且先後有兩個版本。腓利門基金會再重新整理榮格的作品以後，根據更多的資料，而有了更準確的修正。關於這一點可以從2012年修正版的編輯，也是相當傑出的榮格學者索努．沙姆達薩尼（Sonu Shamdasani）所詳細寫下的前言當中看出來。

長期居住在泰國清邁的上海文人王一梁，還有他的妻子李毓，十多年來因為對榮格的熱愛，不知不覺翻譯了榮格相當多的作品。王一梁不幸因為癌症去世以後，我幫忙開始整理他留下的稿子。王一梁也翻譯了1925年的研討會記錄稿，可惜根據的是尚未修正以前1989年威廉．麥圭爾（William Mcguire）所主編的版本。我試著找來新的版本，重新校正和翻譯，工作一直做到第五講了，終於可以確定完稿的時間了，也就請出版社幫忙接洽版權。沒想到，這本版權已經由楓書坊取得了。

好的書是不寂寞的，重要的書更值得再三的翻譯。這一本書不只是有它的歷史意義，在理解榮格思想的發展上，從這一本書著手更是一個很好的切入方式。

王浩威

2023年5月30日

譯者序

市面上有關榮格心理學的書有漸漸增多的趨勢，但由榮格本人親自教授並出版的導論可謂絕無僅有。

這本書副標名為「1925年分析心理學講座筆記」，此時的榮格剛被邀請返回由他所創立的心理學俱樂部，對來自英美兩國的榮格愛好者進行一系列的榮格心理學介紹。

這場講座之所以意義非凡，不僅是因為它某種程度上反映了榮格在歷經多年沉潛後的的正式復出，同時這也是用英語所進行的演講。參與這系列講座的學生日後將把他的心理學推廣到英語系國家，進而影響全世界。

雖然榮格的作品多數都由德文寫成，但本書內容卻是以英語演講、用英語記錄，完稿後又經榮格本人修正的英語作品。這也讓我們在進行翻譯工作時安心不少。此外，本書並未談即令讀者望而生畏的煉金術，因此也大幅降低了親近榮格心理學的門檻，絕對是大眾學習榮格心理學的第一本書。

這本書的重要性還體現在下列五個方面：

1、它被英文版序言譽為《紅書》的姊妹作，之所以有這種說法，是因為它是榮格唯一一本公開談論《紅書》寫作動機與過程的書，因此可說是《紅書》的前導作品。讀者可在書裡見到榮格生前其實就有出版《紅書》的打算，但因學生的反對（或者還有其他因素）而作罷。

2、榮格首度在此書裡揭露了他個人思想的演變過程，以及他對佛洛伊德的反擊。他們兩人在1913年決裂後，榮格陷入了多年的退行狀態，佛洛伊德則反之。面對後者及其陣營的批判，榮格一直保持沉默，直到在此講座才展開了對自己的辯駁與回應。

3、榮格在講座中整理了他在《轉化的象徵》裡頭的觀點，這是他開展早期理論的重要起源，從此處接續到《心理類型》以及《紅書》的創作，榮格理論的重要架構於焉成形。

4、在討論心理類型時，榮格對他原先的分類進行了補充，多增加了4種混合型，而這在《心理類型》一書中是看不到的。目前國內對心理類型的關注頗多，但知道榮格更新版的人卻很少，因此本書特別值得研究。

5、他在書裡與講座的參與者一起分析了三本小說。這不是他首度進行故事分析，事實上，榮格在《心理類型》中就分析過席勒的著作，但本書所挑選的三篇故事是一般性的通俗小說，而非席勒那樣的文學作品。我們可從此處發現，故事分析就是榮格心理學的重要應用。

參與這場講座的不僅只有英美兩國的學生，還包括了著名的作曲家理查·史特勞斯，與文學家赫曼·赫賽，這說明榮格在當時的德國文藝圈已有相當的影響力。榮格肯定想不到，在這系列講座結束後將近百年（1925～2023），他的思想竟會輾轉來到一座東亞的小島，和他從未謀面的讀者見面。能夠擔任這座橋樑，是我翻譯本書最大的榮幸。

聽聞王浩威醫師說，已故作家王一梁先生旅外期間就曾對本書進行過翻譯，雖無緣得見，遙思之亦感奇異。那天晚上，我就在夢中夢見了從未見過的王一梁先生，甚奇！夢中並未見到他的面容，但能深刻感覺到我們正走在同一條道路上，不過先後順序不同而已。夢裡無生死，信不誣也！

願您喜樂，願您安息。

非常謝謝編輯陳依萱以及楓書坊出版社對本書的大力支持，謝謝王浩威醫師在翻譯過程中的提攜與幫助，謝謝太太林書勤心理師幫忙檢查初稿。礙於個人極有限的學養以及語文能力，本書雖經多次檢視，肯定仍難免有錯誤與疏漏之處。拋磚引玉，希望有更多喜歡榮格心理學的朋友一起投入翻譯工作。

翻譯確實辛苦，但它的滿足也是大的。青燈黃卷，榮格的話語歷歷在前。現在，就將他的話語轉達給各位，願讀者朋友都能從他的話語裡得到啟發。

目錄

2012年版
「腓利門系列叢書」前言

從歷史角度來看，這些講座在許多層面都是榮格最重要的講座，因為它們是榮格談論個人思想與自我實驗之發展唯一可靠的一手資料，他的《紅書》（*Red Book, Liber Novus*）就源於此處。然而，它們從未獲得應有的關注。1989年，威廉・麥逵爾（1917～2009）[1]將它收錄在波林根系列叢書中出版。此版本具有很高的水準[2]，因為榮格在此處的討論有全新的角度，而《紅書》的問世使這些講座有機會重新呈現給大眾。這本再版的腓利門系列叢書增加了新的導讀，同時交叉比對榮格在《紅書》中所引用的材料，也包含進一步的新註解。這些部分會在書中以2012加以識別。1989年版的錯誤則加以刪除。進一步的研究表明，喬安・柯瑞（Joan Corrie）的《榮格心理學ABC》（*ABC of Jung's Psychology*）被認為是出自本講座的段落，實際上源於榮格同年在英國斯旺納奇的講座，因此我們把它刪除了。麥逵爾認為這些講座是在3月到7月中的星期一舉行，中間沒有休息，因此為每場講座都加註了日期。然而，近期發現的卡莉・拜恩斯（Cary Baynes）筆記卻指出這些講座每週舉行兩次，因此原先加註的日期我們也加以刪除。

1 原註1。參見John Beebe, "Obituary, William McGuire," *Journal of Analytical Psychology* 55 (2010): pp.157-58。
2 原註2。1988年我曾對此書的部分研究加以協助，是很有啟發性的一段經歷。

2012年版導讀

索努・山達薩尼

1925年3月24日，蘇黎世。卡莉・拜恩斯寫道：

「昨天開始了新程序，也就是說，第一講正式舉行。正如學校課本所描述的古老戰爭那樣，事情都有近因和遠因，而近因可以在榮格的通知信裡清楚看到。據說當柯瑞小姐收到信時，感覺就像是父親過世了一樣。[1]畢竟忠誠的信徒會對上帝的天罰悲喜交加。但對我來說，這卻是寶貴的機會。因為自從12月第一次分析之後，我只有過兩小時的分析經驗。

我們週一和週四的4：30到6：00都會在自治大街（Gemeinde Strasse）[2]的教室裡碰面。昨天出席的人有：蕭（Shaw）博士、凱（Kay）博士（大約28歲，來自澳洲，我第一次碰到他，他的筆記做得很好），薩金特（Sergeant）小姐、克里斯汀・曼恩（Kristine Mann）、沃德（Ward）博士、高登（Gordon）博士、貝克威斯（Beckwith）[3]（他看起來像被蜜蜂螫過，並相信參加榮格的講座就意味著減少了被榮格分析的時數，但這不是事實，是他的阿尼瑪使他確信分析的時間越久越好）、莫瑞（Murray）[4]（他大概32歲，最近剛從英國劍橋回來，但有時也從美國回來，他帶來了60個問題，理解《心理類型》（*Types*）的理論，以藥劑師為業，在佛蒙特州擁有一片荒野，想邀榮格去那裡開會。他覺得加州變化太快，兩週內就會蓋起新公寓，並非理想的開會地點，但佛蒙特州在80年後還是老樣子（我覺得他的估計太保守了，他應該說八百年。）、阿德里奇（Aldrich）、唐漢（Dunham）女士（芝加哥）、我、辛克斯（Hincks）小姐以及柯瑞小姐。我們依序坐在牆邊，看起來很有學問。

榮格說他會從分析心理學的歷史回顧開始，我們可以像在康瓦爾的講座那樣提問，他會挑合適的問題討論。[5]我提醒他我們已取得共識，想討論某個主題（移情），詢問他能否選這個題目。但他說他不想，因為他更想討論我們在個人分析時感興趣的話題。蕭博士說她想多瞭解物極必反原則，

---

1 原註1。1922年，柯瑞發表了一篇名為〈海上夜航的個人體驗〉（A Personal Experience of the Night Journey under the Sea）的論文，內容描述並分析了她接受榮格分析時所做的夢。*British Journal of Psychology (Medical Section)* 2:pp. 303-12。

2 原註2。榮格的待辦事項中確認了這幾次碰面是發生在週一和週四。從4月中到5月之間還有三週的休息時間（感謝Andreas Jung 提供的訊息）。

3 原註3。關於薩金特、曼恩和高登的資訊，可參見下文。

4 原註4。大約在復活節期間，莫瑞到蘇黎世接受榮格三週的分析。具體內容可參見Forrest Robinson, *Love's Story Told: A Life of Henry A. Murray* (Cambridge, MA: Harvard University Press, 1992), pp.120f。

5 原註5。這裡指的是榮格1923年在波爾澤斯的講座（預計收錄在腓利門系列叢書中）。

不僅限於席勒（Schiller）的章節。[6]榮格回覆，『可以談談他和他帶來的影響，但要以問題的形式提出來。』阿德里奇先生說他想聽榮格是如何開展個人哲學的，而想分析的人可以把問題留到與榮格的個別分析時間再問。我表示反對，因為有些人沒有接受分析，如果講座不能提供自由提問會很令人失望。於是榮格說，阿德里奇只是想對抗具主導性的女性元素而已，此時響起了熱烈的歡呼。榮格說，關於他的人生哲學是一個很大的主題，阿德里奇必須把它分成幾個小問題，此時柯瑞小姐提出反對，她不想聽歷史回顧，而是想聽榮格自己的內容。我很高興她這麼說，因為我也認為榮格想談在康瓦爾時就已講過的引言，但只有這樣太可惜了。然而他的原意並非如此，他的意思是分析觀點的發展過程，而這當然是我們很期待的主題沒錯。他說他總是對分析心理學所涵蓋的廣泛內容印象深刻，因此認為我們若是能對這個領域擁有特定的觀點將會很有幫助，然後他開始演講，我盡我所能地記錄下榮格的原話，或許這樣才能重現講座的生動。[7]」

卡莉．拜恩斯對這場愉快的講座記錄在此中斷。很明顯，聽眾並沒搞懂榮格想談什麼。但在此之前，我們需要看看榮格在1925年的情況。

1925年的榮格

1921年，《心理類型》出版，且廣受好評。英文版在1923年上市，同樣佳評如潮。在紐約時報的書籍評論區中，馬克．伊沙姆（Mark Isham）有長達兩頁的內容寫道：「這部作品異常嚴肅、積極、發人深省，而且經典，同時具有很高的啟發性。它令人振奮，能解放身心、而且很有創意。

作者的知識對內傾思維型展現出令人驚訝的同理，對其他類型也是如此……榮格不凡地揭露了內在靈魂的王國，並發現了幻想的顯著價值。他的書具有多重的延伸和理解方式，並可從不同的主題來評論。」[8]就出版來說，本書面市後直到此系列講座舉辦的這段時間內，是榮格生涯最安靜的一段時期。1921年，他為英國心理學協會舉辦的座談會提供了一篇論文，題為〈「情緒抒洩」的治療價值問題〉（The Question of the Therapeutic Value of 'Abreaction'）；[9] 1922年，他出版了蘇黎世德語及文學協會的一篇演講稿，〈論分析心理學與文學藝術作品間的關係〉（On the Relation of Analytical Psychology to Literary Artworks）。[10]和以往不同，他在1923年與1924年並沒有發表新作品。這或許與他母親在1923年1月去世有關。1925年他發表了兩篇文章，包括1923年在瑞士泰里泰特（Territet）國際教育會議上發表的關於「心理類型」的摘要論文[11]，以及被赫曼·凱澤林伯爵（Count

6 原註6。參見榮格的《心理類型》，CW6, § 150。榮格寫道：「物極必反意味著『朝反方向而去』。在赫拉克利特的哲學中，它是用來指對立面在事件發展過程中的運作，亦即每件事物都會轉化成自己的對立面。」（§ 708）。

7 原註7。Cary Baynes Papers, Contemporary Medical Archives, Wellcome Library（後文簡稱CFB）卡莉·拜恩斯的筆記是在得到希美娜·德·安古洛同意下引用的。

8 原註8。1923年6月10日。關於這部著作的接受，可參見我的 *Jung and the Making of Modern Psychology: The Dream of a Science* (Cambridge: Cambridge University Press, 2003), pp.83f. and 334f。

9 原註9。CW16。

10 原註10。CW15。

11 原註11。CW6。

Hermann Keyserling）收錄進關於婚姻的文集中的一篇文章，〈作為一種心理關係的婚姻〉（Marriage as a Psychological Relation）[12]。當時榮格創造力的核心很明顯聚焦在別處，亦即抄寫《紅書》[13]，以及在蘇黎世湖畔建造波林根塔樓。

這本書的起源有必要加以交代。在1913年冬天，榮格釋放了自己的幻想思維，並記錄其中的內容。他後來將此過程稱為積極想像，並把這些幻象記錄在《黑書》（*Black Books*）中。這並非他的私人日記，而是自我實驗的記錄。這些形成積極想像的對話可被視為是思維的戲劇化形式。

當第一次世界大戰爆發時，榮格認為這系列幻象正是對此事的預測。這使他開始寫下《紅書》的初稿，其中包含抄寫《黑書》的主要幻想，以及詮釋性的評論和詞語的修正。榮格在這裡試著從幻象中推導出一般性的心理學原則，並企圖瞭解這些幻象在多大程度上以象徵的形式具象化了事件的發展。儘管榮格想將它出版，但這部作品並未在榮格生前刊行。這部作品的全部主題是榮格如何重新找回自己的靈魂，並克服當代精神異化所帶來的不安，最終，藉由新的上帝意象在他靈魂中重生，以及發展出具心理學與神學特色的宇宙學形式的全新世界觀——他完成了這個目標。《紅書》呈現的就是榮格關於個體化歷程的原型（prototype）概念。

這些材料經過多次抄寫，最後榮格又將花體字抄錄在一本大本的紅色皮革書上，將第一個字母飾以歷史圖樣，裝飾每頁的邊緣處，再繪製大量的圖畫。榮格在1915年完成了《紅書》前兩部分的手稿，第三部分的〈審視〉（Scrutinies）則完成於1917年。此後他又投入辛苦的抄寫工作。畫作開始於書中幻象的插圖，後來則可視為積極想像的內容，有時也涉及了榮格同時期在《黑書》裡的幻象。榮格在1930年左右終止了抄寫。到1921年1月時，他已完成了127頁的花體字卷，到1925年8月時，他已寫到156頁的結尾。

1920年，他在波林根的蘇黎世湖畔購買了一塊地。他感覺自己有在石頭上呈現其最深處思想的需要，並建造一處完全原始的居所：「波林根對我非常重要，因為文字和紙張還不夠真實。我必須在石頭上告解。」[14]塔樓是「個體化的再現」。多年過去，他在塔樓的牆上創作壁畫與雕刻，塔樓或許可被視為是《紅書》的三維延續：他的「第四部分」。

在1924與1925年，出版這部作品似已成為榮格腦海中最重要的議題之一。1924年年初，他要求卡莉．拜恩斯打印文本內容，並討論出版的可能性。卡莉在自己的日記中寫道：

「你告訴我將《紅書》的內容給寫出來，這你先前就已謄寫過，但你後來又增加了很多材料，想再謄一遍，並在我抄寫時解釋裡面的內容，因為你幾乎瞭解你所說的每件事。這樣我們就能討論許多我在分析中未曾出現的東西，我也能從根本上瞭解你的思想。」[15]

---

12 原註12。CW17。

13 原註13。榮格，《紅書》。索努．山達薩尼編輯並作序，馬克．凱伯茲、約翰．佩克，以及索努．山達薩尼翻譯（New York: W. W. Norton, 2009）。

14 原註14。安妮拉．亞菲在撰寫《回憶．夢．省思》訪談榮格時所做的記錄。Library of Congress, Washington, DC（原文為德文），p.142。

15 原註15。1924年1月26日，引自《紅書》p.213，我所撰寫的 *Liber Novus*: The 'Red Book' of C. G. Jung。

同時，榮格也在和他的同事沃夫岡・史托克梅爾（Wlofgang Stockmayer）[16]討論可能的出版形式。1925年，彼得・拜恩斯（Peter Baynes）將《死者的七次布道》（*Septem Sermones ad Mortuos*）翻譯出來，並在英國由沃特金斯出版社以私人形式出版。

在抄寫的過程中，卡莉・拜恩斯敦促榮格辦一場講座。她在日記中寫道：

「當我問拜恩斯是否想聽一場關於《紅書》的講座時，我只想知道你和他在一起做什麼。自我開始讀它後，就覺得如果能把蒙娜・麗莎[17]一起納進來討論，而不是只有我們兩個人的話，肯定會是件美好的事情。或許她對這本書知之甚詳，會因為過於瞭解而覺得這個提案沒有吸引力，但我覺得如果……他［彼得・拜恩斯］問我……為什麼出版《紅書》對我會是個問題。我可以尖銳地反駁，它之所以會是問題是因為你呈現它的方式……接著你告訴他你對他的看法，而他完全不知所措……當我說我想聽到你在外面講《紅書》的時候，你還以為我想辦下午茶會，所以我善意地回擊你，如果《紅書》沒有重要到需要在外面討論的話，你就得為它做點什麼了。」[18]

目前我們還不知道是否舉辦過上述的講座。但這些討論很可能在榮格公開演講自我實驗及《紅書》幻象的決定中扮演了重要角色。

在[19]1922年11月25日，他和艾瑪・榮格（Emma Jung）以及托妮・沃爾芙（Toni Wolff）一起離開了他在1916年創立的心理學俱樂部。[20]榮格離開俱樂部後，於1923年1月在英國康瓦爾的波爾澤斯舉辦了系列演講。早些年，倫敦的分析心理學俱樂部已經建立。該講座是由彼得・拜恩斯及埃斯特・哈丁（Esrther Harding）所組織的，共有29個人參加。[21]講座有兩個主題：分析技術與基督教的歷史心理影響。在此期間，有越來越多人從英國及美國來到蘇黎世和榮格一起工作，形成了一個非正式的僑民團體。1922年8月，傑米．德．安古洛（Jaime de Angulo）在寫給瓊西．古德里奇（Chauncey Goodrich）的信中提出「給所有神經症兄弟的一個挑戰：走吧！我的兄弟們，前往麥加，我的意思是蘇黎世，飲下那生命之泉的泉水，所有內在靈魂死去的人們，一同出發並尋求新生。」[22]

1923年4月30日，尤金．施萊格爾（Eugen Schlegel）提議俱樂部應邀請榮格再次加入。同年稍晚時，榮格和阿方斯．梅德（Alphonse Maeder）展開通信。榮格的立場是，只有在全體一致且明確期待與他合作的情況下，他才會同意回歸。因此俱樂部內展開了熱烈的討論。例如，1923年10月23日，馮．穆拉特（von Muralt）就認為榮格只是想利用成員來達成他的個人目的，除非人們願意接受他的理論，否則很難跟他建立關係，而他這樣的待人態度不是一位分析師應當有的，諸如此類。我們可以想像，當榮格發現自己創立的機構被帶往其他方向，而他卻被視為一個帶來阻礙的大家長時，他會作何反應。1924年2月，漢斯．特魯伯（Hans Trüb）卸下了俱樂部的主席職務，成

---

16 原註16。同上，pp.214f。

17 原註17。艾瑪．榮格（資訊由希美娜．德．安古洛所提供）。

18 原註18。1924年6月5日，CFB。

19 原註19。參見拙著 *Cult Fictions: C. G. Jung and the Founding of Analytical Psychology* (London: Routledge, 1998)。

20 原註20。Friedel Muser, "Zur Geschichte des Psychologischen Clubs Zürich von den Anfängen bis 1928", Sonderdruck aus dem *Jahresbericht des Psychologischen Clubs Zürich*, 1984, p.8.

21 原註21。資料由 Barbara Hannah 提供，*Jung, His Life and Work: A Biological Memoir* (New York: Putnam, 1976), p.149。

22 原註22。Goodrich Papers, Bancroft Library, University of California at San Francisco.

員們寫了一封信邀請榮格重返俱樂部，他便在一個月後回去了。[23]

同年稍晚，榮格舉辦了一個以德語講授的講座，內容是夢的心理學，共有三個部分（11月1日、12月8日，以及1925年2月21日），1925年3月23日又接著辦理另一場討論。[24]值得一提的是，這些英語講座雖然是在心理學俱樂部舉行，卻不是官方的「俱樂部講座」，俱樂部的記要或年度報告中都沒提到它們，俱樂部1925年的五十二名成員與三名客座成員也只有一小部分人來參加。這些講座顯然更像是榮格安排的私人講座，只是恰巧在心理學俱樂部舉行。參加過波爾澤斯講座的成員與這系列的講座成員似乎有很大的一致性（講座人數大致相同）。因此他們和當地俱樂部的基本成員不同，後者不久前才剛把榮格邀請回來，他們和參加這場榮格英語講座的國際化聽眾有非常不同的心理動力。在後來的歲月中，這些英語聽眾在他作品的傳播裡扮演著主導角色。

講座

榮格在《心理類型》中評論了知識的主觀條件，亦即「個人推論偏誤」[25]。他指出，在心理學中，概念「永遠是研究者主觀心理群集的產物」。[26]認知到個人推論偏誤的效應，也就是知識體系中主觀決定所建構的部分，構成了對其他個體進行科學評估的前提。在此講座中，榮格坦率說出他的個人推論偏誤並非自己成長背景造成的，而是他的取向、他形成心理學觀點的方式，以及他的主觀態度。他第一次談到自己的心理類型，以給出分析心理學「廣闊領域」的「綜覽」來作為開始，並以他概念的起源為開端，這始於他對無意識的關注。與他著作中明顯的佛洛伊德色彩相比，榮格並未將自己的理論起源與佛洛伊德做直接聯繫，而是將他早年對叔本華（Schopenhauer）及馮・哈特曼（von Hartmann）作品的閱讀，以及對靈性經驗的參與加以串連，因而把他的著作置於和佛洛伊德全然不同的智性與經驗軌跡之上。榮格清楚表明，他是在形成自己對無意識及力比多的初始概念，並完成他對心理病理學的研究之後，才接觸了佛洛伊德。儘管他覺得自己獨力驗證了佛洛伊德某些理論，但他一開始就對佛洛伊德的理論持保留態度。在他已出版的著作中，榮格曾指出他和佛洛伊德的理論差異。[27]他在這裡首次坦率地說出了他和佛洛伊德的關係，以及佛洛伊德的個人缺點，例如他對個案的欺瞞，他對批評的不容忍，以及將個人權威置於事實之上的態度。這是榮格首次回應佛洛伊德1914年在《精神分析運動史》（*On the History of the Psychoanalytic Movement*）中對兩人關係帶有偏見的論述。[28]

---

23 原註23。此段內容源自Muser, "Zur Geschichte des Psychologischen Clubs Zürich von den Anfängen bis 1928," and the minutes of the Psychological Club, Zurich。感謝 Andreas Schweizer 在俱樂部檔案室所提供的協助。

24 原註24。*Jahresbericht des Psychologischen Clubs Zürich*, 1925.

25 譯註1。personal equation，意指人格對想法會有無可避免的影響，所有的推論都是主觀的。

26 原註25。榮格：《心理類型》CW6, § 9。關於此問題可參見拙著 *Jung and the Making of Modern Psychology: The Dream of a Science* 第一部分。

27 原註26。例如Jung, *Jung contra Freud: The 1912 New York Lectures on the Theory of Psychoanalysis*，包括索努・山達薩尼的引言（Princeton, NJ: Princeton University Press, 2012）。

28 原註27。SE 14。

榮格接著提到了佛洛伊德無法正確理解的強大夢境，而這些夢促使他對無意識的自主性有了新的理解。他接著意識到在《力比多的轉化與象徵》（*Transformations and Symbols of the Libido*, 1912）中，他所分析的是自己的幻想功能。因此他以一種更系統化的方式來分析。隨後榮格敘述了他在1913年10月前往沙夫豪森的路上所見到的幻象，在第一次世界大戰爆發之後，他開始認為幻象具有預測性，並開始了他的積極想像。1913年秋天，他專注於與自己靈魂的對話，他首次的視覺沉降是在12月12日發生的，殺死齊格飛（Siegfried）的夢則發生在12月18日，而他與以利亞（Elijah）及莎樂美（Salome）的相遇則在不久之後。總結來說，榮格在講座中所談到的自我實驗時期，是從1913年的10月直到12月，這構成了《紅書》的第一部分，也就是第一卷。這是榮格首次，也確實是唯一一次公開談論這些材料。很重要的是，雖然榮格談到了這些情節，但卻從未直接提到《紅書》，這很明顯引發了聽眾的巨大好奇。此次講座可被視為以第一人稱口吻所呈現的分析心理學實驗，從他個人的「案例」中，他直接告訴聽眾：「我已對你們說了很多，但別因此認為我對你們說了全部。」[29] 他在這裡的陳述是對卡莉．拜恩斯要求在講座中討論《紅書》時所做的回應，而榮格可能是想看聽眾的反應，來決定他是否要出版此書。

榮格對這些情節的討論並非複製他在《紅書》裡的第二層評論，而是第三層。相比於他在《紅書》第二層評論中的抒情口吻，榮格此處更著重心理學概念，也就是更加精確。他試著展示他是如何從此遭遇產出對心理學概念的反思。如他清楚指出：「我從自己的病人身上獲得了經驗的素材，但我是在自己心裡，也就是對無意識歷程的觀察中，獲得了問題的解答。」[30] 同時，他這份報告也具有教學的功能。聽眾多數是由他的工作對象組成的，因此我們可以假設積極想像的練習在他們的工作中扮演關鍵角色。因此他實際上是用自己的材料作為教學楷模，用來展示他的心理類型學在個人幻象中是如何描繪和展現，他如何與阿尼瑪及智慧老人相遇並達成和解，以及作為兩極衝突解方的超越功能的起源。此外，講座中還有個重要部分是集中討論當代藝術的重要性，以及要如何以心理學理解。關於如何安置自己的創造性工作，在榮格的心裡似乎是背景般的存在，那時刻影響著他。

在呈現和討論完他的個人素材後，榮格接著提出了概括性的架構來展現他是如何理解這些人物。從歷史角度來看，我們會對當時的參與者未能敦促榮格去對個人素材做更多的呈現和評論感到遺憾。講座還包含了班級作業，參與者必須研讀三本大眾小說來處理關於阿尼瑪的主題，包括萊德·哈嘉德（Rider Haggard）的《她》（*She*）、伯努瓦（Benoît）的《亞特蘭提斯》（*L'Atlantide*）、以及麥林克（Meyrink）《綠色的臉》（*Das Grüne Geischt* ）。在成員的要求下，瑪麗·海（Marie Hay）的《邪惡的葡萄園》（*The Evil Vineyard*）取代了麥林克的著作，以便討論阿尼姆斯的主題。[31]如榮格說的那樣，這項練習的目的是他能「瞭解你們從這些講座裡學到了什麼。」[32]這不是榮格第一次使用通俗作品來闡釋自己的工作。在《心理類型》第5章，就有他對瑞士作家卡爾·施皮特勒（Carl Spitteler）小說

29 原註28。參見下文。

30 原註29。參見下文。

31 原註30。鑑於榮格對麥林克的興趣，事後人們可能會覺得未能留下榮格對此作品的記錄而遺憾。參見拙著 *Liber Novus:* The 'Red Book' of C. G. Jung，位於《紅書》p.207 及 p.212。

32 原註31。參見下文。

《普羅米修斯與艾比米修斯》（*Prometheus and Epimetheus*）的分析。施皮特勒曾在1919年獲得諾貝爾文學獎。[33] 萊德·哈嘉德的《她》自1887年出版以來都是暢銷書。由小說改編，並由萊德·哈嘉德本人撰寫字幕的默片也在1925年完成。使用大眾小說來展示個體化歷程，說明了個體化的心理動力絕非一件純粹的祕密事件。

在7月6日的講座結束數週後，榮格在7月25日至8月7日之間前往英國多塞特的斯旺納奇進行另一場英文講座。[34] 這場講座也是由彼得·拜恩斯和埃斯特·哈丁所發起的。主題是夢的分析，大概有一百位參與者。[35] 榮格以夢的詮釋史開始報告，接著分析了一名53歲寡婦的系列夢。

後續

卡莉·拜恩斯在講座中做了筆記，在講座結束後很快就針對是否要將筆記出版與眾人討論，這項提議最初似乎是由哈瑞特·沃德（Harriet Ward）博士提出的。在1925年9月26日的日記中，卡莉·拜恩斯寫下一段深思後的記錄：

「在與艾瑪討論過這些筆記後，我發現她對送印這些資料的反應和我一樣，我所有的抗拒感都強烈地回來了，因此我想再次讓你知道這件事。我覺得你去年春天的演講是心理學在本世紀最重要的事件，因為你在裡面提出了思想的原型本質是如何來到抽象的位置，或者成為一個概念，你可能會說這是人類才智的最後完善。在此之前，世人並未想過這件事，就更別說做了，因此我認為這些講座應該用與它們的內容同等重要的方式來對待。但你會說，還有什麼方式比把它們送印更好呢？

但我覺得印出來只會以痛苦的方式將它們加以錯誤地扭曲。大家都知道，這類思想一旦付印，或多或少就會使它們固定為一個永恆的形式，但這些筆記並沒有形式，它們不可能有，它們不過是對你言語的概略複誦。它們的本質是雕刻家在模型中的泥土，因此它們具有魔力，但當它們被迫成為它們不是的東西時，魔力就會消失，它們也會變得平淡無奇。此外，當你用語言來塑造某些事時，你可以在特定的時空中建造出非凡的建築，但當你把它寫下來或印刷出版，此結構的下方就必須有肉眼可見的基礎才能承載，而那是科學的領域。現在這三個系列的講座，包括斯旺納奇、這裡，以及康瓦爾，都充滿模糊的思想，當你講出口的時候滿懷信心，但這些感受只能勉強出現在筆記中。如果你寫下來，它們就會再次飛起，但作為筆記本身，它們不會，這是另一個我認為不應將其出版的原因。它們應該保持原樣，就像實驗室的原料，直到你將這些想法寫進書裡，無疑你有一天會這麼做的。保存它們的最佳方式可能是把它繕打出來，但只給班級裡的同學，例如拜恩斯、蕭以及其他像是……當我去年春天告訴你這件事時，你覺得沃德想要出版講義的想法只是個無害的幻想。我毫不懷疑當辛克爾提議翻譯《力比多的轉化與象徵》（*Wandlung*）時你也這麼想，但你看看，這個幻想離無害有多遠！」[36]

---

33 原註32。參見《心理類型》，CW6，第5章。

34 原註33。這些內容將於腓利門系列叢書中出版。

35 原註34。此段資料來自 Hannah, *Jung, His Life and Work*, p.166 以及埃斯特．哈丁對此講座的筆記，Kristine Mann Library, New York。

36 原註35。1942年4月10日，榮格在給瑪麗．梅隆的信中寫道：「《無意識的心理學》非常需要重新翻譯。」（Jung's Archives, Swiss Federal Institute of Technology, Zurich）原文為英文。根據喬瑟夫．韓德森的觀點，榮格想重翻此書，卻面臨版權的問題（個人交流）。

我們可以想見這些講座以及榮格自我實驗的細節若在那時出版會帶來什麼影響。卡莉．拜恩斯敏銳地強調了這些講座最重要的一面，也就是榮格的講述提供了進入創造性歷程的窗口，從替幻想浮現的序列製作圖樣，到榮格對它們的反思，最後更以抽象化的形式引發了人本心理學的新概念。

卡莉．拜恩斯只在特定範圍內分享筆記的提議被採納了。榮格在前往非洲旅行的途中將這些筆記帶在身邊評論。10月19日，他「從里斯本」寫信給她：「你會看到我很用心地讀這些筆記。我認為它們整體上非常正確。某些講座甚至更流暢，意思是它不會阻止力比多的流動。」[37]榮格對此講座文本的用心核實和他對待其他講座很不同，這確保了它們的可靠程度。

卡莉．拜恩斯筆記的分發名單共有55人，除了講座的參加者外，收到複本的人包括：彼德．拜恩斯博士、西格（Sigg）女士、瓊西．古德里奇、馮．舒里（von Sury）小姐、福格里斯特勒（Früglisteller）女士、弗達茲（Vodaz）教授、詹姆斯．楊（James Young）博士、厄瑪．普特南（Irma Putnam）博士、伊麗莎白．惠特尼（Elizabeth Whitney）博士、沃夫岡．克蘭菲爾德（Wolfgang Kranefeldt）博士、阿賽爾（Altherr）女士、N．泰勒（N. Taylor）女士、法蘭西斯．威克斯（Frances Wickes）、威爾弗雷德．雷（Wilfred Lay）、海倫．蕭（Helen Shaw）博士、威拉德．杜漢（Willard Durham）博士、阿德拉．華頓（Adela Wharton）博士、M．米爾斯（M. Mills）小姐，以及心理學俱樂部。[38]在準備完這些講座筆記後，卡莉．拜恩斯回到了《紅書》的抄寫工作上，當時榮格正在非洲。[39]1926年4月榮格從非洲返家後，他再度回到把《紅書》抄進花體字卷的工作。但從此刻直到1930年他結束抄寫為止（在1950年代末他進行了最後一次抄寫），他只完成了10頁花體字以及兩張大圖（「永恆之窗」〔window unto eternity〕和「黃金城堡」[golden castle]的曼陀羅以及一張未完成的畫）。[40]

1926年，榮格出版了《在正常與病態生活中的靈魂的無意識：分析心理學的當代理論與方法概述》（*The Unconscious in the Normal and Sick Life of the Soul: An Overview of the Modern Theory and Method of Analytical Psychology*），[41]這是他1917年《無意識歷程的心理學：分析心理學的實務與理論概述》（*The Psychology of the Unconscious Processes: An Overview of the Practice and Theory of Analytical Psychology*）一書的修訂版。[42]這版與1918年版的主要差別，是對心理類型材料的修訂以及新增了個體化與心理治療的素材。1928年他出版了《自我與無意識的關聯》（*The Relations between the I and the Unconscious*）[43]，是對1915年〈無意識的結構〉（The Structure of the Unconscious）一文的大幅修訂與擴充。[44]在直面阿尼瑪、阿尼姆斯，以及魔力人格的章節中，他引述了萊德．哈嘉德以及伯努瓦的書，但沒有提供任何個人背景。[45]當榮格在1929年出版《黃金之花的祕密》（*The Secret of the Golden Flower*）時，他

---

37 原註36。CFB
38 原註37。CFB
39 原註38。同年2月，她開始翻譯理查．威爾海姆德文版本的《易經》，她投身這項任務數十年（Cary Baynes to Chauncey Goodrich, Goodrich Papers, Bancroft Library, University of California at San Francisco，1925年2月15日）。
40 原註39。《紅書》，pp.157f。
41 原註40。*Das Unbewusste im normalen und kranken Seelenleben. Ein Überblick über die moderne Theorie und Methode der analytischen Psychologie* (Zucich: Rascher Verlag, 1926)。1943年的修訂版收錄在CW7。
42 原註41。英文版收錄在Jung, *Collected Papers on Analytical Psychology*, ed. 由康斯坦斯．隆所翻譯。
43 原註42。CW7。
44 原註43。同上。

在評論中附上了《紅書》的三幅畫當作「歐洲曼陀羅」的例子，這些畫都以匿名的方式發表。[46]此後，榮格不再使用第一人稱的口吻，不論是這場講座或者《紅書》都是如此。

1950年代晚期，當安妮拉．亞菲（Aniela Jaffé）開始了榮格的傳記書寫計畫，並最終出版了《回憶．夢．省思》（*Memories, Dreams, Reflections*）之後，她在〈直面無意識〉（Confrontation with the Unconscious）這章擷取了本講座的內容來補充她訪談榮格的材料，特別是榮格述及與佛洛伊德之間的關係以及自我實驗的部分。[47]不幸的是，這章在組合及排列材料的方式讓人難以斷定清楚的時間軸，也使講座裡的討論喪失連貫性。本章也未對1925年榮格對材料的討論以及他其後三十餘年的持續回憶與反思加以區分，而這段期間他仍舊在抄寫與繪畫。

上述內容是為了指出此次講座在榮格作品集中的獨特性，這點在它最終於1989年出版時並未得到廣泛的理解。2009年《紅書》的出版使它獲得全新的意義，也使本書得以被視為《紅書》的姐妹篇：它是將這些材料精緻化為概念及教學實驗的新章節。此單行本的獨特處是它的內容包含了個人、歷史以及概念的結合，這使它成為榮格心理學中最為清晰的導論。

45 原註44。CW7, § 296f。

46 原註45。CW13, pp.56f。

47 原註46。榮格：《回憶．夢．省思》，由安妮拉．亞菲記錄與編輯，Richard 及 Clara Winston 翻譯（1962; London: Flamingo, 1983）。

1989年版導讀

威廉·麥逵爾

這場標題稍嫌簡單的講座，是榮格第一次在相對正式的場合所做的演講，也是第一次被記錄和製圖的講座，因為使用英語的學生日漸增加，這可用以滿足他們的學習需求。[1] 1925年，榮格50歲，受過教育的一般大眾，尤其是說英語的族群，對分析心理學的理論與方法出現了顯著的學習需求，亟需獲得最新的內容。此時距榮格出版的那本小書（他的原話），也就是《無意識歷程的心理學》（*Die Psychologie der unbewussten Prozesse*）[2] 已有八年之久，他的副標是「概論」（*Ueberblick*）。這本書的英譯本收錄在第二版的《分析心理學論文集》（*Collected Papers on Analytical Psychology*, 1917），是由英國精神病學家康斯坦斯·E·隆編輯而成，它匯集了前佛洛伊德時期、佛洛伊德時期及後佛洛伊德時期的著作，共520頁。該書與他主要的長篇著作《無意識的心理學》（*Psychology of the Unconscious*）及《心理類型》（*Psychological Types*）構成了1925年榮格心理學講座學習者的英語閱讀書單。當年4月，也就是榮格開始這場講座後的一個月，他對這本1917年的著作做了大幅度的修訂，並重新命名為《正常與病態心理的無意識》（*Das Unbewusste im normalen und kranken Seelenleben*）（1926），目的是「為此主題提供粗略的想法並引發思考，但不會去討論全部的細節」。此次修訂的原因或許是他在這場講座中對自己的理論做了回顧與討論的緣故。藉由H．G．及C．G．拜恩斯對此書的英譯本，榮格1926年所寫的這本概論在1928年被美英兩國的大眾所認識。本書和另一本概論性的作品《自我與無意識的關係》（*The Relations between the Ego and the Unconscious*）[3]共同組成《分析心理學二論》（*Two Essays in Analytical Psychology*）。多年來，《分析心理學二論》一直被視為榮格心理學的導論性作品。

◆

1925年這個關鍵年分的序幕拉開時，榮格正和一群友人拜訪科羅拉多河的大峽谷，幾天後，他訪問了新墨西哥州聖塔菲北部的陶斯．培布羅（Taos Pueblo），隨後又來到紐奧良、查塔努加和紐約。[4] 7月26日他在英國南岸的斯旺納奇慶祝了自己50歲的生日。那年的最後一天，他人在烏干達的基奧加湖，準備搭乘輪船沿尼羅河而下。[5]在上述的旅程中，陪伴榮格的都是英國人與美國人，在美國西南部，是喬治．F．波特（George F. Porter）和佛勒．麥考密克（Fowler McCormick），兩人都是芝加哥人，還有西班牙裔的傑米．德．安古洛；在非洲，則是英國分析師H．古德溫．拜恩斯（H. Godwin Baynes），一名美國人喬治．貝克威斯（George Beckwith），和一名英國女性茹絲．貝利。

除了貝利小姐外，其他人都曾接受過榮格最少一次的分析。

被記錄在案的二十七名成員中，有十三名美國人，六名英國人，另有五名則可能是兩者之一（從我們僅有的證據，也就是他們的姓氏來判斷），兩名瑞士人，以及一名德國人。[6]有七名是榮格分析師（均為女性），其中兩名是瑞士人：艾瑪．榮格，此時的她已經開始從事分析工作（她兩個孩子分別是14歲和11歲）；以及蒂娜．凱勒（Tina Keller），她後來和丈夫阿道夫．凱勒（Adolf Keller）一起搬到加州。後者是一位新教牧師，早年曾對精神分析有興趣，並在1911年參加過威瑪會議。

---

1 原註1。關於榮格在1912～1913年、1920及1923年所做的非正式演講（與ETH演講），以及他在1928～1941年間所做的較正式講座，可參見*Dream Analysis*, introduction, pp.vii-xiii。（有關題目的縮寫，請參見縮寫表）另一個非正式的講座是7月25日在斯旺納奇開講的，就在此演講結束後兩週，也是榮格50歲生日前夕。M．埃斯特．哈丁對此次講座及1923年講座的手寫筆記被保留了下來。

2 原註2。這本書原是一本36頁的論文："Neue Bahnen der Psychologie,"Raschers Jahrbuch für schweizer Art und Kunst (Zurich, 1912); 英譯為"New Paths in Psychology" in the 1st ed. of *Collected Papers on Analytical Psychology* (1916)。

3 原註3。最初是一篇1916年在蘇黎世分析心理學學校的27頁講稿，先以法文發表，"La structure de l'inconscient," *Archieves de Psychologie* (Geneva), XVI (1916)。英文譯本出現在*Collected Papers*, 2nd ed. (1917)。德文版經過了大量修訂與擴充，題為*Die Beziehungen zwischen dem Ich and dem Unbewussten* (1928)，是《分析心理學二論》的來源。

4 原註4。威廉．麥逵爾，"Jung in America, 1924-1925" *Spring*, 1978, pp.37-53。

5 原註5。Barbara Hannah, *Jung, His Life and Work: A Biological Memoir* (New York, 1976), p.176.

6 原註6。2012：從卡莉．拜恩斯的名單中又新增了六個名字，一位是英國人，其他人的背景則不清楚。

7 原註7。2012：關於阿道夫和蒂娜．凱勒，參見Marianne Jehle-Wildberger, *Adolf Keller, 1872-1963: Pioneer der ökumenischen Bewegung* (Zurich: Theologischer Verlag, 2009)；以及Wendy Swan, ed., *Memoir of Tina Keller-Jenny: A Lifelong Confrontation with the Psychology of C. G. Jung* (New Orleans: Spring Journal Books, 2011)。

[7]這群美國人則包括紐約的三人組：M．埃斯特．哈丁、埃利諾．伯丁（Eleanor Bertine）、以及克里斯汀．曼恩，三人都是醫生。哈丁來自英國西部的施洛普郡，1914年畢業於倫敦女子醫學院。她的同事康斯坦斯．隆（Constance Long）介紹她讀剛由碧阿翠斯．辛克爾（Beatrice Hinkle）所翻譯的《無意識的心理學》。在20世紀20年代，哈丁前往蘇黎世，與榮格進行了個人分析，在那裡遇見了曼恩和伯丁。曼恩放棄了英語教授的職業，轉往康乃爾大學修讀醫學博士。她在那裡成為埃利諾．伯丁的同學。兩人都在1913年取得學位。她們在20年代前往瑞士接受榮格的分析，1924年，她們決定與哈丁一起在美國實踐分析工作。三位女性在紐約建立了榮格社群：分析心理學俱樂部（以及以克里斯汀．曼恩來命名的美麗圖書館）、榮格學院，以及榮格基金會。[8]

另一名美國人埃利達．伊凡斯（Elida Evans）並未加入紐約的榮格圈，至少看起來是這樣。1915年她到瑞士接受了瑪麗亞．莫爾澤（Maria Moltzer）的分析，1920年榮格向她介紹了兒童心理學的書。在那幾年，她是一名紐約的非醫師之分析師[9]，她曾擔任分析師史密斯．伊利．傑利夫（Smith Ely Jelliffe）的助理，後者和榮格及佛洛伊德都保持友善的關係。[10]講座的另一名分析師是海倫．蕭博士，她的形象很模糊。她在夢分析講座裡口若懸河，據說與英國及澳洲都有專業上的聯繫。[11]

另一群參與講座的人在某種程度上是文學社群。美國作家查理斯．羅伯茲．阿德里奇（Charles Roberts Aldrich），從他的評論中可知他是一名頗文雅的知識分子。他曾幫榮格把後者於1924年在倫敦的心理及教育講座的講稿修訂成英文。當阿德里奇離開蘇黎世返回加州時，他將自己的狗喬吉（Joggi）送給了榮格，後來牠與榮格相當親近，並常在他的諮詢室中陪伴他。[12]1931年，阿德里奇在C・K・奧格登的國際心理學、哲學及科學方法圖書館中出版了一本學術作品《原始心理與當代文明》(*The Primitive Mind and Modern Civilization*),由人類學家勃洛尼斯拉夫・馬林諾夫斯基(Bronislaw Malinowski)撰寫導論,榮格做序,[13]序中有一段紀念喬治・F・波特的獻詞,他和榮格在新墨西哥州認識,並於1927年自殺。阿德里奇的生涯也在1933年因驟逝而終止,儘管他身體健康,卻早已預測到了這個日子。[14]另一個美國人是詩人李奧納德・培根(Leonard Bacon),曾在1925年拜訪蘇黎世尋求榮格的分析,榮格邀請他參加講座。[15]那一年的經歷他都在詩集中《阿尼姆拉・瓦古拉》(*Animula Vagula*, 1926)反映了出來。培根後來的生涯不論在詩作、評論,還是翻譯領域都成就非凡,並在1940年因詩作獲得普立茲獎。

8 原註8。Doreen B. Lee, "The C. G. Jung Foundation: The First Twenty-One Years," *Quadrant*, 16:2 (Fall, 1983), pp. 57-61.

9 譯註1。lay analyst,直譯為業餘分析師或非專業分析師,但本意應為不具醫師身分之分析師,為免誤會,此處依王浩威醫師之建議翻為「非醫師之分析師」,特此對王浩威醫師以及協助詢問的陳曉彥心理師表達感謝!

10 原註9。John C. Burnham and William McGuire, *Jelliffe: American Psychoanalyst and Physician, & His Correspondance with Sigmund Freud and C. G. Jung* (Chicago, 1983), index, s.v. Evans. Cf. Jung's foreword to Evan's *The Problem of the Nervous Child*, CW18, pars. 1793-94.

11 原註10。這是由Joseph Henderson 提供的資訊。參見*Dream Analysis*, index, s.v. Shaw。

12 原註11。榮格在1931年1月5日寫給阿德里奇的信,*Jung: Letters*, vol, p.80;伊麗莎白・雪普利・薩金特,"Doctor Jung: A Portrait in 1931," *Jung Speaking*, pp.51-52。

13 原註12。CW18, pars. 1296-99.

14 原註13。*The New York Times*, 9 April 1933, IV, 7:5.

15 原註14。Bacon, *Semi-centennial: Some of the Life and Part of the Opinions of Leonard Bacon* (New York, 1939),p.182

另一個美國文學家是伊麗沙白．雪普利．薩金特（Elizabeth Shepley Sergeant），她應該是榮格第一批，甚至是榮格所分析的第一位美國人。她在20歲時曾與阿姨遊歷歐洲，薩金特罹患了某種神經障礙症，並在1904～1905年的冬季於蘇黎世的療養院接受治療。根據家人的說法，她最初接受的可能就是榮格的分析。[16]儘管榮格那時還沒遇見佛洛伊德，他在伯格霍茲里醫院已經開始採用佛洛伊德的分析法，有時也會結合聯想測驗，就如他對薩賓娜．斯皮勒林（Sabina Spielrein）所做的那樣。[17]薩金特後來成為一個著名的新聞工作者，她在一次世界大戰期間擔任《新共和》的記者，並在靠近萊茵河的某處戰場受傷。在巴黎療養六個月後，她的朋友沃特．李普曼（Walter Lippmann）、西蒙．佛萊克斯納（Simon Flexner）、以及威廉．C．布里特（William C. Bullitt）都來探視過她。[18]在她漫長的記者與文學批評生涯中，研究的主題包含了羅伯特．佛洛斯特（Robert Frost）、薇拉．凱瑟（Willa Cather）、威廉．阿蘭森．懷特（William Alanson White）、保羅．羅布森（Paul Robeson）、H．L．孟肯（H. L. Mencken），以及其他許多人。在關於榮格的幾篇文章裡，薩金特曾發表過一篇「肖像」，裡頭描繪了榮格在她所參加的一場講座中的模樣：

「禮拜三早上11點，榮格醫師進入了心理學俱樂部這個長長的房間，準備在此地演講，他很友善地對大家微笑，單手抱著棕色的卷宗夾，像是這次集體報告的倉庫，而這個小型國際團體的集體報告，大家共通的興趣就是人類的心靈。當榮格本人安靜地站在臺前時，一股不由自主的沉默籠罩在教室裡，他看著手上的手稿，就像一個水手看著自己的羅盤那樣，將它和從通道至門口所感受到的心理學風浪相聯繫。房間中的沉默不僅意味著崇敬，更表示了強烈的期待。在這位深具創造力的思想家面前，我們今天會有怎樣的冒險呢？就像受到撞擊的銅鐘，他會在我們心中帶出什麼疑問？

他會帶給我們的時代何等衝擊的世界觀，以便能幫我們從主觀與壓抑的問題中走出，並進入一個更普遍且客觀的領域呢？」[19]

榮格應該是從卡莉和傑米・德・安古洛那裡得知人類學家保羅・拉丁（Paul Radin）對美國印第安人的民族誌和宗教研究的，他們在１９２０年之前就已和拉丁在加州認識。那一年，拉丁前往英國的劍橋大學，在人類學家W・H・R・李佛斯（W. H. R. Rivers）底下工作，進行演講、教學和研究。[20]或許是受到與傑米・德・安古洛及在陶斯・培布羅的山湖（Mountain Lake）的經驗所刺激，榮格邀請了當時已在劍橋五年的拉丁來蘇黎世對他及他的學生演講（據說是榮格負擔了他的旅費），拉丁和心理學俱樂部的成員進行了非正式的談話，參與了講座，並與榮格建立起終身的友誼。一位人類學的研究員寫道：「除了李佛斯之外，只有蘇黎世的C・G・榮格為此人提供了智性的食糧，後者醉心於比較宗教與文學。不消說，拉丁從未成為榮格派的學者。或許正是他接觸過榮格那深富教養卻神祕的心靈，才使拉丁強化了批判理性主義，並使他疏遠了對無意識陰鬱處的深度探索。」

16 原註15。Linda H. Davis, *Onward and Upward: A Biography of Katherine S. White* (New York, 1987), pp.27-28。Katherine S. White 是《紐約客》的編輯，是薩金特的妹妹。
17 原註16。Jung to Freud, 23 Oct. 1906, *Freud/Jung*; Aldo Carotenuto, *A Secret Symmetry: Sabina Spielrein between Jung and Freud* (New York, 2nd., 1984), pp. 139ff。２０１２：關於薩賓娜的治療記錄，參見 Burghölzli Hospital Records of Sabina Spielrein, *Journal of Analytical Psychology* 46 (2001): 15-42。
18 原註17。薩金特，*Shadow Shapes: The Journal of a Wounded Woman* (Boston, 1920)。
19 原註18。"Doctor Jung: A Portrait," *Harper's*, May, 1931; in *Jung Speaking*, pp.52-53.
20 原註19。Cora Du Bois, "Paul Radin: An Appreciation." in *Culture in History: Essays in Honor of Paul Radin* (New York, 1960), p. xiii.
21 原註20。同上。

[21]在20世紀40年代，拉丁（從未放棄他對社會的馬克斯主義觀點）成為波林根基金會的重要顧問，並在基金會的支持下繼續寫作。他在艾拉諾斯會議上演講，並與榮格及卡爾·卡倫伊（Karl Kerényi）合作，共同寫了一本關於搗蛋鬼原型的書。

在蘇黎世期間，拉丁與妻子蘿絲（Rose），遇見了來自加州的熟人：肯尼斯·羅伯森（Kenneth Robertson），與他的妻子西妮（Sidney）。羅伯森曾在史丹福大學的L·M·推孟（L. M. Terman）那裡學習心理測驗，並前往歐洲受訓成為非醫師之分析師。他在巴黎一間名為莎士比亞公司的書店發現了《無意識的心理學》這本書，於是寫信給榮格，而後者邀請他前往蘇黎世受訓，如資料裡所說，他接受了托妮·沃爾芙的分析並參加了講座。西妮·羅伯森則接受克里斯汀·曼恩的分析，並安靜地坐在講座裡聽講，並未發言（在最近一次訪談中，她回憶起赫曼·赫賽〔Hermann Hesse〕與理查·史特勞斯〔Richard Strauss〕也曾加入其中某次講座，但他們沒有發言）。榮格也讓西妮·羅伯森幫忙校正和繕打他關於心理學與教育的演講稿，並宣稱他的丈夫無法被分析。然而，羅伯森和其他的講座參與者跟著榮格去斯旺納奇參加了7月舉行的夢與象徵講座。接著他們返回奧克蘭的家，羅伯森在那裡試著成為一名分析師，但後來放棄，並在郵局找了一份工作。儘管如此，他多年來都和灣區的榮格派先驅惠特尼茲（Whitneys）與吉布斯（Gibbs）保持友好的關係。[22]

另外兩位英國文學家是：夏洛特·A·拜恩斯（Charlotte A. Baynes）和喬安·柯瑞。拜恩斯（她明顯與分析師H·G·拜恩斯沒有親戚關係）後來出版了一本關於煉金術的著作：《收錄於布魯西阿努斯法典的科普特人的諾斯底派論文》（*A Coptic Gnostic Treatise, Contained in the Codex Brucianus,* 1933），榮格很常引用這本書。當她1937年在艾拉諾斯會議上發表演講時，她被視為一位人類學家、牛津的諾斯替學者，以及大英帝國勛章的獲獎者。我們還知道她曾在耶路撒冷參與過考古挖掘工作。喬安・柯瑞以榮格學生的身分在英國活躍了許多年。在參加了1925年的講座後，她寫了一本叫做《榮格心理學ABC》（London and New York, 1927）的小書，第一次向一般讀者呈現了榮格的觀點。書中包含了1925年講座的圖表和引文。[23]

另一位德國文學家是奧斯卡・A・H・施密茨（Oskar A. H. Schmitz），他是小說家、當代歐洲時事的評論家，以機智聞名，也是深度心理學及瑜伽的學習者。雖然比榮格年長三歲，施密茨卻把自己當榮格的學生，但他相當資深。他將榮格引薦給赫曼・凱澤林伯爵，他是達姆施塔特「智慧學院」的創始人，榮格偶爾會在那裡演講，1923年他在那裡結識了他的《易經》（*I Ching*）老師，[24]也就是理查・威爾海姆（Richard Wilhelm）[25]。施密茨非常希望能夠成為分析師並執業，他可能也這麼做過，因為他曾致信榮格尋求收費和分析時間的建議。[26]施密茨在1931年猝逝之後，榮格藉由

---

22 原註21。和西妮（亨利女士）・考威爾的個人交流。在與羅伯森離婚之後，她和美國作曲家亨利・考威爾結婚，並繼續與拉丁保持友誼。

23 原註22。有些摘要並未出現在卡莉・德・安古洛的抄本裡，本書將它收在附錄中。

24 原註23。Gerhard Wehr, *Jung: A Biography*, tr. D. M. Weeks (Boston and London, 1987), p.6。參見Jung, "Marriage as a Psychological Relationship" (1925), CW17, pars.324ff.; and "Mind and Earth" (1927), CW10, pars. 49ff。也可參見*Sinnsuche oder Psychoanalyse: Briefwechsel Graf Hermann Keyserling—Oskar A. H.Schmitz aus den Tagen der Schule der Wiesheit* (Darmstadt, 1970), Register, s. v. Jung。2012：也可參見C. G. Jung: Letters to Oskar Schmitz, 1921-31, *Psychological Perspectives* 6 (1975)。

25 譯註2。即衛理賢，德國著名漢學家，曾將《老子》、《易經》、《太乙金華宗旨》等多部中國典籍譯為德文，榮格受其影響頗深。

26 原註24。*Jung: Letters* vol. 1, p. 54 (20 Sept. 1928)

為其作品《水獺的故事》（*The Tale of the Otter*）寫序來紀念他，這故事是從他無意識的經驗裡湧現的。[27]

講座中有位不好分類的美國成員是伊麗莎白．霍頓（Elisabeth Houghton），她是阿藍森．比基洛．霍頓（Alanson Bigelow Houghton）的女兒，後者是1921年至1925年的美國駐德大使及1925年至1929年的駐英大使。她是計畫生育早期倡導者凱瑟琳．瑪莎．霍頓．赫本（Katharine Martha Houghton Hepburn）的表妹。根據她母親在倫敦的日記（裡頭並未談到蘇黎世或心理學），[28]伊麗莎白參加講座時只有16歲，她肯定是受榮格邀請來的。伊麗莎白．霍頓晚年時獻身於紅十字會及其他慈善工作，但並未待在榮格圈中。

◆

卡莉．F．德．安古洛（Cary F. de Angulo）負責榮格講座的記錄。當她改名為卡莉．F．拜恩斯時，她的名字因翻譯《易經》而廣為人知。作為譯者和榮格的朋友，她是分析心理學的核心人物。大家比較熟悉她後來的名字，因而這裡也使用此名。

卡莉．拜恩斯可能是此次講座中（或許是全部的講座）唯一不是對榮格感興趣而前往蘇黎世的成員。但我們最好還是從頭談起。[29]

她1883年誕生於墨西哥市。她的父親魯道夫．芬克（Rudolph Fink）世居於達姆施塔特，當時正在修建通往維拉克魯茲的鐵路。卡莉和姐姐亨莉在母親的家鄉肯塔基州的路易維爾長大。念瓦薩學院（1906年獲得文學學士學位）時，卡莉在英語教授克里斯汀．曼恩的辯論課程中表現傑出。

1911年，她在約翰・霍普金斯大學獲得了醫學博士學位。前一年她嫁給了另一位約翰・霍普金斯的醫學博士，西班牙裔的傑米・德・安古洛，然後移居到加州的大蘇爾灣。卡莉從未從事醫療工作，她的丈夫也只有在美國陸軍時任職過醫官，他主要是以人類學家的身分開展個人生涯的。他對學習美國印第安人的語言有天賦。1921年，卡莉與德・安古洛離婚，帶著她三歲的女兒希美娜（Ximena）和她的大學老師克里斯汀・曼恩一起前往歐洲，那時曼恩已經是一位醫師並正追隨榮格學習心理學。在蘇黎世定居後，曼恩說服卡莉一起向榮格學習。1923年夏天，她參加了榮格在康瓦爾的波爾澤斯所舉辦的講座。1925年，當她記錄完這次講座後，她已完全具備分析心理學的基礎。她的姐姐亨莉（Henri，一位藝術家，嫁給了名為芝諾〔Zinno〕的男性）也來到蘇黎世和她一起學習。

榮格此時的助理是英國分析師H・古德溫・拜恩斯（H. Godwin Baynes）博士，他翻譯過《心理類型》，曾在1925年至1926年的冬天與榮格一同去東非旅行。隔年，他娶了卡莉・德・

---

27 原註25。CW18, pars.171ff.

28 原註26。Adelaide Louise Houghton, *The London Years 1925-1929* (New York, 1963; privately published), entries for 28 Oct. 1925, 21 Feb. 1926。與James R. Houghton的個人交流。

29 原註27。自傳資料來自希美娜・德・安古洛・羅利。也可參見W・麥達爾，*Bollingen: An Adventure in Collecting the Past* (Princeton, 1982), index, s.v. "Baynes, Cary F.," and p.330。2012：根據希美娜的回憶，卡莉在蘇黎世期間曾接受榮格的分析，試圖理解為何自己的婚姻沒能繼續走下去。也可參見Gui de Angulo, *The Gold Coyote of Big Sur: The Life of Jaime de Angulo* (Big Sur: Henry Miller Memorial Library, 1995)。

安古洛。在英國生活期間，兩人合作翻譯了榮格的《分析心理學的貢獻》（*Contributions to Analytical Psychology*）和《分析心理學二論》（兩本書都在1928年出版）。接著他們在美國住了一年：卡莉和她女兒住在卡梅爾，而拜恩斯則在那裡及柏克萊從事分析工作，他在柏克萊遇見了年輕的喬瑟夫・韓德森（Joseph Henderson），並建議他以分析師為業。

在蘇黎世時，榮格就建議卡莉將理查・威爾海姆1924年所翻譯的德文版《易經》翻成英文。威爾海姆負責審定這項翻譯工作，但他於1930年去世，工作因此中斷。同時，卡莉・拜恩斯正將由威爾海姆翻譯、榮格所評論的《黃金之花的祕密》翻成英文（1931）。在卡莉和H・G・拜恩斯離婚後，她繼續住在蘇黎世，重新和她姐姐亨莉・芝諾住在一起。在20世紀30年代，卡莉都在進行《易經》的翻譯，她也（和W・S・戴爾〔W. S. Dell〕一起）翻譯了《尋求靈魂的現代人》（*Modern Man in Search of a Soul*, 1933），參加榮格的講座，還幫忙奧爾佳・芙羅碧—凱普泰因（Olga Fröbe-Kapteyn）處理阿斯科納的艾拉諾斯會議。她在心理學俱樂部很活躍，如某位助理說的，「試圖抑制過分的好奇並讓事情保持在客觀的水準」。拜恩斯—芝諾的住家成為美國、英國及歐洲的榮格追隨者與學生們的聚會所。珍（Jane）與喬瑟夫・威爾萊特（Joseph Wheelwright）在接受分析時就住在那裡。在榮格的請求下，卡莉曾幫助詹姆斯・喬伊斯（James Joyce）的女兒露西亞（Lucia），在後者精神病發作時陪伴她。

用她女兒希美娜的話來說，卡莉・拜恩斯「從來不是『合格』的分析師，從未從事分析工作，沒有任何病人，在某種程度上她從不接受分析師與患者之間的常規關係，也不收取任何費用，但在她的一生中，有數不盡的人曾向她尋求諮詢。當問及她為何不成為分析師時，她總是給出兩個理由：第一，她和『集體無意識』沒有任何接觸；第二，因為榮格曾經說過，如果沒有一段有力的伴侶關係，任何人都不該投入分析工作中，以免他被病人的問題給吞噬，以及失去對現實的掌握。」[30]喬瑟夫．韓德森也觀察到，「我們可以說，這兩個姐妹有一種共生關係。卡莉在任何討論中都是嚴肅的領導者，而亨莉則展現出幽默、關懷與女性的魅力。卡莉對榮格理論掌握甚深，並能有意識地以嫻熟的技巧使用它們。你可以說姐姐亨莉是她的無意識體驗。亨莉接近無意識的邊緣，她的繪畫與雕刻都是純原型性的。」[31]

在20世紀30年代晚期，兩姐妹回到了美國。卡莉在奧爾佳．芙羅碧－凱普泰因的別墅裡結識了瑪麗（Mary）與保羅．梅隆（Paul Mellon），當瑪麗．梅隆在1940年創立了第一代的波林根基金會時，辦公室就設於卡莉在康乃狄克州的華盛頓家中。卡莉是董事會的成員，而希美娜．德．安古洛則是第一任的編輯。戰時環境迫使基金會在1942年解散，但它在1945年重建，而卡莉則在1946年偕同當時的助理編輯約翰．D．巴雷特（John D. Barrett）一同參加他第一次的艾拉諾斯會議。在瑪麗．梅隆於9月突然過世後，作為基金會領導者及波林根系列叢書編輯的巴雷特仍繼續仰賴卡莉，並將她視為最審慎的顧問之一。她翻譯的《易經》在1950年出版，（Bollingen Series XIX），之後她又翻譯了理查．威爾海姆之子赫爾穆特（Hellmut）的著作：《流變：易經八講》（*Change: Eight Lectures on the I Ching*）（Bollingen Series LXII, 1960）。

在姐姐亨莉於1970年去世後，卡莉住在阿斯科納。直到1977年去世之前都保持著活躍

30 原註28。個人交流（11 Jan. 1978）。
31 原註29。個人交流（29 Jan. 1978）。

的智性，是榮格1920年代的親密學生與友人圈中活得最長的。「她對我的影響比其他分析師都來得大。」珍．威爾萊特在卡莉去世後這麼說。「我不知道她為何不想成為分析師。她是直布羅陀的巨巖。」[32]

◆

在編輯這些抄本時，我們沒有刪除任何內容。只對標點符號、拼字、文法與清晰度做了點修改。不確定的修改之處放在括號中，必要的時候會加上腳註來說明。第16講之後的材料也是講座中的內容，可參見16講的註5。圖表經過了重新繪製。從《回憶．夢．省思》中摘出來的段落都有標註。

這場講座還有另一份附有許多圖片的抄本，它被重新繕打過（頁碼相同），但儘管已經更正了許多印刷上的錯誤，圖表也重新繪製，但上面並沒有標註日期，內容也未經過修訂。為了參考這個版本，舊金山榮格學院的弗吉尼亞．艾倫．德特諾夫圖書館慷慨地提供抄本讓我們參考。瑪麗．布理納（Mary Briner）編輯了一份索引，曾在1939年以多圖的方式刊行，它涵蓋了1925年到1934年冬天的英文講座筆記：也就是《分析心理學》（*Analytical Psychology*）、《夢的分析》（*Dream Analysis*）、《幻象的詮釋》（*Interpretations of Visions*）、《昆達里尼瑜伽》（*Kundalini Yoga*）。此版本的索引借用了布理納對概念性術語的處理。

---

32 原註30。個人交流（Feb. 1978）。

謝詞

謹對以下回答我對講座原文的疑問、確認講座成員身分，或以不同方式幫助過我的所有人表示感謝：克里斯汀·曼恩圖書館的多莉斯·阿爾布雷克特（Doris Albrecht）以及佩吉·布魯克斯（Peggy Brooks），弗吉尼亞·艾倫·德特諾夫圖書館的喬安·阿爾佩特（Joan Alpert）、格哈德·阿德勒（Gerhard Adler）、海倫·H·培根（Helen H. Bacon）、寶拉·D·布雷克（Paula D. Black）、G·W·包沃索克（G. W. Bowersock）、克拉倫斯·F·布朗（Clarence F. Brown）、馬克·R·科恩（Mark R. Cohen）、西尼·柯威爾（Sidney Cowell）、高登·A·克雷格（Gordon A. Craig）、多洛西·薩里斯布瑞·戴維斯（Dorothy Salisbury Davis）、圭·德·安古洛（Gui de Angulo）、菲歐雷特·德·拉茲洛（Violet de Laszlo）、愛德華·F·艾丁格（Edward F. Edinger）、麥克·福特罕（Michael Fordham）、喬瑟夫·法蘭克（Joseph Frank）、瑪麗—路易斯·馮·法蘭茲（Marie-Louise von Franz）、菲利克斯·吉爾伯特（Felix Gilbert）、喬瑟夫·韓德森、詹姆士·R·霍頓（James R. Houghton）、安妮拉·亞菲、勞倫茲·榮格（Lorenz Jung）、詹姆士·克許（James Kirsch）、法蘭西斯·蘭格（Frances Lange）、維克多·蘭格（Victor Lange）、菲力斯·W·雷曼（Phyllis W. Lehmann）、維雷娜·馬格（Verena Maag）、希美娜·德·安古洛·羅利（Ximena de Angulo Roelli）、杰洛米·羅斯（Jerome Ross）、瑪麗·薩哈洛夫—法斯特·沃爾夫（Mary Sacharoff-Fast Wolf）、索努·山達薩尼、約翰·雪曼（John Shearman）、珍·林肯·泰勒（Jane LincolnTaylor）、珍·威爾萊特，以及喬瑟夫·威爾萊特。

威廉·麥達爾

講座成員

下列名單是原始多圖抄本中出現的人名，但可能還有其他成員未予記錄。在原始抄本中只有姓氏（以某某先生來記錄）。（簽到簿未被保留）他們的全名、國籍與居住地會盡可能在此處加以補充。根據目前的資訊，前頭打了星號的人名後來成了分析心理學家。下方列出的是該成員第一次在講座中出現的地方。也可參見本書的索引。

在2012年的版本中，卡莉·德·安古洛的筆記中出現的人名也補了進來。

阿德里奇，查爾斯·羅伯茲（Charles Roberts）先生（美國）	第5講
培根，李奧納德先生（美國）	第7講
拜恩斯，夏洛蒂A.（Charlotte A.）小姐（英國）	第7講
拜恩斯，茹絲（Ruth）小姐	
貝克威斯，G先生	
★伯丁，埃利諾醫師（美國）	第16講附錄
邦德（Bond）博士	第15講
庫伯（Cooper）博士	
柯瑞，喬安小姐（英國）	第9講
德·安古洛，蓋瑞·芬克（後來是拜恩斯）（英國）	第2講

德·特雷（de Trey）女士	第2講
唐漢女士	第9講
★伊凡斯，埃利達女士（美國）	第2講
高登，瑪麗醫師（英國）	第6講
★哈丁，M·埃斯特醫師（英國／美國）	第9講
亨蒂，多洛西小姐（英國）	第9講
辛克斯小姐	第9講
霍頓，伊麗莎白小姐（美國）	第13講
★榮格，艾瑪女士（瑞士）	第16講附錄
凱勒，蒂娜女士（瑞士）	第9講
昆茲（Kunz），西尼（Sidney）先生	
勒托約翰（Littlejohn），H·W·	
★曼恩，克里斯汀博士（美國）	第2講
普羅佛特（Provot），F·A·	
拉丁，保羅博士（美國）	第13講
拉耶夫斯基（Raevsky），奧爾加·馮（Olga von）小姐	第15講
羅伯森，肯尼斯先生（美國）	第9講
施密茨，奧斯卡·A·H·先生（德國）	第15講

薩金特，伊麗莎白・雪普利小姐（美國）　第15講

★蕭，海倫博士（英國／澳洲）　第2講

泰勒（Taylor），埃瑟爾（Ethel）小姐（英國）　第13講

沃德，哈瑞特博士　第9講

芝諾，亨莉・芬克女士（美國）　第6講

縮寫表

B.S. ＝波林根系列叢書（Bollingen Series）。New York and Princeton.

CW ＝榮格作品全集（The Collected Works of C. G. Jung）。由 Gerhard Adler、Michael Fordham 及 Herbert Read 編輯，William McGuire 執行編輯，R.F.C. Hull 翻譯。New York and Princeton（Bollingen Series XX）and London, 1953-1983. 21 vols.

Dream Analysis ＝榮格１９２８～１９３０年的講座筆記，由 William McGuire 編輯。Princeton（Bollingen Series XCIX:1）and London, 1984.

Freud/Jung ＝《佛洛伊德與榮格通信集》（*The Freud/Jung Letters*）由 William McGuire 編輯，Ralph Manheim 及 R.F.C. Hull 翻譯。Princeton（Bollingen Series XCIV）and London, 1974. New Edition, Cambridge, Messachusetts,1988.

Jung: Letters ＝《榮格通信集》（*C. G. Jung: Letters*）由 Gerhard Adler 與 Anila Jaffé 選輯，R.F.C. Hull 翻譯。Princeton（Bollingen Series XCV）and London, 1973, 1975. 2 vols.

Jung: Word and Image ＝《榮格：文字與意象》（*C. G. Jung: Word and Image*）由 Aniela Jaffé 編輯，Krishna Winston 翻譯。Princeton（Bollingen Series XCVII: 2）and London, 1979.

Liber Novus ＝《紅書》（*The Red Book, Liber Novus*）由 Sonu Shamdasani 編輯和引言，Mark Kyburz/John Peck 及 Sonu Shamdasani 翻譯。New York（Philemon Series）,W. W. Norton,2009.[1]

MDR ＝《回憶．夢．省思》（*Memories, Dreams, Reflections by C. G. Jung*）由 Aniela Jaffé 編輯，Richard

與 Clara Winston 翻譯。New York and London, 1963.（不同版本的頁碼不同，兩種參考都附上，前面的是紐約版本。）[2]

SE＝標準版西格蒙德・佛洛伊德心理學著作全集。James Strachey 及 Anna Freud 翻譯及編輯，Alix Strachey 及 Alan Tyson 協助。London and New York, 1953-1974. 24 vols.

Spring＝《春天：原型心理學與榮格思想年鑑》（*Spring: An Annual of Archetypal Psychology and Jungian Thought*）。New York and Zurich; now Dollas.

Types＝《心理類型》（*Psychological Types*）。CW6（1971）.[3]

Zarathustra＝尼采的《查拉圖斯特拉如是說》（*Nitzsche's Zarathustra*），榮格1934~1939年的講座筆記，由 James L. Jarrett 編輯。Princeton（Bollingen Series XCIX:2）and London,1988. 2 vols.

---

1 譯註1。因該書已有中文翻譯，故本書於註腳處不採用英文縮寫，一律翻譯為《紅書》，頁碼則沿用原文頁碼。

2 譯註2。同上，本書一律翻譯為《回憶・夢・省思》，頁碼則沿用原文頁碼。

3 譯註3。同上，本書一律翻譯為《心理類型》，頁碼則沿用原文頁碼。

前言

班上的成員希望能將這些講座的記錄永久保存，即使只有大綱也沒關係，因此這些多圖的筆記才得以出版。與講座的充實及生動相比，這些筆記單薄得令人失望，但我找不出任何方法來彌補這個缺陷，我必須懇求同學以善意看待這些內容，並請你們把這些筆記視為協助回憶的綱要。

為了方便理解，我會盡力以原話來呈現演講的內容、提問和討論，但事實上，只有以手寫方式提交上來的問題才有辦法精確重現。其他的部分，我已經盡我所能地呈現原文了。

圖表不是我做的，而是另一個班級成員的重要貢獻。其他人也幫我補充了大量的材料並協助校訂。此外，榮格醫師也閱覽並修正過全文。

卡莉．F．德．安古洛

1925年11月29日，蘇黎世

第 1 講

1925 年 3 月 23 日

◆

榮格醫師：

所有認真看待分析心理學的人都會被這門學科所涵蓋的廣闊領域給震撼，因此我覺得，如果能藉由這些講座獲得這個領域的綜覽，對我們而言將會是很有益處的。首先，我想為你們簡短說明我個人想法的發展，那是從我對無意識的問題感興趣時開始的。如同先前的講座那樣，如果你們能寫下一些問題提供給我，並允許我從中挑選幾個合適的進行討論，對我會有很大的幫助。

◆

1896 年發生了一些推動我未來人生的事件。這類事情總會在一個人的生命中出現，也就是說，家庭史絕非影響創造性成就的關鍵。那樁開啟我對心理學興趣的事件是一個15歲半的少女，這個案例我曾經在《論文集》[1]（*Collected Papers*）中描述過，那是該系列的第一部分。這名女孩是一個夢遊症患者，她的姐妹發現，若在那女孩處於夢遊狀態時向她提問，就會得到令人驚訝的答案。換句話說，別人發現她是一位靈媒。這事讓我印象很深，儘管外表看不出來，但那底下必然隱藏著某種心靈的生命，它只有在恍惚或睡眠中才會出現。只要一點催眠步驟就能讓這女孩進入恍惚狀態，而她隨後就能從這睡眠狀態中醒來。在恍惚狀態中，會有數個人格顯現出來，慢慢地，我發現我能藉由暗示來召喚出某些人格。簡言之，我發現我能影響他們。

當然了，我開始對這些事情深深著迷，並試著解釋這些現象，當時我21歲，有些事情不是那時的我能解決的，何況當時的我對這些事十分無知。然而我告訴自己，必定有某個世界位於意識的世界之後，而這就是那個女孩所接觸到的世界。我開始研究唯靈論的文獻，但沒找到令人滿意的答案。因此我轉向哲學，試著尋找這些奇特現象的可能線索。

我當時還是醫學系的學生，對此深感興趣。最後我在研究中找到了叔本華和哈特曼[2]的作品。從叔本華那裡我得到了一個非常具啟發性的觀點。他的基本論點是，意志猶如一股盲目的趨力，它的存在是沒有目的的；它僅僅是「偶然創造了世界的創造性意志」。這是他在《作為意志和表象的世

1 原註1。On the Psychology and Pathology of So-called Occult Phenomena (M. D. Eder 翻譯)，收錄於 *Collected Papers on Analytical Psychology*，康斯坦斯．E．隆編輯 (New York and London, 1916;2nd ed., 1917), pp.1-93. (CW1, pars, 1ff., tr. R.F.C. Hall.)。參見《回憶．夢．省思》pp.106f/109f。2012：也可參見 F.X. Charlet, *Spiritualism and the Foundations of Jung's Psychology* (Albany: State University of New York Press, 1933)。

2 原註2。關於榮格在巴塞爾大學醫學院學生時期對愛德華．馮．哈特曼 (1842~1906) 與亞瑟．叔本華 (1788-1860) 的發現，參見 *The Zofingia Lectures* (1896-1899; CW, suppl.vol.A), index, s.vv。2012：榮格所藏的叔本華《作為意志和表象的世界》書中有一張藏書票，上面寫的日期是1897年。裡面有許多註解。在1897年5月4日，榮格從巴塞爾大學圖書館中借了叔本華的 *Parega und Palimploma*。他自己藏書上的日期是1897年，書中有許多註解（特別是先驗思想以及見鬼的章節）。榮格在1898年1月15日從巴塞爾大學圖書館借了馮．哈特曼的 *Die Philosophie des Unbewußten*，1898年9月13日借了他的 *Ding an Sich*，1898年10月18日借了 *Die Selbstzersetzung des Christenthums und die Religion der Zukunft*。關於叔本華和馮．哈特曼，見 Angus Nicholls and Martin Liebscher, eds., *Thinking the Unconscious:Nineteenth-Century German Thought* (Cambridge University Press, 2003), pp.197f。

界》（*The World as Will and Idea*）一書中的立場。然而，在《論自然界中的意志》[3]（*Will in Nature*）裡，他的態度又轉向目的論，這與他原先的論點相反，但這種事在哲學家身上其實並不罕見。在後面這本著作中，他假定創造性意志是有方向的，而此觀點也被我採用。在那之後，我對力比多的第一個想法是，它並非一股無形的河流，它的特點是原型性的。也就是說，力比多絕非以無形的狀態自無意識中湧現，而總是以意象的方式出現。舉例來說吧！從無意識礦坑中採出來的礦石永遠是結晶狀的。

因為閱讀叔本華，我對自己正在研究的個案得到了初步的解釋；亦即擬人化可能是力比多的意象形成傾向所造成的。如果我在這個女孩處於無意識狀態時對她暗示某個特定的人物，她回應的答案也會帶有此人物的特質。正是如此，我確信無意識素材的傾向具有確切的流動模式。這也為人格的解組提供了線索。舉例來說，在早發性失智症[4]中，心靈的不同部分就在獨立運作，但這些不同的部分通常不會彼此模糊；患者聽到的聲音源自具體的個體，屬於特定的人，這就是為何它們聽起來如此真實的原因。同樣地，通靈者總是宣稱他所召喚出的「靈體們」是一個更高位階的個體與性格。這時我認為鬼終究是有可能存在的。

那時我對無意識的想法是先受到了叔本華與哈特曼的啟發。哈特曼的優勢在於他的年代比叔本華晚，所以他能以更現代化的方式闡釋後者的思想。他假定所謂的世界基礎（*Weltgrund*）是具有創造能力的無意識精神或實體，他將之稱為無意識，並把它納入心靈[5]（mind）之中。他在此處使用的「心靈」與叔本華所使用的意義不同。叔本華認為心靈與盲目的創造意志彼此對立。由於某些難以預料的意外，人獲得了對宇宙的有意識鏡映，也就是心靈，人因此認識了世界的惡，並努力地想要離開，把自己置於創造性意志的對立面。在叔本華的觀念裡，心靈只屬於人類，它與世界基礎或無意識精神（*unbewusster Geist*）並不相關。我在這點上跟從哈特曼的觀點，我認為我們的無意識並非無意義的，它包含著心靈。在採取此立場之前，我發現了很多彼此矛盾的證據，因此總是搖擺不定。我一度認為無意識必定存在著某種目的，但有時我又相信那裡什麼都沒有。

但就在此時，那位靈媒卻「不靈」了，也就是說，她開始造假，我也與她斷絕了所有聯繫。[6] 我觀察她兩年，並熱中於研究她所表現出來的各種複雜現象，努力使之與自然科學相協調。但我現在知道了，我在此情況中忽略了一個最重要的因素，那就是我和此事的關係。這個女孩已經深深地愛上了我，但我對此事相當無知，也對此事在她心理造成的影響沒有警覺。

在她的恍惚狀態中，她為自己塑造了一個非常卓越的性格，一名在靈性上無限美好的年長女性，但她本人在現實中卻是一個傻氣又膚淺的女孩，除了通靈之外，她找不到其他方式表達她內在的無意識衝動，並將在那裡發現的性格表現出來。她源自巴塞爾地區如今已經完全衰敗的古老家族，不論是經濟還是文化都是如此。這女孩可被描述成一個「女店員」。當她認識我的時候，他發現我身上有她所渴望的各種生活面向，而這是她的命運不能給她的。如果我早點明白我現在所知道

3 原註3。*Die Welf als Wille und Vorstellung* (1818); *Über den Willen in der Natur* (1836)。

4 譯註1：該詞在當時指的通常是我們今天所稱的「思覺失調症」。

5 原註4。Philosophie des Unbewussten (1869); *Philsophy of the Unconscious* (1931)。

6 原註5。2012：祖斯坦－普萊斯維克對降神會結束給出的說法是：她認為，有一次榮格帶同學跟他一起來。他們的出席讓海倫不知所措，她的力量因此離她而去。但為了榮格，她擺動雙手試著讓自己進入催眠狀態，但沒有效果。於是她開始假裝，但卻被發現了，同學們因此大笑，這讓榮格無法忍受（*C. G. Jung's Medium*, p.92）。

的東西，我就能理解她所經歷的掙扎，她試圖在恍惚狀態中將她最好的一面表現出來，但這只讓我把她視為一個開始幹骯髒醜事的傻女孩，亦即為了使我和其他人印象深刻而刻意造假。我只見到一個毀了個人聲譽與人生機會的人；但事實上，藉由欺詐，她反而使自己被強行推回現實。她放棄了靈媒降神會，而其幻想性的一面也漸漸地淡出。後來她前往巴黎，進入一間著名的服裝工作室。在相當短的時間裡她就建立了事業的基礎，變得相當成功，製作了非常美麗的時裝。這段時間我曾在巴黎見過她，但她身上的靈媒經驗幾乎都已從她心靈中褪去。她後來罹患了肺結核，但她不願承認自己生病。在她去世前幾週，她彷彿經歷了嚴重的退化，直到大約兩歲的年紀，然後便去世了。[7]

她是一個符合一般心理法則的例子，為了達成更高的發展階段，我們必須犯某些嚴重到看來似乎會毀滅我們生活的錯。這個女孩的不誠實最終導致了靈媒降神會的停擺，而之後她才能在現實中活出她在自身無意識裡所發展出來的特質。她首先在精神世界中建立了她想在現實中擁有的東西，但在她能擺脫超越性的元素之前，她的精神世界必須逐漸衰退。她的人生是物極必反原則[8]的例子，從她最邪惡的那一面開始，亦即欺騙他人的意圖和缺陷，她一路穩定地進步，來到其對立極，從而將最好的一面表現出來。

這段時期包含了我所有思想的起源，在此之後，我發現了尼采[9]（Nietzsche）。當我讀《查拉圖斯特拉如是說》（*Zarathustra*）時，我24歲。我並不能理解書的內容，但它卻帶給我很深的印象，我在它和那名女孩身上看到了某些獨特的相似性。當然，我後來才發現《查拉圖斯特拉如是說》是一本由無意識寫成的作品，也是一幅人類應該成為的肖像。如果查拉圖斯特拉（主角）進入了尼采的現實世界，而非僅停留在他的「精神世界」的話，尼采的智性面可能就會消失，但這是一份尼采無法完成的功績。這不是他的大腦能夠控制的。

這段時期我仍是一名醫學系學生，但同時我也不間斷地在閱讀哲學。在我25歲那年，通過了醫學系最後的考試。我一直想成為一名內科專科醫師。我對生物化學有很深的興趣，而且還有機會成為某個名人的助理。[10]精神病學根本不在我的考量之內。原因之一是我那作為牧師的父親，他和市立精神療養院有聯繫，而且他對精神病學也很有興趣。就和所有的兒子一樣，我知道只要是爸爸喜歡的我都討厭，因此我盡可能地小心避開。我從來沒讀過任何一本關於精神病學的書，但當我要參加醫學系的最後考試時，我拿到了一本教科書，並開始研究這門我覺得很白痴的學科。這本書的作者是克拉夫特—艾賓[11]（Krafft-Ebing）。我告訴自己：「任何蠢到為這個主題寫一本教科書的人，一

---

7 原註6。這個女孩是海倫．普萊斯維克，榮格的大表妹。參見Stefanie Zumstein-Preiswerk, *C.G.Jung's Medium:Die Geshichte der Helly Preiswerk* (Munich, 1975)，以及summary in James Hillman, "Some Early Background to Jung's Ideas:Notes on C. G. Jung's Medium……," *Spring*, 1976, pp.123-36。

8 原註7。參見《心理類型》(CW6), def.18。

9 原註8。*The Zofingia Lectures*, index, s.v. 參見榮格之後關於《查拉圖斯特拉如是說》的講座（1934～1939）、James L. Jarrett 在此系列講座中的引言討論了榮格對尼采的興趣。2012：關於榮格對尼采的閱讀，參見Paul Bishop, *The Dionysian Self:C. G. Jung's Reception of Friedrich Nietzsche* (Berlin: Walter de Gruyter, 1995)；Martin Liebscher, *Aneignung oder Überwindung. Jung und Nietzsche im Vergleich* (Basel:Schwabe, 2011) ;and Graham Parkes. "Nietzsche and Jung:Ambivalent Appreciations," in *Nietzsche and Depth Psychology*，Jacob Golomb, Weaver Santaniello 和 Ronald Lehrer 翻譯 (Albany: State University of New York Press, 1999), pp.205-27。

10 原註9。Friedrich Von Müller。參見《回憶．夢．省思》p.107/110。

定得在序言中為自己辯護。」所以我就翻到了序言。在我讀完第一頁的時候，我就已經對這本書開始產生興趣了，第二頁才讀到一半時，我的心跳加速，幾乎沒辦法再往下看。「天哪！」我說：「這就是我想成為的人，一名精神科醫師！」我在考試中取得第一名，當我的朋友們聽說我想成為精神科醫師時，都嚇了一大跳。他們沒人知道，我已在克拉夫特—艾賓的書裡找到了線索，那可以幫助我解開自己亟欲解答的謎語。他們這麼說道：「好吧！我們本來就覺得你瘋了，現在果然如此！」我沒告訴任何人我想研究精神病的無意識現象，但我已下定了決心。我想抓住心靈的入侵者，這些入侵者讓人們在不該笑的時候笑，在不該哭的時候哭。當我在發展聯想測驗[12]時，測驗所揭示的缺陷引起了我的興趣。我小心記下受試者們無法完成實驗的地方，藉由觀察，我發展了我的自主情結理論，而它們就是造成力比多流阻塞的原因。與此同時，佛洛伊德（Freud）也發展了他的情結概念。

1900年我讀了佛洛伊德《夢的解析》[13]（*Dream Interpretation*）。我把書放到一旁，因為我還沒充分理解它的重要性。後來我在1903年再次讀它，並發現它和我的理論有關聯。

---

11 原註10。Richard von Krafft-Ebing, *Lehrbuch von Psychiatrie auf klinische Grundlage*, 4th ed. (1890); tr., *Test-Book of Insanity Based on Clinical Observations* (1904)，參見《回憶．夢．省思》p.108/110。榮格的圖書館藏有德文第四版。

12 「字詞聯想研究」（1904～1909），CW2。榮格與佛洛伊德的通信也開始於他將自己和同事所寫的 *Diagnostische Assoziationstudien* 的第一卷作為禮物送給佛洛伊德。在這些內容中，Psychoanalysis and Association Experiments（1906）是榮格在精神分析領域中發表的第一篇重要文獻。

13 *The Interpretation of Dreams* (1900; SE, vols. IV-V)，參見《回憶．夢．省思》pp.146f./144。也見榮格在1901年1月25日的報告，論佛洛伊德的 *Über den Traum*（1901；是1900年作品的摘要），收在CW18, pars.841ff。榮格對《夢的解析》第一次的引用是在專刊《超自然現象》（Occult Phenomena）（1901）；參見CW1, pars97 和133。

第 2 講

問題與討論

◆

蕭博士提問：「關於你在上週一所提到的女孩，如果她能得到適當的分析，並幫她找到真實的自我，亦即某個介於她優越的無意識擬人化及劣勢人格面具之間的位置，你覺得她能因此免於退行而帶來的悲慘死亡嗎？「在這樣的案例中，你能否解釋調節功能是怎麼創造出來的？把它稱為一種創造，亦即某種由對立極所形成的全新事物，這說法是對的嗎？」[1]

榮格醫師：這個女孩當然能從分析中得到很多幫助，她也會因此發展得更順利。分析的重點是協助當事人將無意識內容意識化，以避免犯下類似的錯誤。

至於調節功能，此案例剛好可以解釋這條原則。要解釋它，就需要對立原則。這女孩的問題是她活在一個過於侷限天賦的環境，而她無從將天賦落實於現實，她的環境明顯缺乏思想的刺激，從任何方面來看都心胸狹隘又淺薄不堪，但她的無意識卻呈現出截然相反的畫面。她在那裡被許多重要人物的鬼魂包圍，而這種由兩個極端所引發的張力是調節功能的基礎。她試著在靈媒圈中實踐調節功能，藉此找到能走出生活困境的機會。因此她的現實生活與無意識生活間的張力不斷增加。正如我所言，在現實生活中，她是一個微不足道的女店員，但在降神會中，她卻是一名能與偉大心靈相聯繫的人物。當這樣的對立發生時，必然會發生將一切聚在一起的重要事件。

這一直是很難處理的情況。舉例來說，如果我讓她知道她在自己的無意識裡是一名重要人物，我可能就會在她心裡開啟錯誤的幻想。對她而言，最好的辦法是讓她回到現實生活面對和處理自己的問題。就如同有人曾說我是一個大人物，許多人都這麼說過，但除非我能接受考驗並完成某些成就，否則我不會相信這個說法。但這件事在她身上卻很難達成，因為一旦將她從無意識幻想的錯誤元素中解開，她可能會與自己渴望的事物失去聯繫，從而也對自己失去信心。分析師永遠難以確定病人在扔掉一個有害的症狀時，會不會同時扔掉裡面包含的重要價值。

對這個女孩而言，調節功能似乎是用下列的方式運作：首先她談到鬼魂，然後她跟祖父的鬼魂建立起聯繫，而他被視為家族裡的權威，祖父的做事方式總是對的，他的言行總會得到眾人肯定。然後是歌德（Goethe），以及其他偉人也紛紛進入她的幻想。最後，她所認同的重要人格得到了發展。正如你們所知，柏拉圖（Plato）曾提出以下原則：如果不把醜陋的事物帶入靈魂，我們就見不到它的醜陋。這樣的原則在我們面對美麗的事物時也適用，如果不對它做出反應，人就不能與美麗的事物產生聯繫。[2]類似這樣的事就發生在這個女孩身上。

她所發展出來的形象就是調節功能。這是她逐漸發展出來的、具生命力的形式。因此，某種能解放兩極對立的態度出現了。她一方面使自己脫離周遭膚淺的環境，另一方面也脫離了原就不屬於她的鬼魂。可以這麼說，這個獨自運作的人性本質，會以近似於調節或超越功能的方式起作用[3]，但我們也必須承認，人性本質也會與我們對抗，並將錯誤的人格帶入現實中。我們的監獄與醫院就充斥著這樣的人，他們的人性本質在實驗的過程中被導入了不幸的結局。

唐漢女士：那女孩為什麼會倒轉回兒童狀態呢？

榮格醫師：那是由於她力比多的消退造成的，它在原本的生命曲線中過早收縮，卻持續表現出對維持特定張力的需要。人在年輕時，力比多會充斥於一個廣闊的框架中，但在年老的時候，就會收縮在一個很小的範圍內。

讓我們回到超越功能，它一方面可在事實中發現，另一方面則可在想像中看到。這會產生兩個對立極。在此案例中，鬼魂在想像的層面走得太遠，在事實層面卻顯得太小。當她進入現實中時，她是個一流的女裁縫。

幻想是一種創造功能，具生命力的形式是幻想帶來的結果。幻想是象徵的預備階段，但它不僅僅是幻想，而是象徵的基本特徵。我們仰賴幻想帶我們脫離僵局，因為人們總是不願認識擾亂他們生活的衝突，但夢一方面會努力提醒當事人認識這個衝突，一方面也會以創造性的幻想來為人指引出路。然後它就會成為將素材帶入意識的物質。有時人會承認自己處於僵局中，並放任幻想現身。但同時意識必須保持對它的控制，以便檢查自然本性的實驗傾向。也就是說，我們必須謹記，無意識會給我們製造災難。但另一方面，人也要謹慎地不去規範無意識，甚至是去規範一個正被災難所苦惱的人，因為它可能會指向我們所需要的人生道路。生命常會要求我們嘗試在我們這個時代完全不能接受的新道路，但我們不能因為不被接受就感到畏懼。舉例來說，馬丁·路德（Luther）就被迫走向人生的新道路，但從他那個時代的標準來看，他的行為卻近乎犯罪。

1 原註1。引用的問題通常是以手寫的方式遞交給榮格。
2 原註2。2012：參見柏拉圖：《理想國》。
3 原註3。2012：參見榮格：《超越功能》（1916），CW8。

德·安古洛博士提問：(1)當你第一次讀叔本華時，你拒絕了他對世界最具影響力的觀點，而選擇了他偏好的生命目的原則。當你做出這個選擇時，主流的哲學思想必定和它對立。我想瞭解為何你當初會做出這個選擇。你在讀叔本華之前，就已經有這個傾向了嗎？或者叔本華是第一個讓你形成這些觀念的人？你對這個女孩的觀察能幫你瞭解叔本華的觀點嗎？或他的觀點幫你解釋了這個女孩的狀況？抑或兩者都有？

(2)我沒弄清楚，你認為那能被追蹤至無意識運作的目的性原則只能應用在個人身上，又或者，它是在背後指導宇宙的一般性原則呢？

(3)我理解你說的，在一般的心理法則之中，要想達到更高的發展水準，總是會以明顯的驚人錯誤為代價。所以我理所當然地認為，分析經驗能使一個人避免犯錯，從而避免犧牲。我這樣的理解對嗎？

榮格醫師：(1)從叔本華那裡我第一次瞭解到普遍性意志驅力的思想，這個概念本身是目的性的。它對我理解這個女孩的問題幫助頗大，因為我認為自己能清楚地將她無意識的訊號追蹤至某個目標。

(2)我開始對無意識的本質感興趣，並問自己它是否是盲目的？關於這點我的答案是否定的，它一般來說是有目的的。但如果有人問我，無意識是否即是世界本身或它只是心理學？那這個問題就會變得很棘手。對我來說，把大腦設想為宇宙的背景是不可能的，因此我並未把目的性原則延伸至宇宙的範圍。但我現在必須根據無意識與宇宙的關係修正我的觀點。如果我只從智性上思考這個問題，我所說的還是跟以前一樣。但現在我有其他看待問題的方式，也就是我們能問：「我們有滿足這些形上學問題的需求嗎？」我們要如何為這個問題給出一個適當答案？理智會在這個任務前否定它自己。但還有另一個處理的辦法。舉例來說，假設我們關切的是某個特定的歷史問題，如果我有五百年的時間能處理，那麼我就能解決它。而現在，我的內在就活著一個數百萬歲的「人」，他或許能為這些形上學的問題帶來曙光。如果我們把事情置入無意識中，當我們得到了合乎那「老人」的觀點時，事情就能順利運轉。如果我的觀點和無意識不同，它們肯定會讓我生病，因此對我來說，去假定它與宇宙中的主流相反是很安全的。

這個答案合乎你的期待嗎，德．安古洛博士？

德．安古洛博士：我想我能理解你的意思，但我不能接受。

榮格醫師：我們有需要進一步討論嗎？

德．安古洛博士：不用了。

榮格醫師：那麼，針對你的第三個問題，我並不認為我們能藉由分析避免犯錯，否則人可能就會沉迷於分析他的生命，而不是好好生活。人應該開心地去犯錯。即使最完美的分析也不能避免錯誤。有時你必須犯錯，此外，若不給你內在的道德事物一個機會，它們就不會顯現。除非你給自己一個犯錯的機會，否則對真理的認識無法現身。我非常相信黑暗與錯誤在我們的生命中扮演著某種角色。當分析是奠基在可靠的技術上時，我確信它不僅能將人從黑暗帶入光明，也會讓人循另一條路繞回去。你可以用犧牲來替代一些荒唐可笑的事，這點則完全正確。

曼恩博士提問：「如果尼采能夠或願意把查拉圖斯特拉的理想在他自己的生命中加以實踐，那這本書還能寫成嗎？」

榮格醫師：我相信這本書無論如何都會被寫出來，因為在具創造力的心靈內有一股巨大的驅力，它想要將幻想的產物以某種相對永恆的形式予以落實，從而使人能夠擁有它。因此實際上所有的種族都會製造偶像，使他們的理想能獲得永恆並具體化。我們可以說，每個象徵都尋求被具體化。要記住這一點，當我們在《舊約》中讀到「直到現在，耶和華都在幫助我們」這句被刻在石頭上的話時[4]，我們要知道，它們這麼做的原因是想要努力守護這個將它們帶來如此遙遠之處的信念。埃及人有金字塔及防腐法，從而能將其永生的原則給具體化。同樣地，尼采也覺得有需要去具體化他的象徵。

這便是這類事情的一般發展歷程。人首先創造了象徵，接著他問他自己：「這是怎麼發生的？」或者「這對我的意義為何？」可以肯定地說，這件事需要一個強大的反思性心靈，而這是多數藝術家所沒有的，但尼采確實對此事有很高的水準。當不具有反思性心靈的普通藝術家遭遇此事時，他只會想儘速逃離他的工作。他尤其想遠離意象，並對談論它感到很討厭。因此施皮特勒[5]（Spitteler）曾在《心理類型》（*Types*）出版後不久，就曾在某場演講中咒罵這些想要瞭解象徵的人。在他看來，《奧林匹克之春》（*Olympische Frühling*）並不具有象徵意義，如果你想在裡面尋找象徵意義，就無異於是在鳥的歌聲中尋求象徵一樣。當然了，施皮特勒的作品充滿了象徵，唯一的問題是他並不想看到它。事實上，藝術家對這件事相當恐懼，也怯於知道他的作品究竟意味著什麼。分析對二流的藝術家而言是致命的，但那其實是一件值得驕傲的事。因為在分析中，或在一個正被分析的人身上，只有重要的事才會出現，然而我們這個的時代潮流卻讓每個二流人物都能輕易出現在藝術的世界。每個使用畫筆的都是藝術家，每個拿筆的都是作家。分析要把「藝術家」排除在外，那對他們而言是毒藥。

高登博士[6]：將那些三流貨色帶入藝術的人會怎麼想它們？

榮格醫師：他會認為人生很難，因為在一天的工作之後，他還得持續勞動來克服這些事。這是無意識施加在他身上的重擔，但他不能將其創造的成果與藝術混為一談。

講座

我在聯想實驗中發現了壓抑的證據，這項事實足以說服我佛洛伊德的理論是真實的。病人無法對某些造成痛苦的測驗做反應，而當我詢問為何他們無法對這些刺激做反應時，他們總是回答不知

4 原註4。《撒母耳記》7章12節：「撒母耳將一塊石頭立在米斯巴和善的中間，給石頭取名叫以便以謝，說：『到如今耶和華都幫助我們。』」

5 原註5。卡爾．施皮特勒（1845~1924），瑞士詩人，榮格在《心理類型》(orig.1921; CW6) 中討論過他的作品 *Prometheus and Epimetheus*（1881）以及 *Olympic Spring*（1900）。

6 原註6。2012：瑪麗．高登博士（1861~1941）是一個女性主義者，也是英國第一位女性的獄長。1920年，她在倫敦接受了榮格式分析，她認為這對她理解監獄工作很有幫助，並在1922年前往蘇黎世。她寫信給同事說：「我來這裡學習分析心理學已經9個月了，並一直進行自我分析。這是一個很棒的經驗。我支持榮格，我敢說他的理論與佛洛伊德不同，他的理論更龐大。很多英國與美國醫師一直支持他，這很有趣……當我剛來這裡的時候有很嚴重的『休克』症狀，但榮格醫師給了我很好的幫助。」（感謝萊斯利．霍爾提供這份材料）

道，但他們的回答經常帶著一種特別又虛假的態度。我告訴自己，這肯定是佛洛伊德對壓抑所描述過的那些東西。事實上，所有壓抑的機制在我的實驗中都可以清楚看見。

關於壓抑的內容，我不同意佛洛伊德的觀點。在當時，他認為只有性創傷與驚嚇可以解釋壓抑。我當時已經有很多治療神經症個案的經驗，我認為相較於社會適應所扮演的角色，性的原因只能排第二位。舉例來說，這名靈媒少女就是這樣的例子。

第3講[1]

◆

榮格醫師：

千萬別認為要確切理解佛洛伊德，或應該說，要找到他在我生命中的適當位置，對我而言很容易。當時，我正打算開展學術生涯，並準備完成一本能幫助我進入大學工作的著作。[2]佛洛伊德在那時的醫學圈是不受歡迎的人物，大老們很少提他，開會時也只在走廊討論他，絕不會在會議室內，而任何與他的聯繫都會帶來個人聲譽的威脅。由於我在實驗中的發現可以直接與佛洛伊德的理論相聯繫，這也讓這項發現變得很不受歡迎。有次我在實驗室時腦中閃過了一個想法，那就是佛洛伊德實際上已經提出了一個可以解釋我實驗結果的理論。[3]但同時惡魔也在我耳邊低語，我可以

1 原註１。本講的部分內容在經過許多修訂後收錄在《回憶．夢．省思》的第４章與第５章。

2 原註２。參見《回憶．夢．省思》pp.147ff./145ff。榮格在１９０５年成為蘇黎世大學的無薪講師（同上，117/118）。

3 原註３。２０１２：回顧過往，榮格強調佛洛伊德的壓抑概念與榮格的解離模式之間的顯著差異。參見Richard Evans (1957), "Interview with C. G. Jung," in *C. G. Jung Speaking:Interviews and Encounters*, ed. William McGuire and R.F.C. Hull (Princeton University Press, 1977), p. 283。關於這個問題，可參見John Haule, "From Somnambulism to Archetypes: The French Roots of Jung's Split from Freud," *Psychoanalytic Ruview* 71 (1984); pp.95-107，以及拙著From Geneva to Zurich: Jung and French Switzerland, *Journal of Analytical Psychology* 43, no.1 (1988): pp. 115-26。

在不提及佛洛伊德的情況下完美出版我的書。在我知道佛洛伊德之前，就已經開展了我的實驗，因此可以宣稱這實驗與他完全無關。然而，我馬上發現這件事並不誠實，所以我不打算這麼做。我公開幫佛洛伊德護航，並在接下來的會議為他發聲。當時有一個演講者在某場會議解釋神經症時完全沒提及佛洛伊德，我為此表達抗議，那是我第一次為佛洛伊德的想法辯護。後來，在另一場有關強迫症的會議上，他們再度刪去了佛洛伊德的作品。[4]這次我寫了一篇文章在知名的德國報紙上攻擊那個人。[5]很快地，一場漫天蓋地的回擊向我而來，那個人寫了一封信警告我，如果我堅持加入佛洛伊德的陣營，那麼我在學術界的未來就會很危險。當然，我覺得如果我得為自己的學術前途付出代價，那就太離譜了，但我還是繼續寫作支持佛洛伊德。

這些都是當我在繼續自己的實驗時發生的，但我仍舊無法同意佛洛伊德關於所有神經症皆是源於性壓抑的說法。佛洛伊德已經發表了13個關於歇斯底里的案例[6]，報告中提及這些案例都是源於性侵害。後來我與佛洛伊德碰面時，他告訴我，當中有某些病例的確愚弄了他。舉例來說，其中一名當事人說她四歲的時候曾被父親性侵。這個人剛好是佛洛伊德的朋友，後者讓他確信這個女孩的故事是假的。後續的研究也發現這系列的其他案例故事也是編造的，但他不願撤回，他向來喜歡讓事情保持他一開始呈現的樣子。因此這些早期案例都有相當不值得信任之處。而他與布洛伊爾[7]（Breuer）合作的知名案例，那個被稱讚為傑出的成功治療經典，事實上也不可信。佛洛伊德告訴我，在布洛伊爾最後一次會見那名女病人的晚上，他也被叫了過去[8]，因為移情關係遭到中斷，這使她經歷了嚴重的歇斯底里發作。跟最初的狀況相比，她根本沒有治癒，然而那卻是一個有趣的案例，有趣到沒有必要挑明事實。但我當時卻不知道這些事。

當時除了實驗之外，我也治療許多精神失常的案例，特別是早發性失智症。[9]那時的精神病學領域還不存在心理學的觀點。每名個案都會被貼上一張標籤，可能是退化，或者是萎縮，然後治療就結束了，沒有其他的事能做。只有在護士那裡才找得到對病人心理狀態的興趣，當中包含了某些非常明理的推測，但醫師通常一無所知。

---

4 原註4。參見*Freud/Jung*, 2 J (5 Oct.1906), 6 J (26 Nov. 1906), and 43-44 J (4 and 11 Sept. 1907)；以及榮格被收錄在CW4的最初兩篇論文。2012：關於1906年在巴登—巴登與圖賓根的會議和1907年在阿姆斯特丹的會議，參見Mikkle Borch-Jacobsen and Sonu Shamdasani, *The Freud Files: An Inquiry into the History of Psychoanalysis* (Cambridge: Cambridge University Press, 2011), chapter one。

5 原註5。2012：此處引用的是榮格的論文〈Freud's Theory of Hysteria: A Reply to Aschaffenburg's Criticism〉(CW 4)，發表於*Münchener medizinische Wochenschrift*, LIII:47, November 20, 1906, pp.2301-2。

6 原註6。在*Studies on Hysteria* (1893; SE II) 中有四篇由佛洛伊德所寫的個案史；附錄B，佛洛伊德論歇斯底里轉化的著作表，引用了11篇1906年之前所發表的作品。

7 原註7。關於Josef Breuer的個案Anna O的歷史，參見SE II, pp.21-47。榮格最早在1902年引用過*Studies on Hysteria*，參見CW 1, n. 114。

8 原註8。2012：由於佛洛伊德當時還是一名醫學生，他不太可能被叫去。關於個案Anna O，參見Mikkle Borch-Jacobsen, *Remembering Anna O.: A Century of Mystification*, trans K. Olson in collaboration with X. Callahan and the author (New York: Routledge, 1995)。

9 原註9。《早發性失智症的心理學》（1907），CW 3, pars. 1ff。

舉例來說，在女性病房中[10]就有一名75歲的年長女性病患，她已臥床達45年之久。她或許是在快50歲時被送進療養院的，事實上，沒人記得她怎麼進來的，因為認識她的人都過世了。只有一位在療養院裡工作了35年的護理長，她還知道這名女病患的早年歷史。這名老病患無法說話，只能吃流質食物，而她的手指也會做出一種特別的、鏟東西的動作。因此她有時得用兩個小時才能把一碗食物給吃完。當我看著她時，心裡想著：「這種事實在太可怕了。」但這也是我唯一能做的事。她在醫院中經常被認為是一名早發性失智症的僵直型患者。但對我而言，這樣的行為解讀可謂是狗屁不通。

這名個案和她對我的影響在我對精神病學的整體反映中非常典型。我絕望地掙扎了六個月，想在這裡尋找自己的定位，卻總是遇到越來越多的阻礙。當我看到我的上級醫師[11]和同事表現得很有自信時，我都深深覺得被羞辱，只有我一個人在絕望裡遊蕩。因為難以理解病人這件事讓我覺得很自卑，甚至讓我不敢走出醫院。我在這裡不過是一個不能正確掌握自己專業的人。因此我總是待在醫院裡，並將自己獻身於對個案的研究。

後來某個晚上，當我走進病房並看見那位老女人時，我問自己：「到底是什麼原因？」於是我去找護理長，問她這個患者的行為是否一直如此？「沒錯！」她說：「但我先前曾聽在男性病房工作的護理長說她以前是做鞋子的。」我查找檔案，裡面提到了這件事，她會做出製鞋的動作。早期的鞋匠們會把鞋子置於雙膝之間，並將線給拉出來，這動作就和那個老女人經常做的一樣。至今人們仍可在某些鄉村地區看到鞋匠這麼做。

在這名病患去世後不久，大他三歲的哥哥來了。「為何你妹妹會精神失常呢？」我問他。他告訴我，她曾愛上一名鞋匠，但由於某些原因，那男的並不想與她結婚，因此她就失常了。她一直清楚記得他所做那些動作的情景。

這是我對早發性失智症心理起因的首次印象。日後我很謹慎地觀察個案並注意他們的心理因素。我越來越清楚，佛洛伊德的想法可以為這些問題帶來幫助。這就是《早發性失智症的心理學》（*The Psychology of Dementia Praecox*）的起源。然而我的想法並沒有得到太多支持。事實上，我的同事們會取笑我。這是關於某些人在被問及如何對待一個新觀念時會覺得有困難的另一個例子。

1906年，我很小心地研究了一個早發性失智症的案例。[12]這也是一名裁縫師，但她不是一個少女，而是一名56歲的醜陋老婦，當佛洛伊德來醫院拜訪我，想看一下我治療的病人時，他大受震驚，因為我竟然能忍受跟一個這麼醜的人工作。但這個病人卻帶給我極深的印象。

她來自蘇黎世的老城區，那裡的街道又窄又髒，她在那裡悲慘地出生，也在悲慘中長大。她的妹妹是個妓女，父親是個酒鬼。她的精神失常屬於早發性失智症中的偏執型，也就是說，她的想法同時混雜了偉大的念頭與壓抑的念頭，或者我們現在說的自卑。我詳盡地記錄下她提供的素材，當我們談話的時候，她內在的聲音會出來打斷，並說著像這樣的話：「告訴醫生，你全是瞎說，他用

10 原註10。《精神病的內容》（1908），CW3，par.358。參見《回憶．夢．省思》pp. 124ff./125ff。

11 原註11。Paul Eugen Bleuler（1857～1939），伯格霍利茲醫院1898年到1927年的主任。

12 原註12。那是B. St. 或Babette S.《早發性失智症的心理學》中的主要案例，pars. 198ff. ，也可參見《精神病學的內容》（1908），CW3, pars. 363ff，以及《回憶．夢．省思》pp. 125-28 (both eds.)。

不著理會。」偶爾當她極力抗議自己不該被關在療養院中時，那聲音會說：「你很清楚你是個瘋子，而這裡就是你該待的地方。」很自然地，她相當抗拒這些聲音。我認為她的無意識已經取得上風，而她的自我意識則已潛入了無意識中。帶著驚訝和困惑，我進一步發現，那些誇大和貶低的想法竟然來自同一個源頭。貶低的念頭是那些被錯待、與惡劣以待的想法。我把它稱為自貶，而將誇大的想法稱為自捧。一開始，我認為無意識不可能以這種方式製造出對立，因為我仍延續著叔本華、哈特曼和佛洛伊德的思考路徑。即無意識僅是一種趨力，不可能在自身之內展現衝突。後來我認為或許這兩者是來自無意識的不同層次，但這樣講不通；最後我只得承認，那女人的心靈正同時使用兩種不同的原則。

之後的案例證實了我的發現。例如，我有一個非常聰明的律師個案，他因妄想所苦。在這些案例中，他們只有一種跟精神失常有關的想法，那就是有人想迫害他；而在其他情況下，他們都能適應現實。這類案例的病程通常會這樣發展：一個人認為別人正在談論他，然後他問自己為什麼，然後他的答案是，他肯定是一個別人想要加以摧毀的重要人物。慢慢地，他認為自己是一個必須被消滅的救世主。我剛提到的那個人很危險，因為他試圖犯下謀殺案，當他被釋放後，他又想犯下另一起謀殺案。他擁有一個重要的政治職位，人們可以找他請益。他討厭醫生並花很多時間詛咒他們。有一次他在我面前崩潰著說道：「我知道精神科醫師都是些最傑出的人。」然後他就暈了過去。這發生在我跟他工作了三小時之後。當他醒來後，他又回到了那個自貶的老狀態，這種自貶是對誇大的補償。我十分堅持這一點，因為這是無意識會相互矛盾的另一面，換句話說，無意識包含了成雙的對立極。

藉由這本討論早發性失智症的書，我接觸到了佛洛伊德。[13]我第一天見到他的時候是下午一點鐘，接著我們就持續談了13個小時。他是我所見過的第一個重要人物，沒人能與他相比。我發現他極度精明、聰慧，總體而言，可謂相當傑出。但我對他的第一印象卻帶著些許困惑，我不是很能理解他。然而，我察覺他對自己的性理論尤其嚴肅，他的態度絲毫不帶輕浮。那讓我印象深刻，但我依舊有許多疑問。我把此事告訴他，但不論什麼時候提，他總會說那是因為我的經驗不足，還不能建構出個人觀點。我看得出來，性理論對佛洛伊德有巨大的重要性，不論是個人層面或哲學層面均是如此，但我分不清這是否源於他個人的偏見，因此我的心裡一直對整件事抱持懷疑。

另一個關於佛洛伊德嚴肅對待性理論的印象是這樣的：他總會嘲笑靈性，認為那不過是被壓抑的性慾而已。因此我說如果人們完全接受這個立場，那麼人們就會認為我們的文明只是一場鬧劇，因為它不過是受壓抑的性慾罷了。他說：「沒錯，就是這樣。而它之所以如此不過是命運的詛咒，我們對此無能為力。」[14]我的心裡很不願就此罷休，但我依舊不能和他爭辯。

那些日子的第三個印象，當中所涉及的事情我到很久之後才弄懂，直到我們的友誼結束之後我才完全明白。當佛洛伊德在談論性慾的時候，他真正談論的是上帝，像一個人在談論他曾經歷的重

13 原註13。參見《回憶・夢・省思》p.149/146：「藉由此書，我開始認識佛洛伊德。」榮格在1906年12月寄給佛洛伊德一本《早發性失智症的心理學》（1906）：Freud/Jung, 9J。榮格和他的妻子第一次拜訪佛洛伊德是1907年3月3日在維也納的事：同上，p.24。

14 原註14。參見《回憶・夢・省思》p.150/147。

大轉變。好比印第安人含著淚水在談論太陽那樣。我還記得曾有一個印第安人輕柔地來到我的身後，當時我正在山上俯視陶斯．培布羅，他突然在我耳邊說：「你不覺得所有的生命都源於這座山嗎？」[15]這正是佛洛伊德在談到性慾時的那種方式。他的臉上有某種獨特的神情，而我無法理解那個原因。最後我是藉由某種對我來說依舊很困惑的東西才想通的，那就是佛洛伊德的苦楚。有人會說佛洛伊德就是苦楚所組成的，他的每個字都充滿苦楚。他的態度就是一個完全被誤解的人所有的苦楚，而他的態度似乎總是在說：「如果他們不能理解，那就應該去死。」我第一次見到他時，就注意到了，我常在他身上看見這一點，但我找不到他的態度與性慾之間的聯繫。

對我而言，這個情況或許可以這麼解釋：佛洛伊德雖然對靈性抱持否定，但事實上，他對性慾卻抱著神祕的態度。當有人反對他說，某首詩無法只用性慾來理解時，他可能會說：「不，當然不行，我指的是心理性慾。」但當他要分析那首詩時，他又會切入性慾這個視角，因此除了性慾之外什麼都不剩。現在我覺得性慾對他而言是一個雙重概念，一方面它是一種神祕的元素，另一方面它又僅僅只是生理上的性。但只有後者會出現在他的術語中，因為他不承認他有另外一面。他試著告訴別人，從性慾的內部來看，它其實包含了靈性的面向，但他卻使用具體的性術語，也只傳遞錯誤的思想。他的苦楚就源於這個事實，他總是不停地與自己作對，因為沒有什麼比成為自己最糟糕的敵手還令人苦楚了。

佛洛伊德看不見無意識的二元性。他不知道從無意識中湧現的東西既包含內在也包含外在，如果你只談論後者，那麼你只碰到了表皮。但對於他內在的衝突我們沒有什麼能做的，唯一的機會是他能否體驗到在他表皮之內運作著的靈性。然而，他的智性必然也只會將它剝除，僅留下性慾。我試著讓他明白，案例裡也出現了性以外的致病因素，但他總是覺得除了受壓抑的性慾外，那裡什麼都沒有。

正如我所說，這麼痛苦的人總是與自己作對的人。當我和自己作對時，我會投射出我所感受到的不確定性及恐懼。如果我想逃避此事，唯一要處理的就是我自己。佛洛伊德並不知道無意識會產生一種與其所假定的一元論原則相對抗的元素，他確實是一位偉人，但他會逃避自己也是事實。他從沒問過自己為什麼他要整天談論性，這樣的自我逃避正是其他藝術家會做的。事實上，有創造力的人常常都會如此。

正如我所說。這些想法主要是在我與佛洛伊德決裂後才出現的。我會告訴你們，是因為如你們所知道的那樣，我和佛洛伊德的關係長期以來都是公眾討論的事件，因此我必須表達我個人的觀點。

在第一次拜訪佛洛伊德後，我覺得性因素應該要嚴肅以對。但我還是有點困惑，因此我重新檢查我的個案，不敢對外聲張。1909年，佛洛伊德與我一起拜訪了克拉克大學，連續七週，我們每天都待在一起。[16]我們每天都分析彼此的夢，也就是在那時候，我對他的侷限性有了很深的印象。我有兩個夢，但他毫無頭緒。當然了，我並不在意這些，因為每個偉大人物都會對夢境有那樣的經驗。那不過是作為人類的限制，所以我從未把它當成兩人關係結束的理由；相反地，我非常期待能

15 原註15。榮格在三個月前的1925年1月到新墨西哥的陶斯．培布羅進行了一、兩天的參訪。參見《回憶．夢．省思》p.252/237, 以及威廉．麥達爾, "Jung in America, 1924-1925," *Spring*, 1978, pp.37-53。

16 原註16。參見《回憶．夢．省思》pp.156, 158/152, 154。

夠繼續維持我們的友誼，我覺得自己是他的兒子。但接下來發生的事卻結束了這一切。

佛洛伊德的某個夢包含了重要的主題，但我不能在這裡提及。我分析後告訴他，我需要他對我多講一些私人的生活事件，因為這個夢還有很多可以討論的地方。但他卻露出了很特別的懷疑眼神，他看著我說：「我可以對你多說一點私事，但我不能拿我的權威冒險。」[17]因此我知道進一步的分析是不可能的了，因為他把權威置於真理之上。因此我說，我們就此打住吧！我也沒再繼續問他相關的內容。你們要明白，我是以很客觀的方式說出這些話的，但我還是得將這次與佛洛伊德的相處經驗講出來，因為這是我們關係裡最重要的事件。他無法接受任何形式的批評。

由於佛洛伊德只能部分處理我的夢，因此夢在得到理解之前，它的象徵素材會不斷增加。如果人持續用狹隘的觀點來看待夢的素材，那麼就會出現解離的感受，同時也會讓人變得又聾又瞎。如果此事發生在一個孤獨的人身上，他就會變得麻木。

在我從美國回來的路上，做了一個夢，那是《無意識的心理學》[18]（*Psychology of the Unconscious*）這本書的起源。那時我還不清楚集體無意識，我把意識視為一個地上的房間，無意識則是地下室，而湧出的泉水是身體，它會傳送本能出去。這些本能總是與我們的意識理想作對，因此我們會把它們留置在地底。這就是我在看待心靈時經常對自己描繪的形象。接下來這個夢，我希望自己能完全客觀地說給大家聽。

我夢見我在一個中世紀的房間內，一個大而且複雜的房子，裡頭有許多房間、通道，與樓梯。我從街道上走進來，進入一個拱形的哥德式房間，並從那裡進入地下室。我認為，我已經來到了最底層，但接著我又看到一個方形的洞。藉著手上的燈，我向那洞裡望去，然後見到了往更深處去的階梯，於是我順著它向下爬去。階梯很髒，破損得厲害，空氣也很混濁，整體氛圍相當怪異。我走向另一間地下室，其結構相當古老，或許是羅馬時代的建築，這裡也有一個洞，往裡面看去，可以見到一個充滿史前陶器、骨頭與頭蓋骨的史前建築，上頭的灰塵沒有清理過的痕跡，我想我有了重大的發現。我在這裡醒來。

佛洛伊德說這個夢意味著我希望某些與我有關的人死去，並將其埋在兩個地下室中。[19]但我認為這個夢還有其他的意義，雖然我還沒搞懂。我一直這麼想，地下室指的是無意識，但中世紀的房

---

17 原註17。2012：在幾次採訪中，榮格指出他意識到佛洛伊德的夢和其妻妹 Minna Bernays 的婚外情有關（1953年8月29日 Kurt Eissler 的採訪，Sigmund Freud Collectin, Manuscript Division, Library of Congress, Washington, DC）；John Billinsky, "Jung and Freud (the End of a Romance)," *Andover Newton Quartly* 10 (1969):pp. 39-43。關於這一點，參見 Peter Swales，"Freud, Minna Bernays, and the Conquest of Rome: New Light on the Origins of Psychoanalysis," *New American Review* 1 no.2-3 (1982): 1-23；以及 Franz Maciejewski，"Freud, His Wife, and his' Wife'," *American Imago* 63 (2006): pp.497-506（後者指的是，有報告指稱1898年8月佛洛伊德和其妻妹在入住瑞士馬洛亞的施維澤豪斯酒店時，他登記的是「佛洛伊德先生與夫人」）。

18 原註18。榮格一開始把《力比多的轉化與象徵：思想進化的研究》（*Wandlungen und Symbole der Libido: Beiträge zur Entwicklungsgeschichte des Denkens*）分成兩部分發表在1911和1912年的 *Jahrbuch für psychoanalytische und psychopathologische Forschungen* 上，並在1912年以書出版；碧阿翠斯・M・辛克爾將它翻譯成《無意識的心理學：力比多的轉化與象徵研究：思想進化史的研究》（*Psychology of the Unconscious: A Study of the Transformation and Symbolisms of the Libido: A Contribution to the History of the Evolution of Thought*, 1916）。並在擴充後改版為《轉化的象徵：思覺失調症的前兆分析》（*Symbole der Wandlung: Analyse des Vospiels zu einer Schizophrenie*）；在1956年翻譯為英文（CW5），在《回憶・夢・省思》p. 158/154中，榮格將此夢稱為「我著作的前奏」。

子是什麼呢？直到很久之後我才弄清楚。但還有東西在那兩間地下室裡，也就是史前人類的遺跡。那是什麼意思呢？我對這個夢有一種強烈的、非個人的感受。我不由自主地對它產生了幻想，儘管我當時對於將無意識素材帶出來進行幻想的原則還一無所知。[20]我對自己說：「把它挖掘出來是好的嗎？我從哪裡可以得到這麼做的機會？」而事實上，當我回家時，我就找到了一個可以挖掘的地方，然後走了進去。

然而那肯定不能讓我滿意。我的思想於是轉向了東方，我開始閱讀關於巴比倫的考古資料。[21]我的注意力轉向了書本，然後我讀到了一本關於《神話與象徵》（*Mythology and Symbolism*）的德文著作。我快速地讀完三、四卷，就像瘋了一樣，事實上，我和先前在診所時一樣困惑。順帶一提，我在1909年離開工作了八年的醫院[22]，但現在的我，就像是活在一間由我自己建造的精神病院。我忙於分析這些幻想的人物：半人馬、仙女、男神與女神，就如同他們是病人一樣。我讀著一本希臘神話或黑人神話，好比一個瘋子在告訴我他的疾病史，我迷失在困惑中，不知道它究竟想表達什麼意思。

《無意識的心理學》就是從此處慢慢成形的，它的核心主旨源於米勒小姐的幻想[23]，他們就像催化劑一樣，對我過去在內心所蒐集的全部材料產生了作用。我在米勒小姐身上看到一個像我一樣的人，同樣有著完全非個人特質的神話幻想、幻想及夢境。我輕易地認出了它們的非個人性，以及它們肯定源於更底層「地下室」這事實。儘管我當時尚未將之命名為集體無意識——而這就是本書的誕生過程。

當我在寫作本書時，我一直受到惡夢的侵擾。我感覺我必須把自己的夢講出來，儘管當我這麼做時無疑會帶有個人的色彩。但夢對我的生活與理論的重大改變都有影響。舉例來說，我之所以會學醫，也是由於某個夢境的原因，那之前我堅定地想要成為一名考古學家。帶著這個想法，我在大學裡成為了學生哲學團體的一分子，但後來我做了個夢，然後就改變了主意。[24]在當時，我的意思是，當我正在寫作《無意識的心理學》時，所有的夢都指向了佛洛伊德。當然，我認為他會接受在他地下室下方的地下室，但夢卻準備讓我往反方向去。佛洛伊德只在書中看見了對父親的阻抗[25]，他最反對的書中觀點是力比多的分裂，以及力比多會產生遏制它自身的東西。這對作為一元論者的他而言是一項詛咒。從佛洛伊德的態度中，我非常確信他對上帝的思想是建立在性慾上的。對他而

19 原註19。2012：E. A. Bennet 指出，榮格告訴他，他回覆佛洛伊德這頭骨指的是榮格自己的妻子（*C. G. Jung* [1961; Wilmette: Chiron Books, 2006], p.89）。他告訴 Aniela Jaffé，佛洛伊德說的是榮格的妻子和妻妹（《回憶・夢・省思》p.159）。關於此夢的進一步評論，可參見 Jung, "Symbols and the Interpretation of Dreams" (1961), CW18, § 465f.，以及 Jung/Jaffé protocols, Jung Collection, Manuscript Division, Library of Congress, p.107。

20 譯註1。榮格此時還未開展出積極想像法來處理無意識的內容。

21 原註20。亦即美索不達米亞，使榮格轉向的書是 Friedrich Creuzer 的 *Symbolik und Mythologie der alten Völker* (Leipzig and Darmstadt, 1810-1823)。參見《回憶・夢・省思》p. 162/158。

22 原註21。*Freud/Jung*, 140J.

23 原註22。2012：法蘭克・米勒小姐是一位美國的時裝講師，她曾在日內瓦大學跟著西奧多・弗洛諾瓦學習。她寫過一篇文章，〈潛意識創造想像的實例〉(Some Instances of Subconscious Creative Imagination)，（以法語的形式）發表於 *Archives de psychologie* (vol. V. Geneva, 1905)，並由西奧多・弗洛諾瓦作序。榮格所藏的這篇文章有許多註釋。見下文，第4講 n.1.，參見山達薩尼，"A Woman Called Frank," *Spring: A Journal of Archetype and Culture 50* (1990):pp. 25-56。

24 原註23。關於放射蟲的夢：《回憶・夢・省思》p. 85/90f.，繪製於 *Jung: Word and Image*, p. 90。

言，力比多只是朝向單一方向的一種驅力。然而，事實上我認為它可以同時展現在死亡意志與生存意志之上。當我們來到生命頂峰時，就會開始準備死亡；或者換句話說，當35歲之後，我們就開始感受到冷風的吹拂，起初我們還不懂，但稍後我們就無法逃離它帶來的意義。[26]

在和佛洛伊德決裂之後，我在世界各地的學生都離開了我，並轉向了佛洛伊德的陣營。[27]他們被告知我的著作是垃圾，我是一名神祕主義者，事情就這麼定案了。突然間，我覺得自己完全遭到孤立。然而，這雖然像個缺點，但對作為內傾者的我來說，它仍舊有好處，因為它推動了力比多的垂直運動。在切斷了與外在事物的水平運動後，它驅使我去探索內在的所有事物。

當我完成《無意識的心理學》時，出現了一個無比清晰的時刻——我檢視曾經走過的道路，並這麼想著：「現在你擁有了通往神祕學的鑰匙，以及打開所有門的力量。」但接著又有某個聲音對我說：「為何要打開所有的門呢？」[28]然後我發現我在問自己究竟做過什麼？我寫了一本關於英雄的書，我解讀了過往人類的神話，但屬於我自己的神話呢？我必須承認我一無所有。我知道他們的，卻不知道我自己的，對現代人的也一無所知。甚且我們對無意識並不瞭解。圍繞著這些反思，就如同圍繞著某個中間的核心，所有的思想逐漸發展，其中某些部分在論述心理類型的書上得到了表達。

25 原註24。有一個流行的故事是佛洛伊德在歸還榮格的書上寫著：「對父親的阻抗！」但倫敦的佛洛伊德圖書館藏有本書的第一版，榮格在上題字：「不順從但充滿感激的學生敬獻於導師與大師。」(*Freud/Jung*, new ed., 324F n. 2, addendum)。也可參見 *Jung: Letters*, vol.1 p. 73。在一封1930年3月4日的信件中，榮格寫道：「佛洛伊德收下了我的書，但他告訴我，我全部的想法不過只是對父親的阻抗而已。」

26 譯註2：榮格此處指的是死亡的意義。

27 原註25。2012：在他的《精神分析運動史》中，佛洛伊德承認他大部分的學生都是從蘇黎世來的。

28 原註26。參見《回憶．夢．省思》p. 171/165。

第 4 講
問題與討論

♦

曼恩醫師提問：

一個人是否能藉由直覺更輕易地達到超越功能，如果一個人缺乏此功能，也就是直覺功能的話，困難度是否會大幅增加？如果缺乏協助，一個人是否很難單獨獲得超越功能？

榮格醫師：

這在很大程度上取決於一個人的心理類型，要看他的直覺功能在尋求超越功能時扮演什麼角色。舉例來說，如果一個人的優勢功能是直覺，那麼直覺功能就會直接變成阻礙，因為超越功能是由優勢與劣勢功能共同製造的，或者發生於優勢與劣勢功能之間。劣勢功能的出現只會以優勢功能的犧牲為代價，所以對直覺類型者來說，若要找到其超越功能，他的直覺功能反而是必須克服的。另一方面，如果某個人是感官類型者，那麼直覺就是他的劣勢功能，而其超越功能就要藉由直覺功能來達到。事實上，在分析中我們常會看見直覺似乎是最重要的功能，但它之所以如此，是由於分析是一個實驗的產物而非現實。

在上回的講座中，我已告訴各位我寫作《無意識的心理學》的過程與它對我的影響。它在1912年以《力比多的轉化與象徵》（*Wandlungen und Symbole der Libido*）為名出版，它讓我去關注英雄神話與我們這個時代的問題。這本書的基本主題，亦即力比多會分裂為積極與消極的趨勢，就如同我說的，佛洛伊德對這點非常不同意。它的出版標誌著我們友情的結束。

今天我想談談《無意識的心理學》的主觀面。當有人寫下這麼一本書時，他會覺得自己正在寫某些客觀的材料，以我為例，我以為我只是在用某種觀點以及後續的神話材料來處理米勒小姐的幻想。我花了很長的時間才明白畫家在完成一幅畫後，就會認為事情在這裡結束了，任何事都不再跟他有關。同樣地，我也花了好幾年才看見《無意識的心理學》這本書談的就是我自己，而對它的分析也無可避免地就是對我個人無意識歷程的分析。想用一場講座談它是很難的，但我仍然想討論，特別是回溯本書預測未來的方式。

如你們所記得的那樣，本書是以論述兩種可被觀察到的思維方式做開端，智性的或定向思維，以及幻想的或消極的自動思維。在定向思維的過程中，思想如同工具般受控，它們的目的是用來服務思考者；在消極思維中，思想就如個體一樣會以自己的方式運作。幻想思維並不知道階層的存在，其思想甚至可能與自我相敵對。

我把米勒小姐的幻想視為自主的思維形式，但我並不瞭解她所採取的思維形式是我自己的。若有人主觀地詮釋這部作品的話，會發現她取代了我的幻想，並變成了舞臺上的導演。易言之，她變成了阿尼瑪的形象，一個劣勢功能的載體，而我對她的意識程度非常低。我意識到自己是一個很積極的思想者，很習慣讓思考臣服於最縝密的方向，因此幻想對我來說是一個令人厭惡的心理歷程。作為一種思維方式，我認為那是完全不潔的，一種亂倫的交配，從理智的觀點來看，它全然的不道德。對我而言，允許幻想在我身上出現，就如同一個人走進工作室時卻發現他所有的工具都不受控制地到處亂飛。換句話說，想到我內在心靈竟然可能存在著一個幻想的生命，這件事嚇到我了。它和我為自己發展出的全部智性理想相對立，對此我相當抗拒，只有藉由將我個人的材料投射到米勒小姐身上，我才能加以承認。或者更明確地講，消極思維對我而言似乎是一個脆弱也反常的事物，我只能藉由一個生病的女人來應付它。事實上，米勒小姐的精神狀態在之後變得完全錯亂。一戰期間，我收到米勒小姐的醫師從美國寄來的信，他告訴我，我對她的分析完全正確，她在精神錯亂期間所接觸到的宇宙進化神話已完全明朗。[1]我第一次讀到她的材料時，那時弗洛諾瓦（Flournoy）也在觀察她，他告訴我，我的分析是對的。[2]集體無意識存在著巨大的活動終將把她壓垮，這一點都不讓人意外。

我必須認識到，我對米勒小姐所做的分析其實是我自身的幻想內容，因為那非常受壓抑，就如她身上的那樣，而那是有點病態的。當一個心理功能被這樣壓抑時，來自集體無意識的素材就會汙染它。因此米勒小姐才成為我不潔思想的某種描述，所以本書中提到的劣勢功能及阿尼瑪問題就此現身了。

在本書的第二部分，包含了〈創造的讚美詩〉[3]（Hymn of Creation）。這是能量開展時的正向表達，或是產生力量的、向上升的表現。而〈飛蛾之歌〉[4]（Song of the Moth）則是往下降，它是被創造的光，並接著創造了它自己的終局，一種物極必反的表現。在第一個案例中，那是一段關於成長、青春、光與夏日時分。而在飛蛾身上，展現的是牠在光中燃燒了自己先前創造的翅膀，為牠帶來生命的趨力同時也殺了牠自己。這樣的二元性就是宇宙原則，書在這裡結束。它導向了成對的兩極，也就是說，它是《心理類型》[5]的開端。

這本書的下個部分處理的是創造性能量的另一個面向。能量可以表現出多種形式，並可在過渡階段中由某一種形式轉變[6]（transform）成另一種。基本的轉化發生在能量由嚴格的生理需要轉為文

---

1 原註1。2012：1955年12月17日，Edwin Katzenellenbogen 寫信給榮格：「許多年前提到『力比多之路』時，我曾向你提及這份記錄的女作者米勒小姐，她當時是我在丹佛州立醫院的患者。我檢查後得出的診斷充分證實了對她的直覺分析，這分析奠基於她的小冊子。這是我要提醒你的。」（Jung Archives, Swiss Federal Institute of Technology, Zurich）法蘭克．米勒被診斷為「人格異常，並帶有某些躁狂的特質。」她一週後出院了，接著又自願進入麥克米蘭療養院，並被診斷為「病態自卑」，幾個月後因「大幅改善」而出院。兩邊的記錄都沒有宇宙發生論的神話、早發性失智症，或永久精神錯亂的痕跡。心理病態在當時是一個很廣泛的概念，指涉著遺傳背景。參見拙著：《A Woman called Frank》op. cit.。

2 原註2。CW5, p. xxviii: Forward to the Second (German) Edition [of *Wandlungen und Symbole der Libido*] (November, 1924) 這段序言並未包含在稍後出版的英文版《無意識的心理學》中，它首次以英文出現是在CW5 (1956)。

3 原註3。CW5, Pars. 46ff.：第一部分的第4章（不是該書的第二部分）。米勒幻想出一首「夢詩」，命名為「榮耀歸於上帝」，醒來後她將其寫在專輯中（參見S. T. Coleridge, "Kublai Khan."）。

4 原註4。同上，pars. 115ff.：第5章。同樣寫了一首詩，她命名為「飛向太陽的天蛾」。

5 原註5。*Psychologische Typen* (1921)：H. G. Baynes 將之譯成英文 *Psychological Types*，並加上副標題：「個體化的心理學」，但並未被放到接下來的英文與德文版本中。英文與德文全集都有一篇包含四篇相關論文的附錄（見下文 n. 11）。參見《回憶．夢．省思》pp. 207f./198f。

6 原註6。抄本是 transiform，拼錯了嗎？

化成就的時候。從此點來看，它是一樁演化的事件。舉例來說，性慾又是如何跨越到靈性的？不僅是從科學的立場，也包含個體身上的現象。性慾與靈性是一組對立極，它們彼此需要。性慾階段導向靈性階段是如何產生的呢？

第一個出現的意象是英雄。他是最理想的意象，其特徵隨著時代不停改變，但它永遠是人類最珍視事物的體現。英雄體現著我們試圖追溯的過渡階段，因為在性慾階段中，男人受到本性力量很大的控制，這是一股他無法掌管的力量。英雄是完美的人，他堅定地以人類之姿對抗本性，而本性則試圖想要剝奪這份完美的可能性。無意識使英雄成為象徵，因此英雄意味著態度的某種改變。但這個英雄象徵依舊源於無意識，它也是本性的表現，同樣的本性對人類欲奮力塑造的理想毫無興趣。接著，人類遇見了與無意識的衝突，而這種奮鬥是人類想要從其無意識，也就是從他的母親那裡贏取自由。正如我所言，他的無意識會形成完人的意象，但當他試圖實現這些英雄類型時，無意識的另一個趨勢就會出現，（那個趨勢）會試著毀滅這個意象。它因此發展成可怕的母親、會吞噬人的龍、重生的危機等等。同時，英雄理想的出現也意味著此人的希望正在強化。它會讓人覺得自己能夠重新組織他的生命，只要母親允許的話。這不能藉由字面上的重生來完成，他得藉由轉化的歷程或心理上的重生來實現。但若不經過與母親的激烈鬥爭，這件事是不能完成的。但這個首要的問題就會變成：母親會允許英雄誕生嗎？以及，要做些什麼才能讓母親感到滿意，從而使她願意允許這件事發生？

因此我們看見了犧牲的思想體現在羅馬密特拉（Mithras）密教[7]的公牛祭中。這不是基督教，而是密特拉教的思想。英雄本人並未犧牲，但他的動物面向，亦即那頭公牛則被獻祭了。

對母親角色或無意識同時作為出生之處與毀滅之源的討論，導向了母親角色的二元性質或無意識對立極的存在，亦即建設原則與毀滅原則。犧牲是必需的，這是為了使英雄能夠切斷無意識力量對他的控制，他必須付出代價並設法填補無意識留下的空白。他需要犧牲什麼？根據神話，他需要犧牲的是童年、幻影的面紗和過往的理想。

和此點有關的是《無意識的心理學》裡的某個段落，我經常因此受到攻擊。[8]我曾說過，在克服重生和擺脫母親的危險中，我們能在規律的工作裡找到最大的幫助。有時在思考這一點時，我也會認為在面對這個重大的問題時，這個方法似乎太過廉價與不適當，那時我就會傾向於站在我的批評者那一邊。但當我對此問題思考得越多，我就越肯定自己是正確的，正是我們常規且重複的努力，才使我們得以脫離無意識，也就是說，藉由規律的工作，我們塑造了人性。我們可以藉由規律的工作來克服無意識，但絕不能只是做做樣子。如果我對一名黑人說「你如何處理你的無意識？」他的答案會是：「工作。」「但是，」我說：「你的生活全在玩樂啊！」他就會強烈地否認，並對我解釋他大多數的人生都用在勤快的舞蹈表演中，而這都是為了靈魂而做。對我們而言，舞蹈確實是玩樂，它輕快而優雅，但對原始人而言，舞蹈確實是一項需付諸努力的工作。所有的儀式都可以被視為是工作，而我們對工作的感知便是自其中衍生而出的。

7 原註7。抄本是Mithra。這通常是德文的拼法：CW採用的是Mithras。榮格所使用的Mithraism是一個範例，它是羅馬帝國時期很流行的宗教，約在2世紀左右，其基礎是善惡間的對抗。

8 原註8。在1916年版p.455 (1919 ed., p. 252)。在《轉化的象徵》中，該段落被刪除了；參見pars. 644-45。

接續討論這個主題，我能對你們說明澳洲黑人在生病時的行為。他會去到某個地方，那裡的岩石下藏著他的靈魂之石[9]（*churinga*）。他摩擦石頭。那靈魂之石充滿了健康的魔法，當他摩擦的時候，魔法會進入他的體內，而他的疾病則會進入靈魂之石中，然後病人再將石頭放回岩石下，它在那裡消化疾病，並重新補充健康的魔法。這個方式取代了祈禱。我們可以說一個人能藉由祈禱從上帝那裡獲得力量，但原始人則能藉由工作來從上帝那裡獲得力量。

如果你有聽懂這些解釋的話，你就會看見這些材料成功地使我留下深刻印象。我指的是我所研究的神話素材。其中最重要的影響之一是我能用神話詮釋米勒小姐的疾病，這讓我感到很滿意，因此我也能同化我身上米勒小姐的面向，這對我有很大的助益。打個比方來說，我找到了一塊土，並將它轉化成黃金，同時又將它放進我的口袋裡。我將米勒小姐融入我自身，並強化了我的幻想思維，但略帶著猶豫。似乎我的幻想已然離開了這些材料。

那段時間我並不常寫作。因為我很擔心我與佛洛伊德彼此交惡，我開始謹慎地研究阿德勒[10]（Adler），想瞭解他到底反對佛洛伊德什麼。我立刻被他們心理類型的差異給震驚了。[11]兩人都試著治療神經症與歇斯底里，一個人是這樣看，另一個人卻以相當不同的方式來理解。我找不到解答。然後我突然意識到，我正在處理的很可能是兩種截然不同的心理類型，他們註定要以完全相反的觀點來看待相同的事實。我開始發現我某些病人適合阿德勒的理論，某些則適合佛洛伊德的。因此我開始建構外傾與內傾的理論。接著我與朋友及熟人展開了許多討論，藉由這些討論，我發現我傾向把自己的劣勢外傾面投射在外傾的朋友身上，而他們也會把自己的內傾面投射在我身上。藉由與朋友的討論，我發現由於我會持續投射自己的劣勢功能在他們身上，所以我總是冒著貶低他們的風險。我可以無私且客觀地面對我的病人，但我必須以情感為基礎來面對我的朋友，而情感對我來說是一個相對未分化的功能，它處於無意識中，所以很自然地會攜帶大量的投射。慢慢地，我的發現使我震驚，我指的是我的外傾人格，原來每個內傾者都在自己的無意識層面攜帶著一個外傾人格，這就是我將其投射在朋友身上並給他們帶來危害的原因。對我的外傾朋友而言，這件事同樣令他們苦惱，因為他們得承認自己的內在也具有劣勢的內傾性。部分由於這個私人的原因，我為心理類型寫了一本小冊子，並在之後的一場會議中加以朗讀。[12]那裡包含了幾處錯誤，我日後也進行了修正。舉例來說，我認為一個外傾者必定是情感類型（feeling type）的，而事實是它出於我自己外傾性的投射，而這與我無意識裡被壓抑的情感有關。

---

9 原註9。一顆「靈魂之石」或偶像。參見"On Psychic Energy" (1928; CW8), par. 119。榮格在完成《力比多的轉化與象徵》後不久，也就是1912年開始寫作此論文，但又把它暫時擱置，轉而研究類型問題（"On Psychic Energy," par.1. n. 1）。他關於澳大利亞原住民的資料來源是W. R. Spencer 與 F. J. Gillen 的著作 *The Northern Tribes of Central Australia* (1904), 引用於《心理類型》中，特別是par.496。

10 原註10。在1911年春天，阿德勒與佛洛伊德決裂後，榮格（在寫給佛洛伊德的信裡）提及他的態度都很負面。然而，1912年的秋天，他在《精神分析理論》（CW4, p.87）的前言裡，榮格寫道：「我認識到（阿德勒）和我在許多論點上都有相近的結論。」參見 *Freud/Jung*, 333 n.1. 2012：榮格在一篇未發表的評論中對阿德勒的書有正面的評價，*The Nervous Character*，標題為《論精神分析理論：一些新書的評論》。關於此點，請參見拙著 *Jung and the Making of Modern Psychology: The Dream of a Science.* (Cambridge: Cambridge University Press, 2003)，pp. 55f。

11 原註11。參見CW.6, pars.88-92。

12 原註12。《心理類型研究的貢獻》（CW6, appendix），1913年慕尼黑精神分析會議的一篇演講（榮格與佛洛伊德最後一次會面）。在pars.880-82，榮格以類型學的術語比較了佛洛伊德與阿德勒理論。

這些都是我在開展《心理類型》一書時所面臨的外在情況。我可以問心無愧地說，這就是本書誕生的原因，並在此處作結。但還有另一個面向應該提及，關於錯誤如何交織形成、以及不純潔的思維等等，而這對一個人來說總是很難向大眾公開。他希望能向你們呈現一個由其定向思維所完成的作品，並讓你們認為那是從他心靈中誕生的，而且毫無缺陷。一個思維型的男人，他對理智生活的態度與一個女人對其情欲生活的態度是相當的。如果我詢問一個女人關於她的丈夫：「你們是怎麼走在一起的？」她可能會說：「我遇見他，接著就愛上了他，這就是我們之間發生的事。」她會謹慎地將情欲大道背後她所走過的小巷給藏匿起來，包含她最微細的卑鄙行為，以及她曾參與的祕密；她只會對你呈現最無可挑剔的完美順從。她會向你隱藏她所犯下的情欲錯誤，但她不會向你坦白自己的脆弱。

男人著述時也是一樣。他不想透露隱蔽的結盟，也就是心靈中的失言之處。這就是多數自傳會犯的錯誤。正如女人的性慾很大程度上處於無意識一樣，男人思維的劣勢面向也很大程度地處於無意識之中。就像女人會在性慾之上建立起權力，避免將其隱密的脆弱面給洩漏出去那樣，男人也會將權力集中在他的思維，並在大眾面前試圖牢牢抓住它，尤其是在面對其他男性時。他認為如果自己在這個領域裡說了真話，就等同於把堡壘中的鑰匙交給了敵人。

但他思維中的另一面並不會讓女人不快，因此男人通常可以自在地把它說給女人聽，特別是某一類型的女性。正如你們所知，我把女人設想為兩種類型：母親與交際花。[13]交際花類型扮演的是一個母親，養育著男人思維功能的對立面。正是脆弱與無助的思維吸引著這類型的女人；她認為那是某種需要她協助發育的胚胎。看起來似乎有點矛盾，但即便是一名妓女，有時也比一個男人的妻子更瞭解他精神上的成長。

此刻，由於我正在積極地思考，我必須找到某種保護自己的方式，也就是說，去關照我心靈生活中較為消極被動的那一面。如我所說，男人不喜歡這麼做，因為這會讓他感到無助。他無法恰當地處理它，而且會感到自卑，那使他像是被丟入河中的木頭，因此他只想盡快地逃跑。因為那不是純粹的理智，所以他會加以否認，更糟糕的是，那是一種情感。他覺得自己是這一切的受害者，然而他必須把自己交付出去，否則他就無從獲得他的創造力。因為我的阿尼瑪無疑已被我所研究的神話材料給喚醒了，因此我現在被迫去注意我的另一面，也就是我無意識裡的劣勢面向。我知道這聽起來很容易，但這對一個男人而言實在很難說出口。

為了理解無意識中的劣勢面向，我會在晚上對白天習慣做的事做精確的反轉。也就是說，我將我所有的力比多轉向內部，以便觀察夢境發生了什麼事。里昂．都德[14]（Léon Daudet）曾說，夢不僅會在睡眠中出現，它同時也有自己的生命，它們白天也同樣存在，只是低於意識的水準之下，因此人們察覺不到。這當然不是一個新概念，但再怎麼強調也不為過。人能記住夢的最佳時間是晚上，因為此時人們是被動的。然而，在早發性失智症患者的身上，就能觀察到這些夢是如何在白天浮上意識

13 原註13。榮格在1927年的論文中短暫地討論了這些女性的類型；參見〈心靈與大地〉（CW10, pars. 75f）。在1934年一場蘇黎世心理學俱樂部的演講中，托妮．沃爾芙提出了一個四維的架構，將這些類型以及另外兩種類型涵蓋起來，即亞馬遜女戰士及普通女性：Structural Forms of the Feminine Psyche，由 Paul Watzlawik 翻譯（Students Association, C. G. Jung Institute, Zurich, 1956）。參見 Wolff, *Studien zu C. G. Jungs Psychologie* (Zurich, 1959), pp. 269-83。

14 原註14。參見 Daudet's *L'Hérédo: Essai sur le drame intérieur* (1916)，引自"The relations between the Ego and the Unconscious" (1928), CW 7, pars. 233, 270。

的表層，因為這些人整天都很被動，也就是說，他們讓自己活在夢境裡。一個思維型的男人，他的心靈在白天是主動的（請記住，我所講的是男人，這個歷程在女人身上是不同的），沒有夢能在這個狀態下被觀察到。但晚上進入被動狀態時，同樣的力比多流也會同時導入無意識中，如同它在白天時那樣運作，此時夢境就出現了，而無意識的表現也因此能被觀察到。但這事不能只靠躺在沙發上休息來完成，他必須要讓力比多完全進入無意識才行。我曾這樣訓練過自己，我讓我的力比多進入無意識使它運轉，我藉此給了無意識機會，使它當中的素材能夠現身，而我也能在現場觀察它。

我發現無意識正在運作大量的集體幻想。就像我先前對神話充滿了興趣那樣，我現在也對無意識的素材充滿興趣。事實上，這是神話形成的唯一方式。因此《無意識的心理學》的頭一章可說完全正確。我觀察神話的持續創造，並對無意識的結構產生洞察，使這個概念在《心理類型》扮演重要角色。我從自己的病人身上獲得了經驗的素材，但我是在自己心裡，也就是在對無意識歷程的觀察中，才獲得了問題的解答。我曾試著在《心理類型》裡融合外部與內部兩股經驗流，並將此過程命名為超越功能。[15]我發現意識流朝向某一方，而無意識流則朝向另一方，但我不知道它們會在哪裡匯合。個體會朝向難以修復的分裂發展，因為理智只懂得剖析和分辨，而創造性元素則置身於理智無從抵達的無意識之中。意識與無意識之間具備調節的可能性，這點我曾在超越功能中加以闡明，它的到臨猶如一盞明燈。

現在時間結束了，而我已對你們說了很多，但別因此認為我對你們說了全部。

15 原註15。參見 CW6, pars. 184, 828。

第 5 講

問題與討論

◆

這次沒有提交上來的書面問題。接下來是口頭提問：「當你在研究無意識的歷程時，就如你上次講座所提的那樣，你會有控制工具的感覺嗎？」

榮格醫師：那就好像是我的工具被我的力比多給啟動了。但必須要有可以被啟動的工具，也就是說，可供啟動的意象，因為力比多存於這些意象中；要提供額外的力比多才能使它們湧上心靈的表層。如果我不能提供額外的力比多使它們湧上心靈表層的話，儘管心靈活動仍會持續，但我的心靈能量也會被吸入無意識中。藉由注入力比多，人就可以增加把無意識說出口的力量。

阿德里奇先生：那是一種苦行（tapas）的方式嗎？

榮格醫師：是的，那是一個用來表達專注方式的印度詞彙。它可以用這種方式來解釋：假設某人正幻想有一位男性或女性走進房間，到此為止，他沒有再進一步；換句話說，他放棄了幻想並繼續另一個，我們且說他在森林中遇見了一頭鹿，或看到小鳥鼓動著翅膀。但幻想的技巧是去停留在畫面上，並等待接下來的事物，直到所有的可能性被窮盡為止。因此，如果我把那男人與女人給變出來，我不會放他們走，直到我發現他們在房間裡做什麼。所以我們要繼續幻想。然而，人們通常會抗拒這種事，也就是抗拒跟隨幻想。他們的耳朵會聽見有聲音在低語，告訴他那全是胡說八道。事實上，意識會被迫對無意識素材採取高度的懷疑態度，目的是使後者被意識化。舉例來說，一個人在努力擺脫一個深具影響力的信仰時，經常會發現自己得去嘲笑它。他扔掉多餘的廢物，以確保自己不要落入無意識的掌控。這就是獲取無意識素材會如此困難的原因。因為意識會不停地說：「跟那些東西保持距離。」而它總會試著增加而非降低對無意識的阻抗。同樣地，無意識也會與意識保持競爭。為了贏得意識，人也恨被迫與自己的天性分離，這是人類的特殊悲劇。他或者處於物極必反的徹底擺盪，或者受到天性力量的玩弄，又或者必須遠遠地疏離自己的天性。

回到幻想這個問題，一旦克服了與無意識相接觸的阻抗，且一個人能發展出專注於幻想的力量，那麼他就可以看到意象的演出。每個藝術家對此都能自然表現，但他只能由此得出美學的價值，然而分析師卻試著得出所有的價值，包含理想的、美學的、感受的，以及直覺的。

當人們見到這樣的情景時，他會試著弄清楚它對自己的特殊意義。當被啟動的意象與意識流非常遙遠時，它們就會像早發性失智症患者那樣隨意爆發。爆發會使意識分裂，並將其撕成碎片，使每個碎片都成為一個獨立的自我，因此會出現如早發性失智症患者那樣完全不合宜的情感反應。如果他們當中還遺留著特定的自我意識，那就會帶來某些反應，無意識就會因此出現聲音，說我們是個瘋子，但另一個反對它的聲音也會跟著出現。

除了早發性失智症之外，所謂的正常人其實也是很碎片化的，也就是說，他們在多數情境下都無法產生完整的反應。換言之，他們的自我並不完整。意識中存在著一個自我，而其他則由無意識的祖先元素所構成，在此力量的影響下，一個多年來都很瞭解自己的人，可能會突然受到祖先元素的支配而動搖。我認為有碎片化反應及不合宜情感的人，都可以用這個觀點來解釋。因此你會遇見一個總是看見生命黑暗面的人，他可能是因祖先元素的附身才被迫產生這樣的片面觀點。無意識的另一種成分也可能在突然之間獲得主導權，並使他變成另一個同樣片面的樂觀主義者。許多文獻都描述過這類性格的突然改變，當然了，他們並不是以祖先附身的角度去解讀的，因為這個想法是未經科學證實的假設。

進一步來說，原始人也認為，若非鬼魂作祟，人是不會生病的，而鬼魂正是祖先的形象。

祖先附身的理論與生理學類似，它會使這個概念清楚一點。癌症就被認為可能源於被包裹在成熟分化組織中的胚胎細胞在後期的失序發展。舉個有力的證據，例如在成人的大腿上就可以找到僅有部分發展的胚胎細胞，也就是被我們稱為畸胎瘤的腫瘤。或許同樣的事也發生在心靈中，其心理結構可被認為是一個大的企業集團。或許某些特質屬於被我們以情結形式給埋葬起來的祖先們，他們有自己的生命，且從未被同化到個體的生命。然後由於某些未知因素，這些情結被開啟了，從原本受無意識所包圍的朦朧狀態中醒覺，並開始主導整個心靈。

我傾向用這種方式描述無意識意象的歷史特徵。在意象裡常會出現即使藉由想像力與個人經驗也無法解釋的細節。很可能的是，藉由重複這些如歷史事實般的奇怪細節，某種特定的歷史氛圍便會隨我們誕生。都德（Daudet）就提過類似的想法（*L'Hérédo and Le Monde des images*），他把它稱為「自體受精」。[1]不論這些推測的事實為何，它們肯定會落在集體無意識概念的框架中。

另一個理解祖先附身的想法是，這些自主的情結在心靈中是以孟德爾單元（Mendelian units）的

1 原註1。參見上文，第4講，原註14。

形式存在，它們完整地代代相傳，不受個人的生命所影響。因此問題就成為：這些心理的孟德爾單元可以被分解並同化，以保護個體免受它們的傷害嗎？分析肯定能良好地達成這個目標。它可能無法把情結或單元完全同化進心靈的其他部分，但至少它能指出處理的方法。舉例來說，分析因此能成為一種類似於用以治療脊髓痨[2]的骨骼矯正法。病症仍舊存在，但特定的矯正法可用以補償運動知覺的障礙。脊髓痨的患者可以藉由眼球運動學到在走路時如何控制自己的身體運動，並因此替代他所喪失的觸覺。

講座

我今天想繼續為各位說明《心理類型》這本書的背景。

當一個人開始看向自己的內心，他就會以一個旁觀者，甚至是受害者的立場去觀察他所存在的自主現象。這很像一個人離開了保護自己的房子，走進遠古的森林一樣，他得面對所有住在裡頭的怪物。人很自然地會有一點抗拒，不願反轉防衛機制，並進入這樣的情境。就像我們放棄了個人的自由意志，讓自己成為受害者。因為伴隨防衛機制的反轉，一種與定向思維全然不同的態度就會成長起來。人會被拋進未知的世界，不僅是進入某個心理功能而已。在某種程度上，集體無意識僅是一個幻象，因為我們意識不到它，但它也像現實世界那樣真實。我可以這麼說，這是我經驗到的事，但那不見得是一件好事。人必須暫且接受眼前的現實，易言之，去冒那深入無意識的危險。

我曾讀過德國作家霍夫曼[3]（Hoffmann）在19世紀初寫下的一些故事。他用愛倫坡（Poe）的風格來寫作，在他創作這些故事時，會被想像的事實給抓住，因此他會大聲呼救，要人們來救他。在正常情況下，這不會有危險，但不可否認的是，無意識會使人留下難以磨滅的印象。

在我系統性地探查我的無意識之前，也就是我完全弄清楚此問題的重要性之前，我開始了首次的觀察。

你們可能還記得我曾說過我和佛洛伊德的關係。當我還在寫作《無意識的心理學》時，做了一個我沒弄清楚的夢，或許我在去年才完全把它搞懂。夢是這樣的：我正和某個人走著，但我不知道他是誰，現在我可能會說他是我的陰影。突然間，我遇到了一個老男人，他穿著奧地利海關官員的制服。那是佛洛伊德。在夢裡，我想到了審查機制。佛洛伊德並未看到我，但卻安靜地走向了我。我的陰影對我說：「你有注意到他嗎？他已經死去30年了，但他走得並不安詳。」我對此事特別有感。然後夢的場景轉換了，我出現在位於山坡上的南方小鎮。高高低低的街道位於陡峭的山坡，那是一個中世紀的小鎮，而太陽在正午時分閃耀。正如你們所知，那是南方國家的鬼魂在外遊蕩的時刻。我跟著那人走過街道，許多人從我們旁邊經過。突然間，我在人群中看見一個高大的男人，十字軍的裝扮，穿著鎧甲，前胸與後背都有紅色馬爾他十字的符號。[4]他看起來疏離又孤傲，不關心

2 譯註1。此病是梅毒的併發症，在廣泛使用抗生素的現代已幾乎絕跡。
3 原註2。E．T．A．霍夫曼，*The Devil's Elixir* (1813) and *The Golden Pot* (1813)。
4 譯註2：馬爾他十字是醫院騎士團及馬爾他十字團所使用的符號，八個頂點象徵八項騎士的美德。

任何從他身邊走過的人，同時也沒任何人注意到他。我驚訝地看著他，無法理解他走在這裡做什麼。「你看到他了嗎？」我的陰影問我。「他在12世紀時就去世了，但他沒有好好死去。」我一直在人群中行走，但他們都沒看見他。我對人們看不見他感到很困惑，然後我就醒了。[5]

這個夢困擾了我很長一段時間。我對夢的第一部分感到很震驚，因為我那時還沒預見我和佛洛伊德之間的爭執。「他死得如此卑屈，這點意味著什麼呢？」這是我問自己的問題，而且為什麼我會以這種形式聯想到審查原則呢？事實上，那對當時的我而言，似乎是最好的理論解釋。我認識到十字軍與佛洛伊德兩者形象間的對立，我也明白他們之中有強烈的相似性。他們並不相同，但同時都是死人，且都沒有好好死去。

這個夢的意義在於祖先形象的原則。那名奧地利官員則很明顯地代表著佛洛伊德的理論，而十字軍戰士則是一個原型的形象，是一個自12世紀起就存在的基督徒象徵，也是一個並未在今日世界好好活著的象徵，但同時也沒有完全死去。他來自梅斯特．艾克哈特（Meister Eckhart）[6]的時代，騎士文化的時代，許多的想法在那時興起，即使他們被殺死，卻在今日復活了。然而，當我做這個夢時，並不知道這個詮釋。我覺得壓抑又困惑。佛洛伊德也很困惑，但找不到令人滿意的解釋。

那是1912年。之後我又做了另一個夢，它再次清楚地向我顯現佛洛伊德解夢的侷限。我過去一直把無意識視為死去材料的儲藏地，但慢慢地，原型的想法開始在我心中成形。直到1912年年底，我做了這個夢，這使我確信無意識不僅包含無生命的材料，更有某些還活著的東西在那裡。有我所不知道的東西活在我身上，這個想法讓我非常興奮。

我夢到自己坐在一個非常美的義大利涼廊中，就像是佛羅倫斯的舊宮（Palazzo Vecchio）[7]。它極為奢華，有柱子、地板和大理石的欄杆，我坐在一把純金的椅子上，那是一把文藝復興時期的椅子，就在一張猶如翡翠的綠色桌子前。它異常美麗。我坐在那裡向外看，因為涼廊位於城堡的頂端。我知道我的孩子們也在那裡，突然間，一隻白色的小鳥飛了下來，並優雅地停在桌子上。牠像一隻小海鷗或鴿子。我作勢請牠們保持安靜，而鴿子突然間變成一名金髮小女孩，並跟著孩子們跑開了。當我坐在那裡思考這件事時，小女孩又跑了回來，輕柔地把她的手臂環繞在我脖子上。然後

5 原註3。參見《回憶．夢．省思》pp.163-65/158-60. 2012：1913年，榮格將此夢記錄在《黑書》中：「我在一座南方的城鎮，站在一條上坡的街道上，兩側有著狹窄的樓梯。那是正午12點，陽光燦爛。一個年長的奧地利海關人員或類似的人從我旁邊經過，看似若有所思。突然有人說：『他就是那個無法死去的人。』他已經死去了30到40年左右，但至今還沒腐化。我非常驚訝。此時出現了一個引人注目的人物，一位穿著淡黃色盔甲的高大騎士。他看來強壯而且難以捉摸，一副目中無人的模樣。在他背後有一個紅色的馬爾他十字，他從12世紀開始就出現在這裡，每天中午12點到1點時都會從同樣的路線出現。這裡沒人對這兩件事驚訝，但我卻十分震驚。／我不需使用我的解釋技巧就已發現，那個年長的奧地利人是佛洛伊德；而那個騎士就是我。／我內在有個聲音說：『這全是空洞且令人厭惡的東西。』我必須忍受。」（*Black Book 2*, cited in *Liber Novus*, p.198）。

6 原註4。德國神秘主義者與神學家，生活在13～14世紀，榮格曾在年輕時讀過他的書；參見《回憶．夢．省思》p.68/76:「只有在艾克哈特大師那裡我才能感受到生命的氣息。」在《心理類型》（CW6）中有延伸的討論，pars.410-33。

7 原註5。參見《回憶．夢．省思》pp. 171f/166f。第4章參考了這一講以及下一講的內容，儘管那裡的材料有更完整的擴充。／在《回憶．夢．省思》中，關於舊宮的比喻被刪除了。隔壁的建築，亦即傭兵涼廊（the Loggia dei Lanzi）可能更適合這個比喻。

她突然消失了，一隻鴿子就在那裡，然後用人類的聲音柔和地對我說話。牠說：「我只在夜晚的第一個小時才被允許轉化為人類的形態，那時雄鴿正忙著與12個死者在一起。」接著牠飛向藍天，而後我就醒來了。[8]

在談到雄鴿時，這隻雌鴿用了一個很特別的詞語。它是德文中的*Tauber*，這個字並不常用，但我曾聽自己某個叔叔提過。但一隻雄鴿要和12個死者在一起做什麼呢？我感到緊張。接著我心裡閃過了翠玉錄的故事，或者翡翠桌，那是三倍偉大的赫密斯（Thrice Great Hermes）的相關傳說。人們認為他留下了一張桌子，那裡刻著亙古的智慧，以希臘文記錄下來：「以太在上，以太在下，天空在上，天空在下，這些都在上，這些都在下，接受它就得到幸福。」[9]正如我說的，這些都讓我相當憂慮。我開始想到十二使徒，一年的十二個月，黃道十二宮等等。我才剛在《無意識的心理學》裡寫過黃道十二宮。最後我只得將它放棄，除了感受到無意識巨大的生命力外，我從這個夢裡沒有得到任何東西。我對來到此活動底層的技術毫無頭緒，我所能做的只有等待，繼續生活，並觀察我的幻想。

那是1912年的聖誕節假期。1913年我感覺無意識活動變得很不安。我很苦惱，但除了試著分析我嬰兒期的記憶之外找不到更好的方法。所以我開始非常認真地分析這些回憶，但一無所獲。我在想：「那麼，我必須試著把這些經驗再活一次。」於是我努力地去恢復孩童期的情感基調，我告訴自己，如果我能像個孩子般玩樂，我就能從中恢復。我記得當我還是個孩子時，很享受蓋石頭屋的樂趣，包括各種奇特的城堡、教堂與城鎮等等。[10]「看在老天爺的分上！」我對自己說：「為了啟動無意識，難道我得讓自己幹這些莫名其妙的事嗎？」那一年，我做了所有類似的蠢事，並像個傻蛋一樣樂在其中。接近秋天時，我覺得內在的壓力似乎不見了，它消失無蹤。事實上日子似乎因此變得比以往黯淡。就好比我不在自己所處的心理情境，而是處在一個真實的情境裡，那種感覺變得越發沉重。

1913年10月，我搭乘火車旅行，手裡拿著一本書翻讀。接著我開始進入幻想，在我意識到之前，我已經來到了所要前往的小鎮。幻想的內容是這樣：我以放鬆的心情俯視著歐洲的地圖。我見到整個北歐和英格蘭都沉浸在大海裡。接著我看向瑞士，只見環繞它的群山逐漸增高，將瑞士保護住。我意識到這裡正在發生一場可怕的災難，城鎮與人民遭到摧毀，殘骸與死屍飄蕩在水面。整片

---

8 原註6。2012：1913年，榮格記錄這個夢如下：我夢到當時（1912年聖誕節後不久）我正與我的孩子們坐在城堡中一個充滿擺設與家具的房間，它是一間由許多石柱支撐起來的開闊大廳，我們坐在一張圓桌前，天花板是一塊暗綠色的石頭。突然，一隻海鷗或鴿子飛了進來，並輕輕地落在桌子上。我告訴孩子們保持安靜，才不會把這隻美麗的白色小鳥給嚇跑。突然間這隻鳥變成了一個八歲小孩，一個皮膚白皙的小女孩，並在這大廳中的石柱旁與我的孩子嬉戲。接著這孩子又突然變成了海鷗或白鴿。她對我說：「只有在午夜的第一個小時我才能變成人類，因為雄鴿正忙著跟十二個死者在一起。」說完後，小鳥就飛走了，我也醒了過來。（引自《紅書》198）

9 原註7。榮格在《力比多的轉化與象徵》（參見《無意識的心理學》1916 ed., p.63）中引用了這句話，認為它只是「古老的奧祕」。在CW5, par. 77中又重複了一次，他完整引用了翠玉錄與赫密斯的全文。

10 原註8。參見《回憶・夢・省思》pp.173f./168f。

大海都染紅了。起初我只是不經意地看著這個景象，接著災難感以巨大的力量席捲了我。我試著壓抑幻想，但它卻再度襲來，並纏住我兩個小時之久。三到四週後，它又一次出現，當時我也是在火車上。相同的畫面重複出現，只為強調血腥的畫面。[11]

當然，我也問過自己，我是不是把個人的情結擴延到全歐洲去了。我思考了很多社會大變革的可能性，但很奇怪，我沒想到戰爭。對我來說，所有這類事物都怪異得令人恐懼，接著我想到，我還是可以為此做一點事，我可以將它們依序寫下來。有一次我在寫下這些事情時，我問自己：「我這是在幹麼？這肯定不是科學，那是什麼？」然後一個聲音對我說：「那是藝術。」這給我留下了強烈的印象。因為我無論如何都不相信自己從事的是藝術。然後我想：「或許我的無意識正在形成一個非我的人格，而他堅持想要表達自己。」我不知道具體是什麼原因，但我可以肯定，這個聲音源於一名女性。[12]像是一個女人走進房間對我說出這句話，而她並不在意自己的歧視是如何把我給踩在腳底下。很明顯，那不是科學，除了藝術它還會是什麼？彷彿世界上就只有這兩種選擇而已。那正是女性心靈運作的方式。

好吧！我對那聲音強調，我所做的不是藝術，同時我卻感覺有股巨大的阻抗出現在我身上。然而，這次聲音沒有出現，所以我繼續寫作。接著我又聽到了第一次那個聲音：「那是藝術。」這次我逮到她了，我對她說：「不，那不是藝術。」我覺得我們要開始爭論了，我想著，好吧！她沒有我所擁有的語言中樞，因此我告訴她可以使用我的，她照辦了，她因此發表了一段很長的陳述。

這就是我發展出用來處理無意識內容之方法的起源。

11原註9。同上，pp.175f./169f。2012：在《紅書》中，榮格寫道：「它發生於1913年10月，當時我獨自一人旅行，光天化日下，一個幻象突然出現征服了我：我看見恐怖的洪水淹沒了整個北部以及從北海到阿爾卑斯山之間的低窪地帶。從英格蘭到俄羅斯，從北海海岸到阿爾卑斯山。我見到黃色的波浪，漂浮著的瓦礫和數不盡的屍體。這個幻象持續了兩小時，它讓我困惑，也讓我生病。我無法解釋它。兩週後，這意象又來了，比先前更暴力，有一個內在聲音說：『看著它！它完全是真的，而它就要來了，你不能懷疑。』我和這幻象又搏鬥了兩小時，但它卻牢牢地抓住我，它讓我精疲力竭且困惑。所以我認為我已經瘋了。」（p. 231）榮格當時在前往沙夫豪森的路上，他的岳母住在那裡，而她的生日是10月17日。火車的車程大約是一小時。

12原註10。《回憶．夢．省思》pp. 185ff./178ff。在接下來的幾年裡，榮格描述了其他的夢境與幻象。他寫道：「我很確定這個聲音來自一名女性。我認出那是一名病患的聲音，一個有天賦的精神病患者，她對我有很強的移情。」*2012*: 他談到的這名女性實際上是Maria Moltzer，而不是某些人以為的薩賓娜．斯皮勒林（參見我在《紅書》中的引言，p.199以及*Cult Fictions: C. G. Jung and the Founding of Analytical Psychology* [London: Routledge, 1998]）。榮格此處的討論並未記錄在《黑書》中，對年代的研究指出他說的是1913年11月和12月記錄在《黑書2》裡的條目，部分也出現在《紅書》〈卷一〉中。

第 6 講

問題與討論

◆

哈丁醫師請榮格醫師多說一點上次講座裡所談幻想的個人層面。

榮格醫師：我可以被視為群山包圍的瑞士，而被淹沒的世界則是我過往關係的遺存。你們或許還記得，我曾談到那氛圍中的感受。但此處我們得特別謹慎。如果我是一名早發性失智症的患者，我會輕易地把我的夢境擴延到全世界，並認為世界真的要毀滅了，儘管現實中它所指的可能是我與世界的關係被毀滅了。早發性失智症的患者某天醒來時，可能會發現世界已經死去，而醫師也成了幽靈，只有他一個人健康地活著。但在這樣的案例裡，總會有各種足以證明此人心理異常的其他症狀。個體越正常，實際上就越能假定這樣的幻想可能是重大社會變動正在進行的徵兆，在這些時刻，總是會有不止一個人的無意識去記錄這種令人不安的情況。[1]

當無意識產生這類幻想時，個人的幻想內容就會被賦予非個人性的一面，亦即無意識會產生集體的畫面來和全人類建立聯繫。我們可以從早發性失智症及妄想症的患者身上清楚看到這個過程。正是因為這些人經常有足以證明集體有效性的幻想與夢境，他們才會擁有許多追隨者。他們先是因為病態而與世界斷了聯繫，接著得到了特殊任務的啟示，而後他們開始布道。人們覺得他們具有令人振奮的人格，而女性則覺得替他們生小孩是莫大的榮耀。在原始人那裡，他們被認為身上附滿了鬼神。

因此我如果真的瘋了，可能就會對大眾預告即將來臨的災難，就像站在耶路撒冷哭牆上的人一樣。

芝諾女士：這些幻想裡充滿了情感嗎？

榮格醫師：是的，那裡充滿了豐沛的情感。由於我看不出來它們能做什麼用，我才想著：「如果這真的有意義，那就意味著我已經沒救了。」我覺得自己是一個過度補償的精神病患，一直到1914年8月1日我才從這種感受中解脫。[2]

講座[3]

上回我曾告訴你們，我是怎樣開始訓練自己去聯繫從無意識分裂出來的部分。如我所說，我很確信，那個說作品是藝術的荒謬說法無疑是女性的聲音，儘管我不知道為什麼。我對有位女性在我內心干擾我的這件事非常感興趣。我的結論是，那必定是原始意義上的靈魂，因此我開始思考將靈魂命名「阿尼瑪」(anima)的原因。為何她被設想為女性呢？因為我發現她對我說的話總是充滿詭計。當時我正在記錄自傳的材料，但那不是自傳，它還沒有成形，我只是想將它寫下來。然後她卻

1 譯註1。意指社會出現重大變動時，無意識會將預兆顯現在不同人的幻象與夢境中。事實上，相同的徵兆也可能出現在塔羅占卜時由不同人所抽的牌面上。

2 原註1。2012：榮格在《紅書》中寫道：「接著，戰爭爆發了。這使我得以看清以往的體驗，它也使我能鼓起勇氣把這本書的前一部分給說出來。」(p. 336)

3 原註2。《回憶・夢・省思》第4章，〈面對無意識〉。

評論我的作品是一本小說。我認為這錯得離譜，因此對她十分生氣。由於那本書顯然不是科學，我可能把它當成了藝術，但我清楚知道這個態度是錯的。如果我暗自相信這是藝術，我就可以把觀看無意識的過程當成是看一場電影。如果我在讀一本書，我可能會為它深深感動，同樣地，假使我把無意識的夢與幻想視為藝術，那我只會在知覺的層次上確認它們的存在，但不需對它們有道德義務。舉例來說，透過這個方式我認識了阿尼瑪，我可能會瞧不起這個來自底層的現象，並因此認同無意識，從而成為它的玩物。從阿尼瑪形象的干擾所帶來的麻煩來看，我可以衡量無意識的力量，而它確實很強大。

阿尼瑪用同樣狡詐的諂媚方式在和我耍詭計，扭曲現實的情況，誘使我偏離對現實的掌握。阿尼姆斯（animus）也用相同的方式在女性的心靈中運作。在有任何正當的理由可以讓人相信之前，阿尼姆斯就先以確定無疑的方式出現了。他把事情搞亂，其運作方式細緻微妙，要非常小心才能追捕到他的藏身處。我的阿尼瑪可以輕易讓我相信自己是個受到誤解的藝術家，並擁有捨棄現實的特權，只為追尋毫無證據的藝術天賦。如果我遵循了無意識的建議，某一天我的阿尼瑪就會現身告訴我：「你真以為你所創作的荒謬東西是藝術嗎？那根本不是！」我將因此被物極必反的現象給砸成碎片。如我剛才說的，不加批判地遵從無意識，會把人變成無意識對立極的玩物。它們擁有能量，而且在某些程度上也能適應現實，但如果批判性地加以檢視，就會發現它們總是文不對題。

我描述的經驗並非我唯一有的經歷。通常在寫作時，我都會有特定的迷惑反應出現。但我慢慢學會分辨自己與干擾之間的區別。當某種粗俗或平庸的想法出現時，我必須告訴自己，我有時確實會以這種愚蠢的方式思考，但我現在不需這麼做，我不應接受這樣的愚蠢會永遠屬於我，那是不必要的羞辱。如果我只告訴阿尼瑪，她是在為某些集體概念工作，目的是讓我接受集體概念是我個體性的一部分，那一點用也沒有。當我有情緒困擾時，對我說那只是集體反應並沒有幫助。但如果你能藉由擬人化來孤立這些無意識的現象，就會成為剝除它們力量的技巧。藉由想像力來把它們擬人化這件事用不著多說，因為它們本來就有某種程度的分離。這種分離是在調和彼此時最令人不舒服之處，然而也正是無意識會以這種方式呈現，才給了我們處理它的方法。我花了很長的時間才適應這件事，原來我內在有某些東西並不是我自己。也就是說，我的個體心靈有某部分不屬於我。

從此之後，我開始研究一個世上的古老問題：「女人有靈魂嗎？」我認為女人可能沒有阿尼瑪，因為若是如此，女人就不會有來自內部的檢核了。然後我推想，女人肯定有阿尼姆斯，但很久之後我才有能力進一步發展這個想法，因為臨床工作很難捕捉到阿尼姆斯。

阿尼姆斯與阿尼瑪的思想將我帶到了遙遠的形上學問題，還有很多事情要慢慢地重新檢查。那時我仍以康德哲學為基礎，認定事物不可能被解答，因而也不該猜測，但對我來說，如果我能找到如此明確的阿尼瑪概念，那麼構思上帝的概念也十分值得嘗試。但我找不到滿意的答案，有段時間更認為或許阿尼瑪形象就是神聖的。[4]我告訴自己，或許男人原本就有一個內在的女神，但因為逐漸厭倦女人的統治，因此他們推翻了這個神。實際上，我把整個形上學的問題都投注到阿尼瑪之中，並將其構思為心靈的主導精神。藉此方式，我針對上帝的問題與自己起了心理學爭論。

最初，是阿尼瑪的負面特質令我印象深刻。我覺得自己有點被她嚇到了。那就像進入了有隱形

4 原註3。2012：參見《紅書》第2章〈靈魂與上帝〉pp.233f。

人在場的房間。接著我產生了新想法：在分析這些材料時，我其實是在寫信給阿尼瑪，她是我的一部分，但她看待事情的觀點卻與我不同。我注意到一個新角色，我在對一個鬼魂和一名女性進行分析。我每晚都很謹慎地寫下我的想法，如果不寫下來，我就沒辦法觸及阿尼瑪。試著講某些事，跟實際上把它講出來，這兩者有很大的差別，而我只能試驗性地測試這件事。我告訴一個正在接受測試的男人，請他回想一件不愉快的事情，但這件事不能讓我知道。我在心電實驗中測試他的電阻，[5]但變化不大。某種程度上我知道他正在回想那天早上某件不愉快的事，我其實只是偶然得知，而他很肯定我不知情。我對他說：「現在我要告訴你那件不愉快的事是什麼。」當我告訴他時，電流立刻起了很大的反應。

為了在最大程度上保持誠實，我小心記錄每件事，[6]我遵循古老的希臘信念：「獻出你的所有，然後你就會得到回報。」[7]這次寫作持續到1913年11月，然後我就停了下來。由於不清楚接著會發生什麼，我認為或許自己需要更多的內省。當我們內省時，會向內看，看是否能觀察到什麼東西。如果沒有的話，我們或者放棄，或者找到一條可以「通往無聊」的道路，來尋得那些逃過我們最初調查的材料。藉由幻想自己正在挖一個洞，並接受這個幻想絕對真實，我設計出這個無聊的方法。[8]當然了，這件事一開始很難，要完全相信幻想，並讓它引領你進入更進一步的幻想，就好比你正在挖一個真的洞，並相信眼前的發現會帶你走向另一個發現一樣。但當我開始挖洞時，我會努力不停地挖，因為我相信肯定會有某件事出現，幻想必然會產生而且誘導出其他幻想。

當然，我前述所稱的洞，指的其實是某種具有強大力量，並可激發無意識的原型。因為藏身於山洞中的神祕事物源於無法回憶的古老時代，人們會立刻想到密特拉密教或地下墓穴之類的事物。

為何我們走進教堂時會有一種特別的感受呢？正是因為那是可喚醒人類無意識的原型情境。當我看見科羅拉多州的大峽谷時，就曾有過類似的敬畏之情；[9]事情本應如此，而我的無意識就以這種特別的方式被觸動了。因此我越在幻想之洞裡努力挖掘，就越是下降到深處。最後，我感覺我已來到無法再繼續深入的某處。我告訴自己，若是這樣，我就開始往平面去探索吧！接著我似乎來到一條走廊，腳底彷彿踏入黑色的泥潭中。走進去後，我自忖著，這是一座老礦坑的遺址。

在遠處，我能看見昏暗的紅光，朝著這道光，我來到一個滿是蟲子的洞穴，樣子看起來像蝙蝠，會發出奇怪的噪音。我看見山洞的盡頭有一塊岩石，石頭上有光，是一個會發光的水晶。「啊！」我說道：「就是它了！」我把它拿在手上端詳，發現它長得像紅寶石。那水晶先前的放置處有個被它覆蓋起來的洞。現在我完全忘記自己正在幻想，我對自己說：「把水晶放在洞上也太奇怪了。」我朝洞望去，聽見了水流的聲音。我受到驚嚇，而當我往更深處窺去時，在昏暗的燈光下看見那裡漂著某個東西，是一具金髮男人的屍體，我立刻想到：「那是個英雄啊！」接著漂來一個

---

5 原註4。參見 the psychophysical researches (1907-1908) in CW2。

6 原註5。參見《回憶．夢．省思》p.188/180：「我首先把這些幻想記錄在《黑書》中；後來我將它轉抄到《紅書》裡，同時又用繪畫加以點綴。」2012：參見《紅書》。

7 原註6。2012：對密特拉教儀式的引用。榮格在一封1910年8月31日寫給佛洛伊德的信中加以引用，將其稱為「精神分析箴言」(*Jung/Freud*, p.350)。

8 原註7。參見《回憶．夢．省思》pp.179f./172f.，此處將幻象描述得很詳細。

9 原註8。榮格曾在1925年的新年和一些朋友參觀大峽谷。參見麥逵爾，"Jung in America," pp. 39ff., and Barbara Hanaah, *Jung, His Life and Work: A Biographical Memoir* (New York, 1976), pp.158ff。

大而黑的東西，跟那具屍體一樣大，在其後擺動著腿。這是一隻聖甲蟲，然後又出現了一顆球，它像太陽那樣發著光。它在水中發出暗紅色的光，就好像在暴風雨中升起的朝陽一樣。當它來到我的視野中央時，成千上萬的蛇跳到了太陽上方，然後將其淹沒。

我把目光移出洞口，接著血就從那裡噴湧出來，就好像被切斷的動脈一樣。我有一種極為不適的感覺。血還在持續噴湧著，沒有停止。我覺得失去了力氣，而且極度疲憊。[10]

當我離開這個幻想後，我瞭解我的心理機制運作得非常好，但我對剛剛見到的景象卻異常困惑。我想，洞穴中發光的水晶像是智慧之石。這位受害的英雄，他的祕密又是什麼？我完全不明白。我當然知道聖甲蟲是古代的太陽象徵，而落日、發光的紅色碟子，也都是原型性的事物。我認為蛇可能與埃及的素材有關係。我那時還不明白它們是如此具有原型性質，我不需要尋找聯繫，因為我能把這些圖像與我先前想到的血海相聯。

儘管我那時還未掌握英雄被殺的意義，但很快我就做了殺死齊格飛的夢。[11]這個案例意味著摧毀我個人效能的英雄理想。為了獲得對生命的新調適，這是必須付出的犧牲。簡單來說，這與犧牲優勢功能以便使力比多能啟動劣勢功能的必要性有關。如果一個人的腦袋很好，思維功能就變成了他的英雄，他的理想形象不會是基督、康德或柏格森（Bergson）。如果你放棄了思維功能，也就是你的英雄理想，你就對他犯了謀殺罪，易言之，你放棄了自己的優勢功能。

藉由上述內容，我和各位分享了《心理類型》背後的不潔思想，我在此處使用了抽象的語言來描述優勢與劣勢功能的競爭，而這其實是我藉由殺死英雄的象徵形式所看見的。在這些幻象中，我以象徵形式所描述的事物後來被我意識化，並成為抽象的思考形式，因此它們看上去和原本的複雜起源完全不同。我想到一個類似的例子，就是發現苯「環」的著名化學家，是他首先見到了一對以奇特方式跳舞的伴侶，而後才用一個圓環來表達他的理論。[12]

10 原註9。2012：這個幻象發生在1913年12月12日。榮格在《紅書》中寫道：「我看見一塊灰色的岩壁，我沿著它沉入了深處。我站在一個黑色的洞穴裡，黑色的汙土直淹我的腳踝。陰影席捲了我。我被恐懼抓住了，但我知道我必須走進去。我從石頭的一道狹縫中爬進去，直抵內部的洞穴，它的底部被黑色的水給淹沒。但除此之外，我瞥見了一塊發著紅光的石頭，而我必須來到這裡。我涉過這些汙水。洞穴充滿了讓人恐懼的尖叫聲。我拿起那塊發光的石頭，它蓋住了另一塊石頭的裂口。我將它拿在手中，好奇地窺探著四周。我不想聽到那些聲音，它們阻擋了我。但我想要知道，這裡有某件事物想要說話。我將耳朵貼在裂口處，我聽見了地下水流的聲音。我看見黑暗的溪流中漂著一顆血淋淋的頭。有個受傷的人及被殺死的人在那裡漂浮著。我顫抖地看著這些景象良久，看見一隻巨大的黑色聖甲蟲漂過黑色的溪流。在溪流的最深處有顆紅色的太陽在閃耀，光芒射穿了黑色的水面。我看見小蛇在黑色的岩石牆上往太陽閃耀之處爬去，恐懼襲擊了我。數以千計的蛇聚集在一起，遮住了太陽。深夜降臨，一條紅色的血河，濃厚的血從中湧出，很久之後才慢慢退去。我被恐懼抓住了。」（紅書〈卷一〉第5章，未來墜入地獄，p.237）

11 原註10。參見《回憶·夢·省思》p.180/173。

12 原註11。德國化學家 F. A. Kekulé von Stradonitz 在夢中或幻象裡看見了這樣的形式後，提出（1865）了苯或苯分子的環形結構。榮格首次引用此例是在〈佐西摩斯的幻象〉(1937; CW13), par. 143。也可參見《移情心理學》(1976; CW16), par. 353。

第7講
問題與討論

♦

芝諾女士提問：「如果在對立極的張力來到衝突最高點之前，使用你所描述的內省法，會讓集體無意識匯集而不是釋放出象徵嗎？」

榮格醫師：我們萬萬不可假設我所談的技術適用於一般情況或能加以模仿，因為那會帶來災難。它適用特定情況的特定案例，也只適用於無意識被注入生命力，以及無意識內容需要進一步發展時。很多個案需要的是消化他的意識材料，而在這些個案身上，想要喚醒無意識內容是完全徒勞的。我想到一個案例，分析師在錯誤的情況下釋放了他的無意識，結果造成了最不幸的結果。在我身上，無意識的釋放是必需的。實際上我的意識已經成為了一塊白板，而它底下的內容需要被釋放。

曼恩醫師：談到阿尼姆斯，人們總是對他帶著貶抑的態度。我想聽你討論他的正向價值，但你無疑接下來也會繼續談論阿尼姆斯。

榮格醫師：是的，整體而言我希望晚點再談阿尼姆斯，但我可以先做部分回答，他常在最不受歡迎的情況下被人發現，亦即受到事實折磨的時候。多數心理上的事物都是這樣發現的，因為只要事情運作順暢，沒人會想瞭解它們。只有問題出現時，我們才會被迫去意識自己的心理歷程。由於他主要是在不愉快的情況下被人發現，所以阿尼姆斯名聲不佳，儘管他在呈現與無意識的關係時具有巨大且重要的正向功能。

同樣地，「人格面具」也有負面的名聲。沒人能想像沒有人格面具怎麼活，也就是說，它代表與外在世界的關係，但是當我們認同人格面具時，它具有價值的那一面就會因為我們的濫用而消失。所以當一個人完全等同於阿尼姆斯時，他就會看不見阿尼姆斯所能表現的功能範圍。

芝諾女士：我特別想到的是今日現代藝術中的現象，也就是藝術家為了尋求意象而汲取他的無意識為己所用，但那不是源於心理上的需要，因此他會帶出很多原始的材料，而非釋放象徵。

榮格醫師：這帶來了現代藝術意義何在的問題。我無法確定所有在場的人們是否都同意現代藝術從無意識裡帶來的只是原始的材料。阿德里奇先生，不知你的想法如何？

阿德里奇先生：我覺得現代藝術這個題目太大了，不太適合討論。

榮格醫師：那麼就把它縮小到繪畫這個領域來談吧！

阿德里奇先生：對我來說，某些現代藝術有一種真正的魔力。舉例來說，不久前我在盧加諾[1]看見了一幅公牛與男人相搏的畫作。背景是淡藍色，上頭有六個光點，可能是六顆星星或恆星，因此這似乎意味著那個男人與公牛是第七個光點。那公牛看起來不像我們會見到的那種公牛，牠很古老，牠不僅是公牛（a bull），牠是公牛的原型（The Bull）。這個男人的形象也是一樣，當中呈現的並不是某個男人的肖像或照片，他的形象遠遠多於某個男人（one man），而是男人的原型（Man）。這幅畫有一種巨大的力量與空間感。公牛原型從群星中奔馳而過，拖著那個奮力想控制牠的男人原型。我問過藝術家，他從沒聽過密特拉密教與公牛的傳說，這幅畫純粹源於他的無意識幻想。另一

1 原註1。不確定榮格所指。著名的 Thyssen-Bornemisza 蒐藏品曾在盧加諾的 Favorita 莊園舉行，但卻是在1932年。

個例子是在蘇黎世美術館見到的畫作，[2] 一匹雄壯的黑馬躍起，帶著野性及惡魔般的能量。馬背上坐著一個英雄般的男人，他手持長矛，除了頭盔之外一絲不掛，似乎很專注地看著遠方。他看起來並不受馬兒的躁動所擾。這匹馬就像那隻公牛的原型一樣，並不是特定的動物，相反地，牠是馬的原型（The Horse）。這兩幅圖深深地觸動了我。

榮格醫師：它們為何會觸動你呢？如果你能回答這個問題，就可以解釋現代藝術的吸引力了。

阿德里奇先生：我認為它們是力比多的象徵，舉例來說，與公牛的搏鬥描繪著這個男人的靈魂衝突。

榮格醫師：這些繪畫與150～200年前的繪畫有任何不同嗎？

阿德里奇先生：有的，相當不同。我可以在舊日的畫作中看見一匹農夫的馬，而儘管我知道那是一幅傑出的畫作，但它卻未能觸動我。

榮格醫師：那就是了。藝術的標準正在於它能否影響你。康斯特勃（Constable）對我們就不再有影響力了，但他無疑曾在他那個時代影響過大眾。很有可能今日的藝術創作對我們的祖先來說是個詛咒，因為這對他們毫無價值。我認為，我們得去假設藝術家適應了態度的變化。

現在我想聽在座諸位對藝術這個主題的不同觀點。

我們可以把藝術當成夢的一種形式。就如夢會藉由無意識元素來補充白日的意識態度以維持心理的平衡，同樣地，藝術也平衡著特定時代的大眾傾向。就此觀點來說，你們對藝術有什麼想法？

芝諾女士：現代藝術的特徵不正是它的主體性嗎？

榮格醫師：若是如你所言，就得小心界定你所稱的主體性。經驗很常被假定成主觀的，因為它發生在主體的心靈內，但沒必要把它跟客觀性加以對立。因為從它的集體特質來看，集體無意識的意象與心靈外部的事物同樣真實。我認為當代藝術傾向於主體，在此意義上，藝術家關注的是他與客體間的個人聯繫，而非客體本身。

現代藝術確實對內在客體也興趣漸增，但如我先前所提，那本身不能構成主體性。我們在現代藝術中感受到的肯定是內在歷程的主導性。舉阿德里奇先生的例子來說，我們可以這麼講，相較於真實的動物，這些藝術家對馬或公牛的意象，以及他們自己與意象之間的關係更感興趣。但是藝術的目的是什麼呢？藝術家可能會立即對這個問題感到憤怒，並可能說藝術就是藝術，它本身並沒有目的。

拜恩斯小姐：藝術的目的不是為了抵銷機械式的現代生活對人類造成的影響嗎？

培根先生：這對藝術家來說難道沒有帶來影響嗎？

榮格醫師：這兩種觀點無疑都是事實，但還有某種超越的東西在那之上。

德．安古洛博士：我認為當代藝術是為了平衡科學思想強迫現代人進入極端的錯誤努力。我之所以認為那是錯誤的，是由於藝術家幾乎把自己逼近病態的極端，並將它引到自己的公共生活，來使作品與意識觀點建立聯繫。

榮格醫師：很多人肯定會反對關於現代藝術是病態的這個觀點。

---

2 原註2。可能是J. H. Füssli (Henry Fuseli) 的作品：*Huon's Encounter with Sherasmin in the Cave of Lebanon* (1804-1805)，私人收藏，Winterthur (Switzerland)；有時會在蘇黎世美術館展出。

阿德里奇先生：對我而言，現代藝術的特徵是它不再僅關注自身的美。它已經超越了傳統的美，在這一點上，它反映的是我們對人生觀的改變。在世界大戰之前，我們活在一個美麗的世界，或者這麼說，是一個僅有甜蜜與美好的世界，一個固執於感傷的世界，當中沒有殘酷也沒有醜陋的位置。現代藝術肯定不再關心美好了，事實上，它關注醜陋更甚於美好。有時我認為，它追求的是一種美的實踐，超越了我們先前認為的那種蒼白的可能性，甚至是超越了醜陋本身。

（接著聽眾們還在課堂上討論了現代藝術是否真的把我們從感傷中解放，或僅僅是對感傷主義帶來些微的轉變而已。）

榮格醫師：感傷主義無疑已經吸引了大眾，並使他們看不見自身的肉慾和殘忍。因此在路易十六的時代，人們還能在法國看見美麗的牧羊少女與田園牧歌，接著就出現了法國大革命。或者，我們也能再次看到原始的戰爭地獄緊隨維多利亞時代純潔與誇大的精緻感而來，當時的淑女紳士們絕口不提任何邪惡的事物。藉由歷史，人們可以看到被認定為殘暴的時代往往可由上一階段的感傷藝術給直接預測到。當然了，同樣的事情也會發生在個別的藝術家身上，也就是說，它會使用感傷來掩飾殘忍。這兩件事似乎是物極必反原則裡的兩極。

芝諾女士：現代藝術最好的表達不是雕塑嗎？

榮格醫師：不，因為雕塑需要形式，而形式（需要）想法，然而繪畫可以摒棄形式。立體主義派的雕塑似乎什麼都沒說（all of nothing）。[3]但在繪畫中，人們卻能找到發展的起源。舉個例子，我曾研究過畢卡索（Picasso）的繪畫。[4]有一次他突然被鼻子在臉頰上投下的三角形陰影給嚇到，隨後臉頰本身變成了一個四邊形的陰影，然後就消失了。這些三角形與四邊形變成了獨立於它們自身之外的核心價值，而人類形象逐漸消失，或在空間中遭到溶解。

紐約曾經展覽過一幅畫，叫做〈走下樓梯的裸女〉（Nude Descending the Stairs）。[5]此畫所呈現的或許就是客體的雙重溶解，亦即在空間與時間的溶解，因為它不僅是使人物與階梯消失於三角形及四邊形之中，人物本身也同時在上下爬著樓梯，只有在移動畫作時，人們才能看見人物走出來，如同在一般的畫作裡，畫家會保留人物在空間與時間中的完整性那樣。這個過程的本質是對客體的貶抑。其表現手法多少類似於我們拋開了一個人的現實，並將他還原到嬰兒期的錯誤行為。畫家將對象從我們眼前移開，並把它置換為對象的部分衍生物。那不再是個鼻子，展現給我們看的是它的陰影。或者，畫家把它移走，將畫中重點從本質轉移為非本質。那有點像是你用一句妙語來解讀某件事，你利用的是那件事所散發出的模糊特質。

這個過程無疑會讓人把對客體的興趣轉移到主體上，內在的主體因而取代了真實的客體成為了價值的攜帶者。這是柏拉圖擬像（eidolon）[6]概念的再次回歸。因此，當畫家如阿德里奇先生所說的那樣畫出一隻公牛時，他畫的正是那隻公牛的本質（the bull），你可以說，那是你的或我的，乃至上

3 原註3。此處可能有抄寫錯誤，或許是all "or" nothing（立體主義派的雕塑似乎不是全有就是全無）？

4 原註4。參見論文〈Picasso〉(1932; CW15), pars.204ff。

5 原註5。法國畫家馬塞爾．杜象的《走下樓梯的裸女》在1913年2月17日至3月15日於紐約的軍械庫展覽會展出，並造成轟動。榮格當年的3月中旬人在紐約；參見*Freud/Jung*, 350 J. n.1.。同樣在軍械庫展覽會裡，他或許也看見了畢卡索的畫，很可能是他第一次見到。

6 譯註1。eidolon，希臘文，原意一方面指圖像，一方面指擬真。古希臘人認為理想的現實世界是對神靈世界的模仿，但後者其實是不可知的，因為人無從知曉現象背後的本質。

帝的公牛。馴牛者是巨大力量匯聚成單一意象的集體概念。它談的是規訓，只有具備英雄特質的人才能征服那頭公牛。因此現代藝術帶領我們離開力比多對外在客體的過分關注，回到我們內在的創造性源頭，回歸內部的價值。換句話說，它帶領我們的方式與分析所做的方式相同，差別在於藝術家本人並未意識到自己的帶領。

我們進行分析的首要目的是使我們回到那些現代人並不理解的內在價值。分析這件事在中世紀是難以想像的，因為當時的人能夠自由地表達這些我們今日已經切斷聯繫的價值。今日的天主教徒們不需要分析，因為他們的無意識並未匯集，透過儀式的介入，它們持續保持在耗竭的狀態。天主教徒的無意識是空乏的。

為了研究中世紀人們與當代人之間心理態度的改變，我曾收藏過一批可追溯自中世紀時期的肖像畫。直到16世紀中期左右，這些肖像畫都還和我有關。我能以理解現代人的方式來理解這些畫像中的男男女女。但16世紀中葉後出現了改變，哥德式的人、宗教改革之前的人開始出現了，而他對我們來說是個陌生人。他的臉上有極為特殊的神情，他的眼神像顆石頭，毫無感情可言，我們看不到他們的眼神有任何活力。有時我們能在現代農民或尚未被現代生活所開化的無知之人那裡看到相似的表情。我岳母的廚子就有一張完美的哥德式臉孔，弓形的眉毛與聖母瑪利亞的微笑。

如果你觀察馬丁．路德的臉孔，你會發現他並不現代，而是屬於宗教改革前的時代。他依然有著哥德式的神情和哥德式的嘴巴。

這個微笑裡結合了被害或殉道式的偏執意念，以及緊張的嘲諷式微笑。那也是蒙娜麗莎的微笑。它也和我們在埃伊納島大理石雕像[7]上看到的古代微笑相關。哥德式的微笑幾乎就像親吻的開端，像母親那樣充滿了柔情；或是一個男人在街上遇到了和他有私情的女人那樣。那微笑中有理解，像是在說：「我們都知道。」

我認為這些哥德式態度的特徵都可由那時從北到南的同一語言及信仰來解釋。這種微笑顯示出一種完全的確信，它摒除了任何的懷疑，因此是偏執狂的近親。所有這些都隨著現代視角的到來而消失了。世界分裂成不同的信仰，內在的統一與平靜讓位給想要征服外部世界的物質趨力。藉由科學，價值觀也變得外化。

因此，現代藝術首先藉由貶低這些外部的價值來解消客體，然後尋求基本的事物，亦即客體背後的內在意象，也就是擬像。今天我們很難預測藝術家會為世界帶來什麼，但偉大的宗教總是與偉大的藝術攜手並進的。

講座

在上個講座中我曾告訴各位我進入山洞的過程。在那之後我做了一個殺了齊格飛的夢。對我來說，齊格飛不是一個特別有感的人物，我不知道為何我的無意識會這麼關注他。尤其是華格納作品中的的齊格飛，他外傾得很誇張，有時也很荒謬。我從來就不喜歡他。然而我的夢卻顯示出他是我

7 原註6。The Sculptures (5th cent. B. C.)，藏於慕尼黑古代雕塑展覽館，描繪的是特洛伊戰爭的場景。

的英雄。我不明白我對這個夢的強烈情緒。我能把它好好地講出來是因為它和我們剛才討論的藝術主題有關，也就是價值觀的變化。

這夢是這樣的：[8]我在阿爾卑斯山，但不是一個人，而是與另一個男人同行，他是個充滿好奇心、有著棕色皮膚的矮小男人。我們兩人都帶了來福槍。那時就要破曉，星星開始從天空中消失，而我們正在爬山。突然間，我聽見了齊格飛的號角從上方響起，我明白要準備對他開槍了。短短的時間內他就出現在我們上方，一道由朝陽射出的光照在他身上。他駕著骨製戰車在山坡上急馳，我自忖：「這事只有齊格飛辦得到。」不久他就繞過一個彎道，來到了我們面前，我們開槍射向他的胸膛。然後我就對我們所做的懦夫行徑感到恐懼和厭惡，跟我一起同行的矮小男人走向前去，我知道他正要將一把刀插入齊格飛的心臟，但這件事對我來說太過分了，因此我轉頭逃走。我想盡快地逃到一個「他們」找不到的地方，我可以選擇往下逃入山谷，或者藉由隱密的小徑往山頂逃。我選擇了後者，而當我逃到那裡時，一場傾盆大雨澆灌在我身上。而後我醒了過來，感到如釋重負。

就如我所說的，英雄象徵著我們所認可的最偉大價值。當我們接受基督的生命原則就是我們的原則時，他就是我們的英雄。當我決定像赫拉克勒斯（Herakles）或密特拉那樣表現我的行為時，他們就是我的英雄。因此齊格飛似乎是我的英雄。我對他無比同情，彷彿是我自己被槍殺了一樣。因此我必然有一個我並不欣賞的英雄，而那就是我對力量與效率的理想，而我殺了他。[9]在集體無意識擬人化為一個矮小棕髮男人的幫助下，我殺了我的理智。易言之，我廢黜了我的優勢功能。

同樣的歷程也發生在藝術領域，亦即殺掉某一個功能來釋放另一個。

降落的雨水象徵著壓力的釋放，也就是說無意識的力量被釋放了。當此事發生時，就會引起釋放的感受。這場犯罪是一次補償，因為當主要功能遭到廢黜，人格的其他面向才有機會重生。[10]

8 原註7。參見《回憶・夢・省思》pp. 176ff./173f。２０１２：榮格在《紅書》中寫道：「我和一名年輕人來到高山上。那是破曉之前，東方的天空已經開始發亮。接著齊格飛的號角在群山中迴盪，發出歡呼的聲音。我們知道我們最致命的敵人來了。我們全副武裝並潛伏在一條狹窄的石頭小路邊準備暗殺他。然後我們見到他從高山上橫越而過，坐在一輛由人骨所製成的戰車上。他威武且勇敢地駕著戰車駛過陡峭的岩石並來到我們躲藏起來的小路。當他來到我們前方的轉彎處時，我們一起朝他開火，他倒地而死。接著我轉身逃跑，天空下起了傾盆大雨。在那之後我飽受折磨，幾乎致死，我很確定如果我無法解決殺死英雄之謎，我就必須自殺。」（《紅書》第7章〈英雄被謀殺〉pp.241-42）

9 原註8。２０１２：榮格在《紅書》中寫到齊格飛時這麼說：「他身上擁有我最珍視的偉大與美好；他是我的力量，我的勇氣，以及我的榮譽。」(p.242)

10 原註9。２０１２：榮格在《紅書》中寫道：「這場雨就是即將來到人們面前的巨大淚河，是死亡以可怕的力量束縛在人身上後產生的壓力被釋放時所產生的淚河。這是我身上的死者的哀悼，它們引人走向葬禮與重生。這雨使大地肥沃，為大地帶來新的麥穀，那青春且萌發中的神。」(p.242)

第 8 講
問題與討論

♦

哈丁醫師提問：「在上次的講座裡，你提及藝術時使用了『主體性』這個詞。講座裡有些聽眾對這個詞的意義進行了討論，但許多人似乎認為當中還有不少爭議。特別是普遍的觀點認為，主體性是一個用在內傾者的術語，另一方面，內傾者也無法擁有一個具體的人格。你能為我們解釋清楚嗎？」

榮格醫師：「主體性」的第一個意義就是你提的那樣，也就是說，它是個人特定的既成觀點，且與其他人都不同。在此意義上，它常被用來當作對某種態度的批判，意思是某個人沒有客觀地，或者「如其所是地」對待某件事。但是，當然了，也沒必要把「某種想法很主觀」視為一種責備。或許特定的個人意見正是我們所需要的。

「主體性」這個詞也意味著來自主體的主張，然而他也是一個客體。每個人都攜帶著特定的集體思想，而這些思想就相當客觀，達爾文的理論就是一個例子。我們沒有理由僅因它們是在個人的內心裡發現，就說那很主觀。同時，人們也喜歡用某些無意識的產物來建立個人的獨特性，但實際上，這些東西為集體所共享，且因它們具有集體的特質，因此客體也與主體的心靈相對應。

當然，我們必須謹記，在某種程度上，所有客觀的陳述都很主觀。也就是說，由於經過了主體的心靈通道，它會產生某種程度的扭曲。這件事在我寫作《心理類型》時變得非常清楚。我發現要把扭曲降低到期待的最小程度幾乎是不可能的。事物成為語言的那一刻，其客觀性就受到了事實的條件所限制。就以一本德文關於情感（feeling）的著作為例吧！德語有一個特性，那就是它未如英語及法語那樣區分感官（sensation）與情感（feeling）。因此，一本關於情感的德文著作很可能談的是感官而不是情感，因此他的觀點會有過於個人化的傾向。再以德文 *Wirklichkeit*，也就是「現實」為例。拉丁文的現實，字根源於 res，字面上的意思是「事物」。但德文把「事物—現實」翻譯成 Dinglichkeit，而 Wirklichkeit 對德國人來說則意味著一種特殊的現實，亦即生活中有效及正確的現實。如果我們進一步追溯這些詞的內涵，就會使我們糾纏於可怕的細節之中。當涉及徹底的客觀性時，你會見到語言是一個多麼嚴重的障礙。因而我們心靈的意象傾向於形成偏見，這肯定會有或多或少的僵化，但我們永遠無法完全免除偏見。我們的個人經驗流出現時，會與這些先存的心理意象產生接觸，我把它稱為主觀因素。我們的心理歷程無法逃脫與這些先存意象的交織，所以我們時常看見新觀念總是得為自己和遠古的先存傾向鬥爭。你可以告訴某人一個新觀念，然後他會說：「是的，沒錯。」而你會很高興他懂你，但他很可能是以扭曲的方式接受這個觀念，讓其中的每個精彩論點都失真，只為了讓它更符合自己過時的想法，這時你就會希望自己從來沒跟他講過這個觀點。

然而，主觀因素的第二個意義是由客觀素材所組成的，也就是祖先的遠古觀點。藝術家會造訪這些祖先觀點。他會遠離外在客體，並返回他心靈所見，而非肉眼所見的客體。這樣有回答你的問題嗎，哈丁醫師？

哈丁醫師：是的，但我希望你能清楚說明「主體性」與內傾、外傾的關係。

榮格醫師：外傾者將自己的價值奠基於外在客體，內傾者則基於內在客體。外傾者被他與外在事物的關係所控制，內傾者則被他與內在事物的關係所控制。這兩種態度都源自原始民族，因為對原始人來說，內傾與外傾都容易形成同一種經驗。原始人十分確定他同時擁有內傾與外傾兩種價值，因為他不會想到要去區別兩者。古老的神祇都是由外化的情緒擬人化而來的。只有藉由意識才能區別內在與外在的經驗，也只有藉由意識，人才能知道他與外在客體有聯繫，所以忽略了內在客體，反之亦然。

有意識的外傾者會重視他和外部客體的聯繫，同時恐懼著內部的自我。內傾者不會害怕自己，卻很畏懼外在客體，他會賦予它極大的恐怖想像。你們還記得阿爾西比亞德斯（Alcibiades）跟蘇格拉底（Socrates）的故事。[1]阿爾西比亞德斯要對公眾演講，他跑來告訴蘇格拉底，因為他害怕聽眾，所以不敢演講。蘇格拉底帶他來雅典拜訪一名鐵匠，他問阿爾西比亞德斯：「你認識這個人嗎？」「認識。」「你會怕他嗎？」「不會。」然後蘇格拉底又帶他去找另一名鞋匠，問了同樣的問題，阿爾西比亞德斯也同樣不怕。「這些人，」蘇格拉底說：「就是你害怕演講的人。」但對內傾者而言這是正常的，在他面前，大眾會堆積成一個怪物。有時他能補償這個態度，並發展一個有力的方法來征服這頭怪物。內傾者感受到的恐懼源於無意識的假設，亦即客體過於有生命力了，而這是古代魔法信仰的一部分。

另一方面，外傾者則表現得好像世界是一個可愛的大家庭。他不會把恐懼投射在外在客體上，而是覺得自己像在家裡那樣舒適。但為了向你們展現他對自己的感受，我可以告訴你們，我有一個病人，他因為過分外傾而心力交瘁。我告訴他，你每天必須花一個小時獨處。他說沒問題，他每晚都和妻子一起聽音樂。「不，」我說：「那不是獨處，你必須自己一個人。」「你的意思是一個人讀點書嗎？」「不，是指除了思考之外什麼都不做」。「這事我絕對不幹，」他說：「那會直接讓我憂鬱。」

德．安古洛博士：如果有人問你，一個人對集體無意識的材料有外傾的態度，這話你覺得是什麼意思？

榮格醫師：這很難說，你覺得是什麼意思？

德．安古洛博士：我不知道是什麼意思。

榮格醫師：以內傾者為例，他對集體意象的態度就是外傾者對外在世界的態度。他會把它當成浪漫或冒險來經歷。另一方面，外傾者會以內傾的方式對待無意識素材，也就是說，極度小心並使用很多方式來驅逐客體施加在他身上的內在力量。外傾者見到一片綠草地時，會跳進去，然後把他的脖子伸進水澤中，接著抬起頭把自己甩乾，繼續快樂地向前走。如果內傾者這麼做，那他就沒辦法繼續走了，他會為自己的錯咒天罵地。但若水澤是在他內心裡，他會跳進去並且毫無損傷地出來，然而外傾者卻會不計代價來避免讓自己陷入內心的水澤。

1 原註1。榮格談到的這件軼事在文獻中找不到。

你們應該還記得我上次說過關於齊格飛被殺的夢。在這個夢裡，有某件山洞中所暗示的東西實現了。被殺的英雄就在那裡，謀殺也得以完成，因此我們可以說那是山洞幻象的進一步細緻化。當然，在殺死英雄這樣的事件後，我們可以期待某些事的發生。齊格飛代表理想，而殺掉理想就是殺掉優勢功能，因為它是征服性的功能。一個聰明人會使用他的理智作為重要的工具，而這真的只是個理想；若是他與別人對理智的理想不一致，他也不會調整。當理智或其他優勢功能被逼到這種程度時，他會變得冷血，表現出高傲冷漠的特質。因為那通常是有效的理想，我們會認為，人若能將某個心理功能分化到這種程度是一件了不起的成就，但現實中，那是一件很機械化的事。舉一個理智的男人與高度分化的情感型女性的相遇為例，他們會對彼此失望，並覺得對方很空洞、乾枯。

非個人的情感與思維是很相對的。當我們關注它們時，它們似乎顯得很突出，反之，它們在現實中卻是死的，因為個人的無意識總是尋求回歸到更完整的生命，因而會遠離極端分化的單一功能，因此原始功能開始增強。在分析歷程中，我們幫不上思維功能的忙，除非它達到相互矛盾的地步，也就是說，它來到既是也不是的時刻。同樣的事也發生在情感功能中，一個分化的情感類型者要向另一個功能尋求庇護之前，必須先對某事物來到既愛且恨的矛盾點。

在先前提及的山洞幻象中，黑色的聖甲蟲出現在金髮英雄之後。後者可被視為白天的太陽，也就是優勢功能。在他離開後，出現了黑色的太陽，而它將會孕育一個新太陽。我們期待出現一個新英雄，但事實上，它是午夜的太陽。

白天的太陽在黑夜中也存在著對立極，這是一個原型的觀念。舉例來說，畢達哥拉斯（Pythagoras）就認為地球還有一個雙胞胎手足。這個想法也出現在一本戰時出版的匿名書籍上。這本書叫做《彼得．布洛布斯：真正的夢》（*Peter Blobbs—Real Dreams*），[2]第一個夢出現了午夜太陽的比喻，這夢稱為「搖擺香爐之夢」。作者在一座慢慢擠滿人的老舊大教堂中，那正是日落前後。大教堂中央懸掛了一個個前後擺動的香爐。隨著夜逐漸變深，它擺動的幅度也逐漸變大，同時教堂也擠滿了數以百計穿著各時代衣物的人。最後連原始人都走進來了。隨著教堂裡的人越來越多，香爐擺動得越來越大，並發出更為耀眼的光芒。午夜時來到了最高潮，而後慢慢減緩，直到早晨，日出後就完全靜止。

這是無意識運動的極佳範例。隨著白天消逝，無意識逐漸啟動，而到了午夜時，香爐已光芒四射，但它照亮的是過去。隨著動力原則逐漸增強力量，我們逐漸回到久遠的過去，也越來越被無意識所控制。精神錯亂的人在這種怪異心理狀態中退得最遠，直到他們無法理解自己的想法，也無法讓別人理解他們。有時候，如果失常的人能用任何方式被他人所理解，即便身處最詭異的反常中，他也能因此康復。有一次，某個拿著鮮花的瑞士年輕人想要跳進德國皇后的馬車。他大喊著：「給女皇瑞士的顏色！」（Les Couleurs Suisses pour l'Impératrice!）他的故事是這樣的：他已經瘋了好一段時

2 原註2。本書並未匿名：Arthur John Hubbard, MD, *Authentic Dreams of Peter Blobbs and of Certain of His Relatives* (L1916)。該書是榮格於１９２０年夏天在英國康沃爾的講座裡的主題（很明顯未被記錄）。參見 *Dream Analysis*, ed. William McGuire, introduction, p. ix。

間，認為自己是盧梭（Rousseau），他前往盧梭島[3]寫了一本五百頁的書。當他在盧梭島時，這裡住著一對德國夫妻。那妻子認為她受到丈夫誤解，因此和這名瑞士的年輕人墜入愛河。後來她受不了他，逃回了柏林，不久後他也跟去了。他認為自己得在皇室中才找得到她，因為她不可能是平民百姓，而他把花束拿給皇后時，他以為那是他的岳母。

我深入地分析了他，並發現他的所有想法都很完美地符合邏輯。他不懂為何自己被當成瘋子，他也確信如果醫生們瞭解他，就不會把他關起來。他成功地讓我瞭解了他，最後我讓他出院。兩年後我收到一封他從美國寄來的信，表達了對我的感謝。他結婚了，有很成功的家庭生活，不再惹麻煩。因為我懂他的想法，他因此克服了所有看似精神失常的現象並回到現實裡來。後來我在其他案例中也看到了類似的情況。

動力原則越是充分地擺動，從無意識處獲得的力量就越大，直到早發性失智症的情況出現。香爐的夢極佳地顯示了，隨著夜漸深，力量越是強化。燃燒的香爐是午夜太陽的比喻，當白天的太陽或者優勢功能消失時，它就會變得熾熱光亮。

為何劣勢功能不會立即出現呢？劣勢功能與集體無意識相勾連，且最初只能在無意識的幻想中出現，當然了，它們最一開始看起來並不屬於集體。我們會覺得它們很特殊，而產生這些幻想的人則害羞退縮又多疑，就像隱瞞著巨大祕密的人一樣。從這個狀態到上帝的全能狀態只有一步之遙。這樣的人會與集體無意識越來越一致。[4]

下一個發生在我身上的事情是另一個幻想的幻象。我使用了同樣的沉降技術，但這次我進到了更深處。[5]第一次我可以說來到了一千英尺的深度，但這一次則是宇宙的深度。就像去到月球，或沉降到空無的宇宙那樣。第一個畫面是火山口，或是環繞的群山，而我的情感聯想是一個如同受害者的死者。這是一種在來世土地上的心情。[6]

我看到兩個人，一個白鬍子老人和一名非常美麗的女孩。我認為他們都是真人，並仔細聽他們在說什麼。我很驚訝，因為那老人說他是以利亞，[7]但那女孩更讓我不安，因為她是莎樂美。我對自己說，這是一個很詭異的組合：莎樂美和以利亞，但以利亞向我保證，他和莎樂美自永恆以來都在一起。這也讓我不安。[8]跟他們在一起的還有一條黑色的蛇，牠似乎很喜歡我。我認為以利亞是最通情達理的人，因為他似乎相當理性。但我對莎樂美極為懷疑。我們聊了很久，但我卻不明白內容。當然，我認為由於我父親是一個神職人員，這解釋了為何我擁有這樣的人物形象。那這位老人呢？莎樂美是不能被提及的。很久之後我才發現她和以利亞的關係十分自然。無論何時，當你進入了這樣的旅程，就會發現一位年輕女孩和一位老年人，在很多你所熟悉的例子裡都會碰見這兩個人

3 原註3。可能是比爾湖的聖皮耶島，盧梭曾在1765年於此地避難兩個月。

4 譯註1。榮格的意思是當事人會開始變得膨脹，自比為神。

5 原註4。參見《回憶．夢．省思》pp. 181f. /174。

6 原註5。2012：此幻想生在1913年12月21日。參見《紅書》pp.245f。

7 原註6。抄本：Elias（德文，希臘文亦同，即Elijah）。／關於莎樂美的形象，可見下文，第11與第12講。

8 原註7。2012：「我：是什麼奇蹟讓你們相結合？／以利亞：那不是奇蹟，一開始就是如此了。我的智慧與我的女兒是一體的。／我很震驚，難以理解。／以利亞：想想看，她的盲目和我的視力使我們能相伴至永恆。」（《紅書》p. 246）

物，例如梅爾維爾（Melville）和萊德．哈嘉德的著作。[9]在諾斯底教派的傳統裡，術士西門（Simon Magus）就常和一名他在妓院裡認識的年輕女孩同行。她叫做海倫（Helen），而且被認為是特洛伊的海倫（Helen of Troy）轉世而成。[10]然後還有昆德麗（Kundry）和克林索爾（Klingsor）。[11]有一本由15世紀的僧侶F．科隆納（F. Colonna）在１４５０年所寫成的書《尋愛綺夢》（*Hypnerotomachia*），當中也發生了同樣的故事。[12]除了哈嘉德與梅爾維爾的例子外，麥林克的著作也有相同案例。[13]

---

9 原註8。參見：關於牧師和少女的主題記錄在赫曼．梅維爾的小說*Mardi*(1849)；關於萊德．哈嘉德的《她》，參見下文，第15講n.1，以及第16講的結尾。

10 原註9。參見*Archetypes of the Collective Unconscious*(1934), CW9i, par. 64以及後期的作品。榮格早在１９１０年就已開始研究諾斯底作家（《回憶．夢．省思》p.162/158），他也曾說，自１９１８年開始直到這次講座期間都「很認真地」在研究（同上，pp.200f./192f.）。２０１２：術士西門（１世紀）是位魔術師。在《使徒行傳》（8:9-24）中，在成為一名基督徒後，他想從彼得和保羅那裡購買能傳遞聖靈的能力（榮格將此視為諷刺）。更多有關他的記錄出現在使徒彼得的行傳，以及教會神父的著作中。他被視為諾斯底教派的奠基者之一，西門教派在2世紀時興起。據說他經常與一個女人四處旅行，他是在提爾城的妓院中認識她的，而她是特洛伊的海倫所轉世而成。榮格將之引為阿尼瑪形象的例子（"Soul and Earth,"1927, CW10, §75）。關於術士西門，參見Gilles Quispel, *Gnosis als Weltreligion* (Zurich: Origo Verlag, 1951), pp.51-70，以及G. R. S. Mead, *Simon Magus: An Essay on the Founder of Simonianism Based on the Ancient Sources with a Reevaluation of His Philosophy and Teachings* (London:Theosophical Publishing House, 1892)。在《紅書》中，基督稱腓利門為術士西門（p.359）。

11 原註10。在*Wagner's Parsifal*(1882)。２０１２：昆德麗和克林索爾也出現在《紅書》中（p.302）。

12 原註11。F．科隆納，*Hypnerotomachia* Poliphili（Venice, 1499）。參見榮格的學生Linda Fieze-David的詮釋研究，*The Dream of Poliphilo*（tr. Mary Hottinger, B.S., 1950; orig., Zurich, 1947）。

13 原註12。古斯塔夫．麥林克的作品，包括*Der Golem*(1915)與*Das grüne Gesicht*(1916)，在《心理類型》（CW6），par.205以及後期的作品中被引用。

第9講
問題與討論

◆

（在上次的討論[1]中，榮格醫師認為現代藝術所關注的焦點已從外在客體轉移到內在客體，也就是說，轉移到集體無意識的意象。為了舉例，榮格醫師帶來了某個雕刻家的畫作，他是榮格醫師的病人。儘管在沒有圖片的情況下很難寫下討論的內容，但仍值得記錄它的應用。）

榮格醫師：這些雕塑是一位藝術家在表達集體無意識經驗時所做的努力。當我們獲得對集體無意識的直覺時，此人身上若有創造力，它就會形成一個具體的形象，否則材料只能以破碎的形式出現。它確實會以後者的形式出現，尤其在早發性失智症者身上，但人若有創造力，就可以塑造這些材料，因此我們可以說，與集體無意識的正常接觸就其外觀而言是單一形式。而當人受到突然湧入的碎片化圖像攻擊時，就意味著生病了，就如早發性失智症患者身上發生的那樣。

當藝術家獲得來自集體無意識的形象時，他會立刻以美學的形式來把玩它，且將它們具體化，做成某種紀念品。這個藝術家正如你們所見，他愛的是人類的形象，並允許想像力圍繞在他身上。他接了一份來自新教教堂的訂單，但在製作壁畫時罹患了神經症。他可以自由選擇想要的主題，而他選的是聖靈降臨節的聖靈降臨。他開始動工，並成功地把使徒分散在兩側，將中

1 原註1。第7講。這次講座的照片沒有找到。

間的位置留給聖靈。接著他不知道該用什麼來代表聖靈。他拒絕使用傳統的火來象徵祂，從而陷入了聖靈究竟該長什麼模樣的推測。當他在心中挖掘聖靈的意象時，他攪亂了集體無意識，接著開始做起瘋狂的惡夢，並產生各類型的恐懼。因此他來找我治療，但他已經忘了自己一開始對聖靈的追尋。在接受治療期間，他的任務是把集體無意識的形象轉化成可塑的形式。

正如你們注意到的，第一個形象是張著嘴及露出瀕死目光的諸神，那意味著力比多已被吸進無意識。然後他認為這些相對簡單的東西不太合適，因此他開始展現非常複雜的人物形象。最後，他將這些形象縮減成一個極度可怕的惡魔，和一個爪哇的魔神非常類似。這對他來說就是聖靈。後來我與他失去了聯繫。

沃德博士：他曾有過任何宗教體驗嗎？

榮格醫師：有的，這些與集體無意識的接觸就是他的宗教體驗，而他也是這麼理解的。很有趣的是，這讓人聯想到路德也曾提出上帝的兩面性。他相信有已顯的上帝和隱藏的上帝，後者象徵著生命的邪惡力量。換句話說，路德對負面力量印象深刻，因此他有必要將它們保存至神性裡，那麼惡在這兩種力量終究只能扮演一個次要的角色。

阿德里奇先生：如果這是藝術家對神性的負面概念，那他的正面概念是什麼？他後來畫在壁畫上的人物是什麼？

榮格醫師：還是相當於傳統的使徒表現形式。就像所有的內傾者一樣，他在意識上還是傾向於維持學術性。

（還有許多學員提交的問題，剩下的時間都用來討論這些內容。）

伊凡斯女士的問題：「在兩極的任一方，難道沒有一個推力或拉力嗎？舉例來說，一個人同時是善與惡、慷慨與吝嗇、頑固又順從。在這些兩極中，某一方的推力會在道德與生理上摧毀這個人嗎？」

「善與惡兩者對發展個體的人格而言都是必要的嗎？」（《無意識的心理學》，1919年版，第121頁。）

「在兩極的中間，難道沒有一個無活動之處，也就是一個沒有成長的靜止狀態嗎？那會是東方密教在冥想裡所渴望達到的涅槃狀態嗎？」

榮格醫師：要好好回答這個問題，得對兩極進行一個更全面的討論。大家希望我們在此處討論還是留待下一場講座呢？

（投票的結果是把它留待下一次講座。）

柯瑞小姐：在先前的講座中，你曾談到扭轉心理機制以成為夢境的被動觀察者。在後面的講座[2]裡，你說觀察無意識僅能是一種知覺上的連結及最糟糕的可能態度。我不明白之中的區別，那指的是你會在白天採用夜晚的態度嗎？

榮格醫師：這兩種生命不會一起存在。當我說要反轉心理機制來觀察的時候，我指的不僅只是為了觀察的目的，那目的是為了同化我的無意識素材。而達成此目的的唯一方法，就是給這個材料一個現身的機會。當我們想去知覺無意識時——這類情況很常在直覺類型者身上見到，我們就不

2 原註2。參見第4講與第6講。

會再努力把無意識素材同化進自己的人格。因此，在觀察的材料與人格中就不再存有道德聯繫。但我們若為了同化而觀察，那樣的態度就會召喚我們全體的功能共同參與。尼采曾使美學態度變得重要，[3]而理智的態度也可以如此，也就是說，我們可以僅思考生活而不去生活。我們不在這個過程裡，甚至不在自己的過程裡。為了意識的緣故，我們必須站在生活外對它觀察，易言之，我們必須解離，但這在意識的演化過程裡是必需的，但那不應該使人脫離自身的生活，就如今日我們所做的那樣。當代人應該往兩個方面去努力，其中一個是增進意識，另一個則是充分參與生活。當前的普遍理想是不計代價去工作，但很多人只會工作卻不會生活。我們不應貶低工作的理想，但我們明白，若是工作吞噬了我們的生活，它就會變得毫無價值。

亨蒂小姐的問題：「照你上次所說，劣勢功能若不吞噬優勢功能就無法發展嗎？」

榮格醫師：你能把水從瀑布底層打上去卻不損耗能量嗎？你必須擁有能量才能啟動劣勢功能，如果你不從優勢功能裡提取這股能量，那要去哪裡提取？如果你把所有能量跟意志都留在優勢功能，你就會逐漸地走向地獄，它會將你吸乾。普通人就是能活在任何環境下仍舊沒有異議的人，但有某些人在各種生活條件下都會起身對抗。舉例來說，努力想過一個完滿的生活是代價最高昂的。今天，我們帶出劣勢功能是為了生活，但我們得付出犯錯和消耗能量的高昂代價。

有時這不是我們能選擇的，劣勢功能使我們無法覺察。這樣的情況才在兩千年前基督教的傳播時期出現過。精神價值在那時已沉入無意識，為了再次將它實現，人們必須付出很大的力氣來否認物質的價值。黃金、女人、藝術，全部都得放棄。許多人為了從世界中解脫，甚至得退隱到沙漠。最後，他們甚至放棄了生命，他們被迫進入競技場搏鬥或被活活燒死。所有這些都是因為心理態度的成長而發生的。他們之所以犧牲，是因為他們破壞了那個時代最神聖的理想。他們的神學爭論讓羅馬的家族價值觀瓦解，他們拒絕承認皇帝的神聖性。他們對集體視角的影響和今天任何反對獨尊西歐的情況類似。我們今天也在尋求其他的價值，我們尋求生活，而非效率，而我們的尋求直接對抗了這個時代的集體理想。只有具有足夠能量的人，或身不由己的人，才能經歷這個過程，但一旦經歷，你就必須為此流血。這是一個全世界都在進行的過程。

羅伯森先生：是什麼迫使兩千年前的人們進入這個態度的？

榮格醫師：是由於人們看不見其他方式來和異教所帶來的極端相處。基督教引發的態度反轉把當時文學與藝術的精髓都帶走了。根據語文學家的觀點，當時有價值的東西都消失了，僅有微弱的火焰還在阿普列烏斯（Apuleius）的作品中燃燒。但事實上，那僅是由於創造力的主流已經離開了古人所挖鑿的通道，去尋找新的根基。新的文學與藝術正在成長，特圖良（Tertullian）就是個例子。[4] 在這三百年間，力比多進入了精神價值，巨大的改變因此發生在人類的心靈中。這些集體運動對個人來說是很難承受的，它們會從無意識處抓住人們，但人們卻不知道自己發生了什麼事。因此那時的文學才會充滿病態的感傷，精神的火花已經從意識的立足處遠離，並埋進無意識中。這些早期基督教世代的人們並不清楚他們那個時代的普遍運動，他們不明白自己是基督徒，反而在各種密教中尋求基督教就能提供的啟蒙。他們之所以不能接受基督教，是因為它源自被他們鄙視的人們。

3 原註3。參見《心理類型》pars. 231-32。

4 原註4。2012：特圖良（ca. 160-220 CE）是一位教會神父，負責早期教會神學術語（terminonogy）的編纂。榮格在1921年曾於《心理類型》中討論過他的作品（CW6, § 16f.）。譯者註：原文 terminonogy 應為拼寫錯誤，今改依 terminology 進行翻譯。

在我們這個時代，多數的困擾源於我們是一群脱離了主流的人，但我們對此卻毫無所悉。當你置身於群體，你會失去危機感，正是這一點讓我們看不見自己脱離了集體深層的潮流。

辛克斯小姐：當你提到帶出劣勢功能時，你的意思是處於無意識中的那個功能嗎？

榮格醫師：是的。

辛克斯小姐：我所理解的意思是，我們要發展直覺功能來對抗思維。

榮格醫師：不，我的意思是把情感放在思維的對立面。作為一個自然科學家，思維功能與感官功能對我而言是最重要的，而直覺與情感則處於無意識並被集體無意識所汙染。你無法從優勢功能那裡直接取得劣勢功能，它得藉由輔助功能才行。那好比無意識在和優勢功能對抗，因此它不允許你直接攻擊。藉由輔助功能運作的歷程大致是這樣：假定你的感官功能發展得很好，但還沒那麼狂熱，那麼你就能允許各種可能性。也就是説，你會允許直覺元素的加入。作為輔助功能的感官會允許直覺存在，但因為感官（在此例中）是理智的同伴，直覺則與情感為伍，一起成為劣勢功能。因此理智不會同意直覺，在此情況下，它會排斥直覺。理智不會同時擁抱感官與直覺，而是會把它們分開。這種具毀滅性的企圖會受到情感的檢核，而情感是支持直覺的。

換其他例子來説，如果你是直覺類型者，你不能直接觸及你的感官功能。那裡充滿怪物，因此你得藉助你的理智或情感，無論它們誰是意識的輔助功能。對這樣的人來説，需要非常冷靜的理性才能讓他處於現實。綜上所述，路徑先是從優勢來到輔助，再從後者去到輔助功能的對立極。通常在分析中出現的第一個衝突，是處於意識的輔助功能和它位於無意識的對立功能。這可稱為最初的衝突。優勢功能與劣勢功能之間壓倒性的戰役只會在生活中出現。以理智感官型為例，我認為最初的衝突是感官與直覺，而最後的戰役則出現在理智與情感。

德．安古洛博士：為何那場主要戰役不會發生在分析的過程？

榮格醫師：這只會發生在分析師失去個人的客觀性，並讓自己過度涉入病人情況的時候。在這樣的情況中，可以說分析師總是處於無意識過度興奮的危險。假如一個女人告訴我，我是他的救世主。儘管意識上我很清楚知道她對我有不當的投射，但無意識裡的我還是飲下了這杯毒酒，並可能過分膨脹。

凱勒女士的問題：（原始問題已經遺失。但問題內容是和意志有關。）

榮格醫師：不能說人的意志是一塊滾下山的石頭。事實是，藉由意志你能釋放一件事的歷程，就以幻想來說吧，它接著會自己發展起來。看待意志的方式有兩種。舉例來說，叔本華提到了生命意志與死亡意志，亦即生命的趨力與死亡的趨力。我傾向於保留意志的概念，因為我們在意識中能支配的能量很小，如果你用這小部分的能量啟動本能歷程，後者就會帶來一個比你更大的力量。人的力比多包含了兩個對立的趨力或本能，生的本能與死的本能。人在年輕時，生的本能很強大，這是為何年輕人不太在意生命，因為他們擁有生的本能。力比多猶如包含兩極對立的能量現象，否則力比多就無法運動。生命與死亡不過是一個隱喻，用其他的隱喻也可以，只要它們也能展現彼此的對立。在動物和原始人身上，對立的兩極比現代人更為接近。因此動物與原始人比我們更容易放棄生命。一個原始人可以為了讓自己的鬼魂去糾纏敵人而自殺。換句話說，因為我們的解離，對立的兩極離得更遠。這強化了我們的心理能量，而我們付出的代價就是讓自己活得很片面。

當對立的兩極靠近時，個體就很容易改變。他的心情會快速地從擴張轉向死亡。

我們現在討論的是兩極的對立。各位希望在下次的講座中繼續探討這個議題嗎？（班級投票通過。）

第 10 講

問題與討論

♦

榮格醫師：

你們想用什麼特別的方式來討論兩極的問題？

德．安古洛博士：我想由它們在自然中的出現開始，然後再討論它們如何在人類身上出現。

榮格醫師：在某種意義上，那就像從屋頂開始蓋房屋，因為兩極成對的概念是人類對自然的投射。正因如此，我們最好還是從兩極的心理經驗出發，因為我們無法完全確定世界的客觀性。舉例來說，流行的一元論觀點就是對世界二元論觀點的否認，也就是說，它堅持我們的單一性以及世界的單一性。如果你抱持兩極成對的理論，你就能同時擁有一元論與二元論，因為它們也是一對兩極。但你會再次發現自己置身於人格的魔法圈中。你無法逃離自己的限制，除非你成為了永生的鬼魂。

這裡有一個辛克斯小姐所寫下的問題，我們因此要討論兩極的哲學層面，我認為我們從這裡可以找到更好的方法。

辛克斯小姐的問題：「在分析中處理兩極問題時，你會把它們視為心理的，還是生理的現象？如果是後者，就可以把對立的元素移除掉。但哲學的觀點與之相反，此觀點認為對立的本質在邏輯上是相反的，因此也是不相容的。」

榮格醫師：兩極的觀點就跟這個世界一樣古老，如果我們要處理它，就必須回到中國哲學的早期源頭，那就是《易經》（*I-Ching*）[1]裡的預言。很奇怪的是，兩極的觀念並未出現在埃及的思想裡，但它們卻是中國和印度哲學的基本組成。在《易經》中，它們會不斷地以物極必反的方式出現，藉由某種行為，心靈狀態會無可避免地導致對立面出現。這就是道家思想的核心觀念，而老子（Lao-tse）與孔子（Confucius）的著作裡也廣泛存在這條原則。

《易經》是中國哲學的起源，其基本形式是由周文王（King Wên）和周公（Duke Chou）共同建立，據說他們曾被囚禁過[2]，並在那時對《易經》中的預言做了直覺的詮釋。你們之中有些人知道《易經》的技巧，卦序的安排象徵著物極必反原則。它可稱為矛盾心理學，也就是說，當a原則增加的時候，與它對立的b原則就逐漸減少，但當a來到某個點時，b就會在不知不覺中開始增加，直到換它成為主導。同樣的概念也包含在道的象徵，對立原則以圓中的白色及黑色螺旋來呈現。它們分別被視為是男性與女性元素。白色的部分，或者說男性原則，裡面包含了一個黑色的點，而黑色的部分，或者說女性原則，則包含了一個白色的點。因此，陽（Yang），也就是男性原則，當它來到最

1 原註1。抄本：*Yi King*。這是James Legge（Sacred Books of the East, XVI, 2nd ed., Oxford, 1899）的譯法，也是1925年唯一可用的英文版本。（榮格的圖書館中藏有46卷東方聖典）此處參考的是由卡莉．F．拜恩斯從衛禮賢的德文版《易經》翻譯而來的英文版，由榮格撰寫序文（New York/Princeton and London, 1950; 3rd ed., 1967，序文也收錄於CW11）。英文譯者最初是德．安古洛博士，這次講座的記錄者。榮格大約是在1920年開始對《易經》感興趣（《回憶．夢．省思》p. 373/342）；他第一次見到衛理賢大概是1923年。

2 譯註1。被囚禁過的人應該只有周文王，司馬遷：「文王拘而演周易。」

完滿的時刻就會產生陰（Yin），亦即女性原則；反之亦然。

《道德經》（*Tao Tě Ching*）也建立在兩極的原則上，儘管是以不同的方式來表達。《道德經》的作者是老子，他可能知曉《奧義書》（*Upanishads*）的哲學，因為兩者很相似。或許是王室圖書館藏有婆羅門教的經典，因此身為圖書館管理員的他得以接觸婆羅門思想，也或許他是透過往來兩地的商旅而接觸到這門思想。老子關於兩極的思想是這樣表達的：高仰賴低而存在，至善與至惡也是如此，也就是說，除了平衡中的兩極以外，沒有其他事物存在。[3]尼采曾說，樹越是向上伸展，根就扎得越深。這也是同樣的概念。[4]

印度關於兩極的哲學更加先進。他們的教誨是：「從兩極的對立中解脫，讓注意力離開高與低。」[5]完美之人必須超越他的美德與惡行。尼采再次表達了同樣的觀點，他說：「掌控你的美德與惡行。」[6]相較於中國的視角，《奧義書》也強調，重點不是兩極，而是它們之間獨特的創造歷程。因此我們可以這麼說，《奧義書》的觀點是一元論的。阿特曼（Atman）是兩極之中的核心事物，它們的存在被視為理所當然。另一方面，正如我們看到的，老子則強調兩極的對立，儘管他也知道位於它們之中的道路，也就是「道」，它被視為生命的核心。然而老子關切的主要是教育層面，他的目的是讓自己的學生別忘記它們處於兩極對立的道路，所以他必須教導學生某種能夠引領他們走向那條道路的事物。

另一方面，婆羅門的學生們則不需要學習這些知識，因為他們本來就很熟悉。或許這是因為在婆羅門教裡，這項智慧是藉由種姓制度傳遞下來的。兩極對立的知識是祭司階級的財產，這件事不必特別教。易言之，婆羅門的學生們藉由出身而擁有了特定的哲學水準，並為下一步做好了準備，亦即那位於兩極對立之中的事物。而老子所述說的對象並不是這樣的階級，從精神上來講，他的對象僅有一般水準的智力。老子在退隱前夕寫下其著作的傳說就是我要講的例子。據說老子離開山坡上的家，準備朝西方而去時，城門守衛立刻認出了他，直到老子把自己的智慧寫下來之前，守衛不肯放他離開。[7]因此他寫下了一本五千字的書，也就是《道德經》。這則傳說顯示出，這本書是給一般人學習用的，而不是祭司階層。《奧義書》則吸引著那些已經超越兩極對立的人們。如果你已擺脫幻象，生命是否有價值並不重要，但這樣的人只會在獻身於哲學訓練的階級裡才見得到。

在那時代裡，哲學家思考的是自然本身。那不是有意如此，相反地，思想是以相當直接與立即的方式碰巧發生在人們身上的，它給人一種被送進心靈中而非由心靈所創造的印象。當然了，如果人們開始思考那些偉大的發現和藝術工作，就會在我們身上找到數不盡的例子。邁爾（Mayer）的能

---

3 原註2。2012：《道德經》：「天下皆知美之為美，斯惡已；皆知善，斯不善已。故有無相生，難易相成，長短相形，高下相傾，音聲相和，前後相隨。」《老子：道德經》由 Edmund Ryden 翻譯（Oxford: Oxford University Press, 2008）, 2, p.7。

4 原註3。2012：此處引用的是尼采《查拉圖斯特拉如是說》，查拉圖斯特拉說：「對人跟對樹是一樣的。越想往高處與亮處去，其根就越要扎向地底，扎向黑暗與深處，直至邪惡。」Richard Hollingdale 翻譯（Harmondsworth: Penguin, 1969）, p.69。榮格在書裡該段落的邊緣處畫了一條線。

5 原註4。2012：參見 *Bhagavad Gita* [Krishna:]「阿周那，吠陀／屬於三德行，你必須從／三德行中解脫／從對立中解脫，永恆地居於真理中，既不獲取也不保留／專注於自我。」Laurie Patton 翻譯（London: Penguin, 2008）, p.28。

6 原註5。2012：參見尼采：《查拉圖斯特拉如是說》第二部第5章〈論美德〉pp. 117f.。

7 原註6。2012：據稱叫尹喜，長城函谷關的西門守衛。

量觀念就是這樣來的，就像從天堂來的那樣。[8]塔提尼（Tartini）的魔鬼奏鳴曲也是如此。[9]拉斐爾（Raphael）的聖母像（現藏於德勒斯登）源於一個突如其來的幻象，米開朗基羅（Michelangelo）的摩西像也是一樣。[10]當某種想法或幻象以這種方式來到一個人身上時，它會伴隨一種壓倒性的、確信的力量。如我所說的那樣，那是一種原創思想的類型。我們今天已經在很大的程度上失去了這種思想的祕隱性（immanence），取而代之的，是人誤以為思想是由我們自己所創造的幻覺。我們不相信思想是從大腦中自己浮現出來的原始事物，我們認為要不是我們高尚的創造行為，思想本身並沒有力量，我們發明這個想法，目的是讓自己相信我們是思想的主人，不會受它的影響。我們和思想之間的關係有點像公雞與太陽，前者相信如果不是自己的雞鳴聲，太陽就無法升起，有一次牠被說服去做實驗，看看自己不叫會怎樣，結果太陽依舊升起，牠顯然高估了自己叫聲的力量，竟然相信世界會因此沒有太陽。

當然，把我們的思想當成是目的性思維的自由表達，這種想法也很有用，否則我們永遠無法逃離自然的魔法圈[11]。畢竟我們是真的能夠思考，即便沒有完全獨立於自然，但對此事做出不同解釋卻是心理學家的責任，亦即在承認人有思考能力之時，也堅持人會受困於自己的限制，因此人總是被他無法完全控制的自然所影響。

如我所說的，這種原創的思想總是直接且令人信服。當你出現這樣的想法，你會確定那是真的，它像個啟示那樣來到你面前。沒有什麼比投射更能說明這件事，你只會知道那是真的，你也會對任何認為那是錯誤的相關言論感到憤怒。這在女性身上尤其真實，她們甚至意識不到投射。無意識具有影響我們思維的力量，而且方式令人吃驚。我記得有一次在讀到蘭普雷希特（Lamprecht）作品[12]中的某段文字時，我覺得人類很明顯地經歷過亂倫階段。我在閱讀時接受了這個觀點，但隨後我問自己：「為何人類明顯地經歷過亂倫階段？」我越思考這件事，它就變得越不明顯。蘭普雷希特無疑在無意識裡接受了亞當與夏娃的神話，並藉此推導出自己的假設。因此，有某種思維無時無刻不控制我們，而這些無意識的思想就猶如木偶戲的演員那樣進行操控。

因為只要自然思維攜帶著對自然事實的信念，早期的哲學家們思考自然時就會得到突然的啟示，如我們所說的那樣，他們理所當然地認為這是自然本身在對他們說話，使他們掌握了自然的真理，這點毫無疑問是真的。他們從沒想過那可能是個投射，當中並不存在著現實世界的基礎。對立原則也是如此，早期的哲學家們認為這是自然賜予人類的。在傳說裡，《易經》是由一匹從黃河走出來的馬所馱在背上的，在牠背上有著已然建立起來的象徵組合。聖人們將之抄錄後，就成為了知名的河圖。[13]

8 原註7。Julius Robert Mayer，德國物理學家，在1840年提出此理論。參見：〈論無意識的心理學〉（1917），CW7, pars. 106ff。

9 原註8。Giuseppe Tartini，18世紀的義大利小提琴家與作曲家。關於帶給他靈感的夢，可參見 *Encyclopaedia Britannica*, 11th ed., s.v. Tartini。

10 原註9。〈西斯廷的聖母〉，在德勒斯登的畫廊；〈摩西像〉在羅馬的聖伯多祿鍊堂。根據義大利文藝復興的藝術史學家 John Shearman 的看法，早期的文獻並無證據指出這些作品是受到幻象啟發的。Shearman 認為，榮格的觀點是把「19世紀專論的泛泛之談給當真了，奇怪的事情是每件藝術作品都象徵一個幻象。」

11 譯註2。意指自然的束縛。

12 原註10。Karl Lamprecht，德國史學家，參見《夢的解析》p.192。2012：關於榮格的主導因素概念與蘭普雷西特的作品的關係，參見山達薩尼 *Jung and the Making of Modern Psychology: The Dream of a Science* (pp. 282-83 and 305)。

13 原註11。通常被稱為河圖，見 the *I Ching*, 3rd ed., pp. 309, 320。

然而我們不這麼想，因為我們不再把想法當成是自然的禮物。正是我們思維運作的過程使我們不再相信思想的出現是由於自然本身在對我們說話。但這些人允許他們的心靈不受控地自主運作，因為大腦也是一種自然的現象，它是自然的真實產物，因此包含了自然力量活動下的結果。大腦的成果是自然的產物，因此我們必須設想它包含了自然的普遍原則。一個明智的人能從一顆蘋果上建構出全世界。他能告訴你它生長的天候，它結果的樹，吃蘋果的動物，以及所有跟蘋果有關的事物，因為每件事情都與整體相連。那為什麼不應假定大腦能產生完美的自然果實呢？而那自然的果實可以再製出整個自然。很明顯，沒有任何法則可以證明它，但我們不能就此假定大腦的產物並不源於自然。因此我看不到我們無法在古代聖賢的思想中找到驚人事實的理由，就如《易經》所呈現的那樣。據說孔子很後悔沒有用他全部的生命來研讀《易經》，他用《易經》占卜時也只失敗過一次。

從很久以前，兩極對立就是人類思想的主題。我們下個要討論的哲學家是赫拉克利特（Heraclitus）。他的哲學有很突出的中國特色，他也是唯一一個真正理解東方精神的西方人。如果西方世界跟從他的腳步，我們的觀點就會成為中國式的風格，而不是基督教式的。我們可以把赫拉克利特想成在東西方之間做出轉換的人。在他之後，下一個在歷史中嚴肅思考兩極對立的人是阿伯拉爾（Abélard），但他除去了所有與自然的聯繫，並完全以理智化的方式來思考這個問題。[14]

最近這個問題透過分析再次浮現。佛洛伊德大量討論了兩極對立，因為它們會在精神病理學中出現。在施虐者的案例中，他的受虐傾向也可在無意識裡找到，反之亦然。[15]守財奴的另一面是揮霍無度。我們都知道，在大好人的身上也可能存在著殘暴的因子，受尊敬的人也會養出惡棍般的兒子。[16]在佛洛伊德與阿德勒的作品中經常出現這條上下對立的原則。

我也透過精神病理學的角度來理解這個問題，先是在性心理學，而後是整體的性格。我將它構思成在每個既定趨勢中尋求對立的啟發原則，而這原則總是有效。我發現極端狂熱其實建立在隱藏的懷疑之上。托爾克馬達[17]是宗教裁判所的建立者，他之所以如此，是因為他的信仰中藏有不安全感，也就是說，他在無意識中充滿懷疑，所以才在意識中充滿信仰。因此在一般情況下，任何過分強烈的立場都會帶來它的對立面。我將此現象追溯到基本的力比多分裂，由於它的分裂，[18]我們絕對無法在激烈渴求某項事物的同時卻不去摧毀它。一個生動的例子就曾發生在我的病人身上。她是一名年輕女性，剛訂婚，卻因為經濟問題無法成親。最後她的未婚夫前往日本，並在那裡住了三年。這段時間她為他寄送出最美的情書，但由於思念過度很難度日。後來未婚夫歸國，兩人結了婚。但幾乎與此同時，她精神失常，只能被送回家。

因此當你說「是」的同時，你也在說「不」。這個原則看似很難，但事實上力比多卻存在著分裂，否則將沒有事情可以運作，我們也會維持在呆滯的無生命狀態。[19]若非死亡的環繞，生命就無

14 原註12。2012：Pierre Abélard 是一位中世紀學者。1921年，榮格在《心理類型》（CW6）中對他的作品有大篇幅的討論，主要是關於唯名論與實在論的爭議（§68f.）。
15 原註13。2012：參見佛洛伊德：《性學三論》。
16 原註14。抄本：兒子的地獄。寫錯了嗎？
17 譯註3。原文為 Torquemado，指的應該是 Torquemada。
18 譯註4。事實上力比多並沒有分裂，榮格此處指的是兩極之間的平衡運動，見下文。
19 原註15。這一句和前一句都引自喬安・柯瑞：《榮格心理學ABC》(1928), p.58。

從美麗。曾經有一名非常有錢的病人對我說：「我不知道你會對我做什麼，但我希望你不會給我平淡乏味的東西。」而那正是生命缺乏對立極所表現出來的樣子，因此兩極對立不應被理解成一種錯誤，而應理解成生命的起源。同樣的道理也存在於自然中。如果沒有高低的差別，水就無法往下流。現代物理學以熵這個術語來表達兩極對立從自然中被移除後的狀況：也就是說，死在穩定的常溫中。如果你已實現了所有的願望，那麼你就有所謂的心理熵。因此，我發現我先前認為的病理學現象事實上是一種自然的法則。我們是能量常規歷程的一部分，若能將此事實牢記在心，就會看到我想在《心理類型》這本書中所呈現的心理學。

當我動筆寫作《心理類型》時，我收到一封來自法國編輯的信，他想請我替他正在編輯的叢書寫本著作，那叢書的主題是兩極對立。他寄給我一長串關於兩極對立的名單：行動與靜止、精神與物質等等，但我拒絕了所有衍生的或從屬的對立極，我只想全心追溯那些更基本的東西。我從能量流出與流入的主要觀點開始，從這裡建構了內傾與外傾的類型理論。[20]

就如上次講座提到的那樣，你們還記得我是在寫作《無意識的心理學》時出現力比多分裂這個想法的。但「力比多分裂」這個詞可能會導致一個錯誤的概念。力比多本身並沒有分裂，它是對立兩極之間的平衡運動，而你可以說力比多是一或是二，這取決於你現在關注的是它的流動，還是在流動中出現的對立極。對立是力比多流的必要條件，[21]因此你可根據此事實認為世界是二元的，但也可以說那個「流」，也就是能量，它是一，因此是一元論的。如果沒有高與低，水就無法流動，如果只有高與低卻沒有水，那什麼也不會發生；因此世界同時具有二元性與一元性。而你選擇的觀點和你天生的氣質有關。如果你是像老子一樣的二元論者，關注的主要對象是兩極的話，你會發現所有你在兩極中間看到的東西都會被他用「道是如此平靜」一語道盡。另一方面，若你是像婆羅門教那樣的一元論者，你會寫下一系列關於阿特曼的著作，亦即兩極之間的事物。

因此一元論與二元論都是心理學問題，都缺乏內在的有效性。我們更關注的是兩極對立的存在。也就是說，對我們而言，所有事物都處於對立是一項新發現，我們還不願接受我們善良之中的邪惡，也不接受我們的理想其實奠基於那些遠離理想的事物。我們必須努力學習我們立場的對立面，並把握這項事實：亦即生命是發生於兩極之間的過程，它只有被死亡環繞才會完整。我們確實仍處於老子學生的立場，需要用「它是如此平靜」來談論道，因為它的聲音很小。然而當我們逐漸意識到對立時，就會被迫為自己尋求解決方法，因為我們無法活在既是也非的世界裡，我們必須進行創造，那能使我們獲得一個高於兩極對立的第三方觀點。我們或許可以採用道和阿特曼作為我們的解方，但只有在一個前提下可行，亦即這些術語的創始人看待其理論內涵，如同西方人看待自己的哲學觀念那樣，雙方有共同的假設。但事實不是如此，因為道和阿特曼的內涵都在成長，阿特曼出於蓮花，而道則出於靜止的水。換言之，它們是啟示，但對我們來說，它們只是概念，這讓我們感到疏遠。我們無法像那時的人們一樣來吸收這些術語。可以確定的是，神智學者正在嘗試，然而得到的結果只是些言不及義的空話，反而把它們與現實的連結給阻斷了。

20 原註16。“A Contribution to the Study of the Psychological Types”（CW6, pars. 499f.）最初以德語在1913年演講，同年修訂為法文版。

21 原註17。前一句和這一句都引用自 Corrie, *ABC*, p.58。

那些人獲得了啟示，它們從那些人身上發展，好比蘋果從樹上長出來。對我們來說，它們使理智獲得很大的滿足感，但對統一兩極卻毫無幫助。假設有個病人帶著很大的衝突來找我，而我卻對他說：「讀讀《道德經》吧！」或「把煩惱丟給基督吧！」這是很棒的建議，但對解決病人的衝突來說有什麼幫助？沒有。確切地講，基督或許對天主教徒以及部分的新教徒有用，但它不會適用每個人，而傳統的象徵幾乎對我所有的病人都不起作用。因此我們的道路必須是一個存在創造力的道路，那裡的成長歷程具有啟示的特質。分析應該如上面所講的那樣，能為我們帶來被抓住或某種事物降臨在我們身上的啟示經驗。這種經驗包含了物質與身體。就如那些發生在古人身上的事一樣。如果要我給它一個象徵，我會選擇「天使報喜」[22]。

史威登堡（Swedenborg）曾有過這類直接又具挑戰特質的經驗。他當時在倫敦的一家旅館裡，剛用過一頓美好的晚餐，不久後他突然就見到整個地板布滿了蛇和蟾蜍。他大受驚嚇，更別說在他面前竟出現了一個穿著紅色斗篷的男人。不用懷疑，你可以想像這個幽靈對史威登堡講的話肯定很要緊，但他卻說：「別吃太多！」史威登堡的思想以肉身的形式出現，因為它太過真實，因此對他產生了巨大的影響。他被它的深度震撼到了。[23]

另一個我想到的例子是某個醉漢。有天晚上他已爛醉如泥，幾乎是不省人事地回了家，他聽見樓上有人在辦宴會，他樂在其中。清晨五點，他走近窗戶瞧瞧那巨大的吵鬧聲哪裡來的。他住的巷子裡，窗外有幾棵梧桐樹，他在那裡看見了一個正在交易的牲畜市集，但豬卻在樹上。他叫吼著，想吸引豬隻的注意，結果就被警察帶去了精神療養院。當他明白自己發生了什麼事情後就把酒戒了。

在這兩個例子裡，自然都產生了令人畏懼的事物，雖然例子有點古怪，但它們卻傳遞了我努力想表達的重點，那些被釋放的表象必然具有古老的特質，因此它才具有說服力。也就是說，它在我們的存在中，必須全然的真實。我們知道沒有方法可以製造出那可使我們直接與真理產生接觸的心靈狀態。在這些方法中，瑜伽是最明顯的例子。瑜伽有好幾種類型，都必須針對呼吸、體操、禁食等項目來練習，而昆達里尼瑜伽[24]也是其中之一，它是一種性的訓練，因此帶有一些淫穢的特色。性之所以被包含在內是因為它是一種本能，因此容易誘發直接體驗的狀態。所有的瑜伽方法以及類似的修練，都會帶來令人期待的條件，但前提是上帝同意；也就是說，它得包含另一種必要條件，但我們並不清楚它的本質。所有這些原始的修練都可理解成人們努力地想使自己接收到自然的啟示。

---

22 譯註5。原文為Annunciation，意指天使加百列向聖母瑪利亞報喜訊，告訴她將會誕下聖子耶穌。

23 原註18。參見榮格為鈴木大拙《禪學入門》寫的序文（1939, CW11）par.882，這件軼事講述的方式與該處不同。2012：1954年榮格在心理學俱樂部評論過史威登堡此段情節（notes of Aniela Jaffé, Jaffé Collection, Swiss Federal Institute of Technology）。

24 原註19。這是榮格有記錄以來最早提到昆達里尼瑜伽的作品。在1932年秋天，榮格與一位德國的印度學者J. W. Hauer有過這主題的一系列講座，大部分是以英語進行的。2012：參見Shamdasani, ed., *The Psychology of Kundalini Yoga: Notes of the Seminar Given in 1932 by Jung* (Princeton, NJ: Princeton University Press, 1996)。

第 11 講

問題與討論

♦

榮格醫師：

上次講座還有問題沒討論，但我忘記帶來了，我請大家口頭提問。凱勒女士，我相信你有疑問想提。

凱勒女士：我想要知道更多祖先意象的內容，以及它會如何影響個體的生命。

榮格醫師：我怕我的經驗沒辦法清楚解釋這個問題。我對這個主題的想法主要是嘗試性的，但我可以為你舉例說明這件事對我來說是怎麼運作的。假設某人以正常的發展方式生活了40年，然後他遇見了一個喚醒他祖先情結的情境。這情結被喚醒的原因，是由於得藉由它才能更佳適應這個情境。且讓我們假設，這個男人剛得到了一個權力很大，但也需要負責任的職位。但他從來沒當過領導者，但在他天生的遺傳因子裡卻有這樣的領導者形象或可能性在內。那個因子現在佔據了他，從那時開始，他擁有了不同的性格。天曉得他會變成什麼模樣，那會像是他喪失了自我，因為祖先因子已經接管並取代了他。他的朋友搞不懂他怎麼了，但他就在那兒，一個與先前全然不同的人。他內在甚至沒有出現任何衝突，儘管那時常發生；可能是那個意象太具有生命力了，以至於自我在它面前變得退縮並交出了主導權。

凱勒女士：但如果這個意象是他擔任這個職位所必須的，他又要如何與自己平和共處，同時在避免衝突的情況下征服這個意象呢？

榮格醫師：嗯，一般而言，唯一能做的是藉由分析來使自己與這些意象和解。如果這個人的自我比較脆弱，那麼意象就會取得主導權。人們可以在女孩子結婚之後反覆看見類似的情況。婚前她們可能是再正常不過的女孩子，但接著她們就會感覺自己被召喚去扮演某種角色，因此當事人就不再是她們自己了。這樣的結果通常是罹患神經症。我想起一個例子，某個帶著四個孩子的媽媽抱怨自己的人生從未有過重要的體驗。「那你的四個孩子呢？」我這麼問她。「噢！」她說：「他們只是我生命中的偶然。」我們幾乎可以這麼說，那些孩子是她的祖母生的，而不是她本人。作為一個母親，她已斷絕了母子的情感聯繫。

還有其他的問題嗎？曼恩醫師？

曼恩醫師：我原先提交了一個問題，我想我會在之後的講座得到回答。我想知道，你是否對非理性類型追溯過優勢轉向劣勢功能的發展過程？就如你曾透過自身經驗為我們追溯一個理性類型的過程一樣？

榮格醫師：舉一個輔助功能是思維的直覺類型者為例，我們假設他已經發展到直覺的最高水準，並開始受到挫折。如你們所知，直覺類型者總是追逐各種新的可能性。讓我們假設，他最後陷入洞裡無法脫逃。沒有比這更令他害怕的事了，他痛恨永久的依附與囚禁，但他最後卻陷在洞裡，他的直覺功能找不到任何可以出來的方法。這裡有某條河流過，也有火車經過，但他卻被丟在那裡，卡在原地無法動彈。那麼現在他或許會開始**思考**自己能做什麼。當他開始運用自己的理智功能時，很可能會與自己的情感功能產生衝突，因為藉由思考功能他會找到處理困難的不同方法，例如在這裡撒點謊，在那裡騙點人，而這些事是他的情感功能不能接受的。他必須在情感與理智間做出選擇，在選擇的過程中，他才明白兩者之間有巨大的鴻溝。他會藉由發現一個新國度而走出這個衝突，亦即感官功能，接著他才第一次發現原來現實具有嶄新的意義。對一個還沒使用過感官功能的直覺類型者來說，感官類型的世界看起來非常像月球上的景象，換言之，空洞又死寂。他認為感官類型者一生都和屍體度過，而一旦他開始使用自己的劣勢功能，他就會開始享受事物原本的模樣，而非藉由自己投射出去的氛圍來看待它。

直覺功能過度發展的人容易鄙視客觀的現實，並最終導致我上述提到的衝突。我曾有過一個小女孩患者，她有極不尋常的直覺力量，她的狀況極端到連對自己的身體都覺得很不真實。有一次我半開玩笑地問她，她是不是沒注意到自己有一個身體？而她非常嚴肅地回答我沒有，她甚至裹著床單洗澡！她來找我時甚至連自己的腳步聲都聽不到，好像她是在世上漂浮著那樣。她第一個夢是坐在氣球上，甚至不是在氣球內，而是坐在高空的氣球頂端低頭看我。我拿著槍射擊氣球，最終把它擊落。在來我這裡之前，她一直住在一棟房子裡，並對裡頭一群迷人的女孩子印象深刻。那是一間妓院，但她卻渾然不覺。這個衝擊使她開始接受分析。

我不能透過感官直接使這樣的當事人回到現實，因為對直覺型的人來說，事實僅僅是空氣；然而，由於思維是她的輔助功能，因此我開始用非常簡單的方式跟她講道理，直到她願意剝除被她投射在事實外頭的那層氛圍。假如我對她說：「這是一隻綠色的猴子。」她會立刻說：「不，牠是紅的。」然後我說：「有一千個人都說那隻猴子是綠色的，如果妳認為牠是紅色的，那只是妳的想像而已。」下一步是讓她的情感與思維之間產生衝突。直覺型的人對待感受和她對待自己想法的方式一樣；也就是說，如果她對一個人有負面的直覺，那麼，那個人就是全然邪惡的，至於他事實上是個什麼樣的人則一點也不重要。但慢慢地，這樣的病人會開始詢問外在的客體究竟是什麼樣子，並出現想要直接體驗外在客體的慾望。然後她才能給感官一個適當的價值，不再只從某個角落觀看外在客體；換句話說，她已經準備好去獻祭用直覺來主導一切的強烈慾望。

對感官類型者來說，我剛提到的，直覺型的心靈運作方式無疑是一派胡言，這兩種類型的人看待現實的方式有很大的不同。我曾有過一個病人，他在接受六個月的分析之後，突然驚覺我並沒有一雙藍色的大眼睛。另一個病人很早就習慣了我那被漆成綠色的書房，她問我為何把一直以來用的橡木板材給換掉？我用了很大的力氣才說服她，橡木板材的房間是她想像出來的。

歪曲現實是所有優勢功能被推到極限時都會出現的共同特徵。它們越是純粹，就越會強迫現實符合它們自己的框架。這個世界存在著四種功能，或許更多，如果人們無視一種或更多種功能的話，是不可能與這世界保持聯繫的。

柯瑞小姐的問題：你能解釋一下兩極之間的矛盾關係嗎？

榮格醫師：如果要瞭解對立的兩極，你幾乎可以假設它們是在戰爭中彼此敵對的兩個黨派，這是一個二元的概念。矛盾則是一個一元的概念，兩極在此處並不是以分裂的部分出現，而是同一件事物的不同兩面。舉例來說，一個人有好的一面和壞的一面，而這樣的人是矛盾的。我們會說他很脆弱，他被上帝與惡魔拉扯；他是一顆原子，擺盪在兩者中間，而你永遠不知道他會往哪邊去；他的性格從未建立，而是一直處於矛盾中。另一方面，假設有某個兒子，他處於衝突的父母中間，這點和他的性格無關，他是兩極對立的受害者；因此他可以永遠地處在這裡。人們必須採用「意象」

這樣的術語來處理這個狀況。這樣的人不會進步，直到他明白自己不僅是父母衝突下的受害者，因為那只看到了事情的一半。他必須明白自己的內在也攜帶著父母雙方的意象，在那之中，有衝突正在進行著，換句話說，他是矛盾的。直到他明白這一點，才能使用真實的父母或者說用他們的意象作為武器，在面對生活的困難時保護自己。如果他承認衝突的雙方都是自己的一部分，他就為它們所呈現的問題承擔起責任。同樣地，我認為責怪發生在我們身上的戰爭也是無意義的，我們每個人的內在都攜帶著導致戰爭的元素。

因此，矛盾與兩極對立的關係是一個主觀的立場。

羅伯森先生：如果力比多被認為經常處於分裂之中，那是什麼東西推它往特定方向前進的呢？

榮格醫師：推力的問題並不存在，因為力比多、能量，它們已被假定為是處於運動狀態中的事物。「正反意向並存」（ambitendency）是對能量矛盾本質的一種稱呼。沒有兩極就沒有潛力，因此我們會有正反意向並存的狀況。能量的本體可以說就是能量的消散，亦即除了運動狀態以及朝向特定方向移動外，我們無法觀察到能量。機械的運作過程在理論上是可逆的，但能量的本質卻總是往單一方向前進，也就是說，從高處往低處移動。因此力比多也具有方向性，我們可以說任何功能都有它自己的目的性本質。當然，反對此觀點最著名的偏見就在生物學裡，它混淆了目的論與目的。目的論認為，每件事都朝向某個目標，但如果我們不預先假設一個可以引導我們朝向確切目標的心智，那麼這樣的目標就不會存在。這樣的觀點對我們來說是站不住腳的。過程不需要一個預想的目標就能展示其目的性的特質，而所有生物性的過程都是目的性的。神經系統的本質是目的性的，因為它會如中央電報局那樣採取行動，以協調身體各部的合作。所有適當的神經反射都會在大腦集中。我們再回到正反意象並存這件事來談，能量本身並未分裂，因為它是一對沒有分裂開來的兩極，換句話說，它以悖論的方式呈現。

羅伯森先生：我不是很清楚你是怎麼區別目的論與目的兩者的。

榮格醫師：一個活動可以具有目的性的特徵，卻不見得具有預定到達的目標。如你所知，柏格森充分討論過這個觀點。我可以朝一個方向穩妥地走去，但心中卻沒有一個最後的目標。我可以朝某一極點前進，卻不知道正在往它那裡走。我會稱它為定向，而不是目標。我們說本能是盲目的，但本能也是有目的性的。它只會在特定條件下適當運轉，一旦不具備這些條件，它就會使物種陷於毀滅的威脅。原始人古老的戰爭本能若發生於現代國家，那麼後者所發明的毒氣等致命武器就會變成自殺性的。

羅伯森先生手寫提交的問題：你說了兩種心理類型所抱持的觀點，內傾者看的是瀑布的頂端與底部，而外傾者看的則是兩者間的水。

但你自己在建構上述觀點時，不也是看著「頂端與底部」嗎？因此你所描述的，是你個人看待物極必反的傾向（內傾性的）或你認為這個特定概念其實具有某些**客觀的**有效性呢？

榮格醫師：當然，看頂端與底部是一種內傾性的態度，但這正是內傾者所處的位置。他使自己和客體保持距離，因此對類型特別敏感，他能做出區分而且辨別。他不需要太多的事實與想法。而外傾者總是會呼求更多的事實。他通常會有一個偉大的想法，你也可以說是太龐大的想法，一個用來代表所有事實的統一體，但內傾者卻想要把這個過於龐大的想法分開處理。

對於客觀有效性這件事，我們可以這麼說，由於許多人看見了物極必反原則，因此當中必然有真理，但也有這麼多人在此看到了持續性的發展，那之中必然也有真理存在，然而嚴格來講，客觀有效性並不能以主觀的方式來認定。當然這無法使人完全滿意，而內傾者總是有某種傾向，亦即他會私下說自己的觀點才是唯一正確的，並主觀地加以接受。

德．安古洛博士：我不覺得內傾與看見物極必反現象的能力兩者之間有何邏輯關係，肯定有成千上萬個外傾者也這麼想。

榮格醫師：兩者之間並不存在邏輯關係，但我觀察到的是兩種態度之間的氣質差異。內傾者想看到小東西變大，大東西變小。外傾者則喜歡偉大的東西，他們不喜歡看見好東西變壞，而是持續變好。外傾者不願意認為自己內在有地獄般的對立面。此外，內傾者比較容易接受物極必反的原則，因為這樣的概念可以奪走客體許多力量，而外傾者則無意縮減客體的重要性，反而更願意賦予它力量。

阿德里奇先生：榮格醫師，對我來說，你剛所談的和你在《心理類型》一書中所說的有矛盾，你在書裡提及外傾的唯名論者會分別地掌握事實，而內傾的實在論者則總是藉由抽象化來尋求統一。[1]

榮格醫師：不，兩者並沒有矛盾。唯名論者雖然會強調個別的事實，但他們也會藉由想像某種永恆的存在來創造一種補償性的統一體，並以此來涵蓋那些個別的事實。實在論者則不想得到一個統一的觀點，而是想從這些事實中抽離出概念。歌德對於「原始植物」[2]（Urpflanze）的想法就是一個過度概括的例子，他所表現的就是我所說的，外傾者會去構築偉大想法的傾向。另一方面，阿加西[3]（Agassiz）則提出動物源自不同類型的概念，而這比起歌德的概念更符合內傾者的想法。在柏拉圖關於生命的想法中，總是包含著少部分的原始意象，但即便只有少部分，也不是只有一個，那仍舊有很多，因此內傾者有多神論的傾向。

阿德里奇先生：但柏拉圖不是把世界的起源歸於神的心智嗎？

榮格醫師：是的，是這樣沒錯。但柏拉圖最感興趣的並不是這個概念，而是對擬像（*eidola*）的概念，或者說，是原始的抽象概念。[4]

講座

在上次講座中，[5]我提到了殺死英雄的夢以及關於以利亞和莎樂美的幻想。

但殺死英雄並非無關緊要的情節，而是一個包含了典型後果的事實。消解一個意象意味著你將成為那個意象。拋棄上帝的概念意味著你會成為上帝。之所以如此，是由於我們總是有意識地消解一個意象，然後投入到那個意象中的力比多就會轉進無意識中。意象越強大，你被無意識抓得就越

1 原註1。參見 CW6, pars. 40ff。

2 原註2。參見歌德，*Versuch die Metamorphose der Pflanzen zu eklären* (1790)。

3 原註3。Louis Agassiz，瑞士裔美國自然科學家，他提出了「多元創造」理論，榮格未在別處引用過他，儘管他的圖書館中藏有 Agassiz 的作品 *Schöpfungsplan* (1875)。

4 原註4。參見 *Timaeus* 37d。

5 原註5。實際上是第8講。

緊，因此如果你在意識中放棄英雄，無意識就會強迫你成為英雄。

我想起一名個案。這是一個能對自己的狀況做出極佳分析的男性。在他成長過程中，母親常常告訴他，有一天他會成為人類的救世主，儘管他不是很相信，然而這還是以某種方式影響了他，他後來認真學習，並進入了大學。他在那裡崩潰後返家，畢竟救世主不需要學習化學。此外，救世主也總是遭到誤解，因此他沉浸在母親及自己的幻想裡，允許自己的意識面向完全陷落。他在一間保險公司任職，滿足地做著跟貼郵票差不多的相關工作。他總是扮演被人鄙棄的祕密角色。最後他找上了我。當我進行分析時，我在他身上找到了救世主的幻想，但他只能在理性層面理解它，而它對個案施加的情緒控制卻依舊無法改變，儘管他對此想了很多，他仍然對成為一個不受認可的救世主感到滿足。

儘管分析似乎能夠充分地讓他注意這個狀態，但仍無法使他真正體會。他認為能活在這個怪異的幻想中是很幸運的。接著他在工作中越做越好，後來還申請並贏得了一間大公司的領導職務。但他卻在這裡崩潰了。他不明白自己其實並不瞭解幻想的情緒價值，正是這些情緒價值的運作，才讓他申請到一個他根本不能勝任的職務。他的幻想不過是權力幻想而已，而他之所以渴望當個救世主也是奠基於權力動機。因此我們可以在理解這個幻想系統的同時，卻仍然使它在無意識中繼續保持活動。

殺死英雄，因此意味著我們被塑造成一位英雄，以及某種英雄般的事件必須發生。

除了以利亞與莎樂美之外，我開始描述的還有一個第三因素，那就是在他們之中的大黑蛇。[6] 這條蛇指向了英雄的對立面。神話中充滿了英雄與蛇的情節。[7] 一個北方的神話曾經提到，英雄有著蛇的眼睛，有許多神話也都曾提到英雄被當成蛇來崇拜，他們在死後會轉變成蛇的模樣。這或許是源於一種原始的思想，認為第一個從墳墓中爬出來的動物就是被埋葬者的靈魂。

蛇的出現說明此幻想會再次成為一個英雄神話。至於這兩個人物的意義，莎樂美是阿尼瑪形象，因為她是盲目的，儘管她連接著意識與無意識，她也看不清無意識的運作。以利亞是認知元素的擬人化，莎樂美則是情慾元素。以利亞的形象是充滿智慧的老先知。[8]我們也可以說這兩個人物是邏各斯（Logos）與厄洛斯（Eros）的擬人化。這對智性的遊戲來說很實用，但邏各斯與厄洛斯純粹

---

6 原註6。2012：榮格在《紅書》中寫道：「我發現，蛇是以利亞與莎樂美以外的第三條原則。儘管它與前兩個原則有關，但它仍舊是不同的。蛇教導我，讓我知道自己身上這兩條原則的本質差異。如果我從先思(forethinking)望向愉悅，我首先看到的是具威懾力量的毒蛇。如果我從愉悅轉向先思，我同樣會先感受到冰冷殘酷的蛇。蛇是人類的塵世本質，而人卻未能意識到此事。它的特性會根據人與地的不同而變化，因為它是從帶來滋養的大地之母流向人的奧祕。」（p. 247）。

7 原註7。參見《回憶．夢．省思》。p. 182/174, and CW 5, index, s. vv. hero; snake (s)，多數出自《力比多的轉化與象徵》。

8 原註8。2012：在《紅書》的第二層中，榮格將以利亞與莎樂美這兩個人分別詮釋為先思與愉悅：「我深度的力量就是命定與愉悅。命定或先思就是普羅米修斯，他沒有確定的思想，卻能使混亂獲得形式與定義，它挖出通道並在愉悅之前抓住目標。先思也在思想之前，但愉悅卻是欲求並摧毀形式的力量，儘管它不具備形式與定義。它愛它自身所擁有的形式，並摧毀它未擁有的形式。先思者就是先知，但愉悅卻很盲目。它無法預見事物，卻渴望自己碰觸到的東西。先思本身沒有力量，因此不會移動。但愉悅就是力量，因此它能移動。」（p.247）在之後可能是1920年代左右所寫的評論中，榮格將此段情節評道：「這個輪廓是一種反覆發生在人類精神中的意象。老人代表一種精神原則，可稱為邏各斯，而少女則象徵一種非精神性的情感原則，可稱為厄洛斯。」（p. 362）

是一組假想的術語，沒有任何科學的意義，是非理性的，最好還是讓這些人物做他們自己，保持原樣，也就是說，把他們視為事件與體驗為佳。

至於蛇，牠進一步的意義是什麼呢？[9]

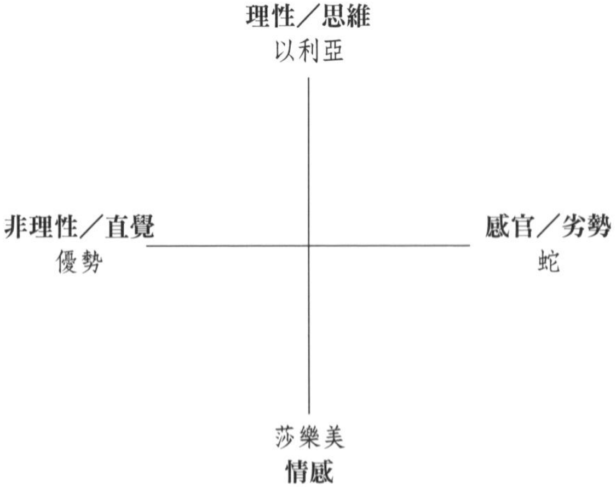

9 原註9。參見pp. 96與102。

第 12 講
問題與討論

♦

沃德博士的問題：「你把能量比喻成高處往低處流動的瀑布，那你會如何說明能量從水轉為積雨雲的相反過程呢？在這個情況裡，積雨雲屬於低處嗎？你似乎是把你的概念轉化成熱能的術語了。在心理能量中，我們不應考慮能轉化成不同形式的可轉變性（transformability）嗎？難道這不是神經症問題的關鍵嗎？如果心理能量能充分地擁有輕易轉化的自由或流動性，神經症可能不會發生。但此處就出現了倫理的問題，也就是方向的選擇。你能為我們談談這個問題嗎？」

榮格醫師：要把水從海中升起，你需要新的能量。當水上升時，總是要有額外的能量源加以補充；換句話說，是太陽的能量把它抬升起來的。上升到雲中的水必定會再次落下。在集體無意識中，我們會釋放額外的能量源來抬升我們的高度。在集體無意識中，存在著古老「固體」形式的能量，但它是額外的能量，就好比我們在煤田裡或礦藏中發現的能量那樣，它需要被消耗。如果我們不能成功地釋放原子能，[1]潮汐能或風能，歐洲的人口必得減少。如果我們將集體無意識的能量釋放殆盡，那麼我們就會達成分化。原型就是能量的源頭。就以一個宗教思想來說吧，如果那些對生活沒有想法的人抓住某個原型的思想不放，他們就會變得很有能力。將一個想法放進小人物

1 原註 1。原文就是這麼寫的（1925）。核裂變的過程在 1938 年被發現。

的腦袋裡，他們就會變得強大而且極具能力。

我們認為，只要擁有道德想法，就能指導自己的生命，但這些事物是抓不住的；如果可以，我們很早以前就都沒事了。道德觀點碰觸不到集體無意識。在意志力的領域裡我們擁有選擇，但在那之外我們沒有選擇。

講座

黑色的蛇象徵著內傾的力比多。莎樂美是阿尼瑪，而以利亞則是智慧老人。莎樂美是直覺的，而且相當盲目，她需要以利亞所擁有的、具預見能力的智慧之眼。先知的形象是對盲目阿尼瑪的補償。[2]

由於我是內傾的理性類型[3]，因此我的阿尼瑪包含了十分盲目的情感，在我身上，阿尼瑪不僅包含了莎樂美，也包含了部分的蛇，後者是感官型的。如你們所知，真正的莎樂美和她的繼父希律王之間有亂倫關係，正是因為後者對她的愛，她才能取下施洗者約翰的頭。[4]

在此幻象找上我之前，我曾讀過許多神話，而這些讀過的內容全都濃縮進入了這些形象之中。老人是一個非常典型的形象。我們四處都能遇見他；他會以各種形式出現，而且身邊通常會有一名年輕女孩陪伴（參見萊德．哈嘉德：《智慧的女兒》〔*Wisdom's Daughter*〕）。[5]

情感—感官型和意識的理智與直覺對立，而平衡性卻很不足。當你理所當然地以為阿尼瑪是源於意識分化出來的優勢功能時，無意識就會在內部藉由某個形象來補償阿尼瑪的形象，從而達到平衡的狀態。這個形象就是老人以利亞。這就好像你有一個刻度尺，刻度尺的某一面是意識，另一面則是無意識。這是我最初的假設。佛洛伊德則認為，無意識總是會對意識傾卸後者無法接受的材料，而意識則會因難以處理這些材料而加以壓抑，當中並不存在平衡。

在那時我看見了補償原則，那似乎能將意識與無意識加以平衡。但我後來發覺無意識本身也在達成平衡。它既是肯定也是否定。無意識並不完全是意識的對立面。兩者的不同在於無意識的非理性層面。你無法從意識中推導出無意識。無意識本身就是平衡的，如同意識一樣。當我們遇見了如莎樂美那樣誇張的行徑時，我們就會在無意識中出現一個補償性的形象。如果只有一個如莎樂美般邪惡的形象出現，意識就會建造藩籬來阻止它，亦即某種誇大的、狂熱的、道德的態度。但我沒有這種誇大的道德態度，所以我假定莎樂美被以利亞所補償。當以利亞告訴我他總是和莎樂美作伴時，我覺得這幾乎是對上帝的一種褻瀆。我感覺自己潛入了殘酷且血腥的氛圍中。

---

2 原註2。參見《回憶．夢．省思》p.182/174。

3 譯註1。榮格的意思是他是內傾思維型。

4 原註3。參見 Matthew 14:6ff. and Mark 6:22ff。但兩處都沒提及女性的名字。Flavius Josephus 在 *Antiquities of the Jews*, XVIII, ch. 5 中才將其指為莎樂美。榮格的圖書館中藏有1735年版的 Josephus 德文作品，上面署名「榮格醫師」，指的可能是榮格的父親或祖父。榮格在1899年，也就是他14歲的時候貼上了自己的藏書票（與 Lorenz Jung 的個人交流）。

5 原註4。London, 1923。參見〈心靈與大地〉(1927; CW10), par. 75。

這個氛圍圍繞著莎樂美，因此當我聽到以利亞說他總是與莎樂美相伴時，這讓我非常震驚。以利亞與莎樂美之所以在一起，是因為他們是一組對立極。以利亞是男人無意識裡的重要形象，而不是女人的。他是有威望的男人，是有著較低的意識閾限或有著顯著直覺能力的男人。在高等社會中，他是智者，類似老子。他有碰觸到原型的能力。他被魔力（mana）所環繞，也會喚醒其他人，因為他能碰觸到他人身上的原型。他具有吸引力，能使人對他感到興奮且顫抖。他是智者、巫醫，以及魔法師。

在後來的演變中，這位智者變成了一種精神上的意象，一位神，「從山上來的老人」（可和作為立法者的摩西從山上走下來相比），部落的巫師。他是立法者。即使基督都與摩西相伴，而以利亞就是他的變形。過去所有偉大的立法者與大師，例如神智學談的大聖者（Mahatmas），都被神智學家認為是活著的精神要素。[6]達賴喇嘛就被神智學家當成這樣的人物。在諾斯底教派的歷史中，這樣的形象扮演著重要的角色，每個宗派都宣稱自己是由這樣的人物建立的。但耶穌本身卻不太合適，畢竟對一位大聖者來說，他顯得太年輕了。施洗者約翰是偉大的智者、老師，以及教導者，但他的影響力已被削弱了。同樣的原型也出現在歌德所描述的浮士德以及尼采所描述的查拉圖斯特拉中，後者是以到訪的形式出現的。偉大智者突然出現的生動形象抓住了尼采。如我曾說的那樣，這在男人的心中扮演重要角色，但不幸的是，那角色仍比阿尼瑪小一些。

蛇是動物，但牠是魔法動物。很少有人與蛇的關係是中性的。當你想到蛇的時候，你總會觸及種族的本能。馬跟猴子都會害怕蛇，和人一樣。在原始的國家，你很容易就可看見為何人會需要這項本能。貝都因人害怕蠍子，他們會攜帶護身符自我保護，特別是從羅馬遺跡取下的石頭。因此當蛇出現時，你一定會想起原始的恐懼感。黑色與這種感覺很接近，同時也與蛇在地底下生活的特徵一致。牠把自己藏起來，因此牠很危險。作為動物，牠象徵著無意識，牠是直覺的運動或傾向；牠會帶人找到隱藏的寶藏，或牠自己就守護著寶藏。龍是蛇的神話形式。蛇有著誘人的魅力，藉由恐懼而產生特殊的吸引力。有些人就沉迷於這種恐懼。而使人恐懼或危險的事物都有非凡的吸引力。這類恐懼與吸引力的結合展現在下面的例子裡：當一隻鳥拍著翅膀和蛇打鬥時，牠會被蛇給催眠，牠因此受蛇吸引並被其控制。蛇會帶領我們通往隱藏的事物，並表達出內傾的力比多，牠會將我們引到安全的臨界點外，超越意識的限制，就如深深的火山口所表達出的意涵。

蛇也是陰，黑暗的女性力量。中國人不把蛇（例如龍）當成陰的符號，而是將之視為陽。在中國（傳統）中，老虎象徵陰，龍則象徵陽。

蛇很明顯地會在心理運動中將人引入歧路，使人誤闖陰影、死亡及錯誤意象的王國，但也會引人進入土地，變得具體化。由於陰的造化之力，牠能使事物成為真實，讓它們得以存在。因為蛇會帶人進入陰影，因此牠具有阿尼瑪的功能；牠會領人進入深處，聯繫著上與下。[7] 神話也有類似的

6 原註5。大聖者，或大師，被認為是住在圖博（西藏）創立神智學的精神導師。其他偉大宗教的導師也被認為是大師。參見 B. F. Campbell, *Ancient Wisdom Revived: A History of the Theosophical Movement* (Berkeley, 1980), pp.53-54。關於榮格對神智學的質疑，參見《心理類型》(CW6)par.594 以及 *Dream Analysis*, pp.56, 60。

7 原註6。2012：在《黑書》第6章中，1916年1月16日榮格的靈魂向他解釋：「如果我不藉由上下的統一來達到結合，我就會分裂成三個部分：蛇，我會以這個或其他動物形式漫遊，像魔鬼般活在自然中，激發著恐懼和渴望；人類靈魂，永遠活在你之內；天空的靈魂，它與諸神同住，它遠離你，你對它一無所悉，它以鳥的形式出現。這三個部分彼此獨立」（引自《紅書》p.367）。大約在同個時期，榮格寫道：「接著我的靈魂將她自己分開。像隻鳥般飛向更高的神，像隻蛇般爬向更低的神」（同上，p.358）。

寓意。某些黑人會將靈魂稱為「我的蛇」，他們會這麼說：「我的蛇告訴我，」意思是「我有一個想法。」因此蛇也是智慧的象徵，訴說著深處的智慧之語。它十分陰暗，十足由大地所生，就像大地之女愛爾達（Erda）那樣。死去的英雄會在地下世界轉化成蛇。

在神話裡，太陽鳥會吞食自己並走進大地，然後返回，再次上升。西門達鳥（Semenda Bird），[8]就像鳳凰一樣會燃燒自己以便自我更新。蛇會從灰燼中走出，而後再度成為鳥。那蛇是從天堂降生重回鳥形時的過渡狀態。蛇纏繞在太陽神拉（Ra）的船上。在太陽神夜航的第七個小時，拉必須與蛇搏鬥。祭司的儀式支持著拉，若他能成功殺死蛇，太陽就會升起；如果他失敗了，太陽就無法上升。

蛇是人意欲走入深處的擬人化，也是將自己送往陰影那誘人世界的擬人化。

我已經和老人展開了有趣的對話，但出乎意料的是，老人嚴肅批判著我的思維方式。他說我對待思想的方式彷彿是我自己將它們蒐集來的一樣，但從他的觀點來說，思想猶如森林裡的野獸或房間裡的人、空中的小鳥。他說：「如果你在房間裡看到人，你不會說那人是你製造出來的，或你得為他們負責。」[9]我是在那時才學到人類心理的客觀性。在那之後我才學會對病人說：「安靜，有事要發生了。」他們就像房子裡的老鼠。當你出現想法時，你不能說你錯了。為了理解無意識，我們要把自己的想法視為事件或現象。我們必須保持完全的客觀。

數晚之後，我覺得事情應該繼續下去；因此我再次追隨同樣的程序，但它這次並未下降。我一直停留在表層。[10]然後我才明白自己對於沉降感到衝突，但我搞不清怎麼了，我只感覺有兩條黑暗的原則，亦即兩條蛇，正在彼此爭鬥。我看見一座山脊和懸崖峭壁，一側是陽光燦爛的沙漠荒野，另一側則是黑暗。我看見一條白蛇在向光面，一條黑蛇在黑暗面。牠們在狹窄的山脊上打了起來。可怕的衝突接踵而至。最後，黑蛇的頭變成了白色，牠退卻了、戰敗了。我這才感覺：「現在我們能繼續了。」隨後那老人出現在山脊上。我們往上走了很遠，來到一堵巨大的石牆邊，圓石堆壘成巨大的圓環。我想著：「哈！這是一座德魯伊的聖殿。」我們走進去，我發現自己來到開闊處，裡面有一座堆起來的德魯伊祭壇。老人爬到祭壇上後立刻變小了，祭壇也是如此。但同時牆卻變得越來越大。然後我看到石牆邊有一間小房子，以及一個很小、很小的女人，就像玩偶一樣，原來那是莎樂美。我也看到了那條蛇，但牠也非常地小。牆持續在變大，我這才明白我人在陰間，石牆就是火山口，這間房子是莎樂美和以利亞住的。我在這段時間沒有變大，而是維持原有的大小。隨著牆逐漸變大，莎樂美與以利亞也變大了一些。我明白我處於世界的底部。以利亞笑著對我說：「為什麼？上面或下面不都一樣嗎？」

8 原註7。參見"Concering Mandala Symbolism"(1950; CW9i)。

9 原註8。2012：榮格所指的對話是：「我：思想離我太遠，而我也在遠離這些牽強的想法。它們很危險，因為我是一個人，而你們知道人有多習慣把想法視為己出，以至於人們最終會把自己與想法彼此混淆。／以利亞：你會因為自己看著一棵樹或某隻動物，並因你和他們一起存於這個世界，就混淆了彼此嗎？就因為你活在你思想的世界裡，你就一定等同於你的思想嗎？但你的思想只是身外之物，就如樹和動物都在你身外一樣。／我：我懂了。我的思想世界對我來說只是文字而非世界本身。我這麼看待我的思想世界：它就是我。／以利亞：你是在對你的人類世界和你以外的一切事物說：你就是我嗎？」(《紅書》p.249)。

10 原註9。2012：參見《紅書》pp.251f。

接著發生了一件最讓人不愉快的事。莎樂美對我產生了很大的興趣，她認為我可以治療好她的失明，因此她開始崇拜我。我說：「為何妳要崇拜我？」她回答：「你是基督。」她不顧我的反對，依舊堅持這個想法。我說：「這太瘋狂了，」我滿是批判並抗拒。然後我看見那條蛇逐漸朝我過來。牠靠近我、環繞我，捲住我的身體，壓迫我的心臟。我發現自己的掙扎就是我曾說過的十字架態度。在痛苦與掙扎中，我汗流浹背，身體各處都流出汗水。接著莎樂美起身，她的眼睛突然看得見了！當蛇緊纏著我時，我感覺我的臉變成了掠食動物的模樣，像是一頭獅子或老虎。[11]

這些夢的詮釋是這樣的：首先是兩條蛇在爭鬥：白蛇意指白天的運動，黑蛇則意味著進入黑暗的王國，以及道德的有關面向。我身上有真正的衝突，一種對向下沉降的拒絕。我向上的傾向尤為強大。因為我對昨天看見的殘酷爭鬥印象深刻，我確實更想找到一條向意識而上的路，就如同我在山上做的那樣。那山是太陽的王國，而環狀的牆是人們在太陽下聚集之處，像個容器。[12]以利亞說下方或上方都是一樣的。和但丁所稱的地獄類似。[13]諾斯底也在倒轉的圓錐體象徵中表達了相同的概念。因此山和火山口是相似的。在這些幻想中沒有意識的結構，它們只是湊巧發生的事件。因此我認為但丁是從類似的原型中獲得了他的想法。我很常在病人身上看見這些想法，亦即高處與低處的圓錐體，上方與下方的事物。

莎樂美對我的接近與崇拜很明顯是環繞著邪惡氛圍的劣勢功能。我感覺她的諂媚是最邪惡的咒語。被恐懼所襲擊或許會使人瘋狂。這就是造成瘋狂的原因，這就是瘋狂。舉例來說，在一本俄羅斯的書裡就有一篇故事，大意是某個人害怕自己會發瘋。[14]他夜裡躺在床上時，看見房間中央有一塊方形的明亮月光。他告訴自己：「如果我坐在那裡發出狗叫聲，那我就會發瘋，但我不會這麼做，所以我沒有瘋。」而後他試著抹除這個想法，但一會兒之後，他告訴自己：「我可以坐在那裡發出狗叫聲，我知道這件事也選擇這麼做，但我依舊知道自己沒瘋。」他再次拋開這個想法，但他最後沒有堅持住，他站起身，坐在月光下發出狗叫聲，接著就發瘋了。

如果你不將自己交給它們，你就無法明瞭無意識的事實。如果你能克服對無意識的恐懼，並讓自己沉降進去，這些事實就會獲得生命。你會被這些念頭抓住，以致你會真的發瘋，或接近發瘋。這些意象如此真實，因此它們能驅使自己行動，而這些非凡的意義則能藉此逮住人們。這些被逮住的人們形塑了部分的古代密教；事實上，正是這些人創建了密教。比較一下阿普列烏斯提到的伊西斯（Isis）密教，[15]它有入教禮以及協助新入教者神聖化的儀式。

---

11 原註10。2012：榮格指的是下面這段情節：「在十字架底部一條黑蛇蜷曲著，牠受了傷，並盤在我的腳邊，我很快被牠纏住，我張開自己的雙臂。莎樂美向我靠近。受傷的蛇纏住了我的身體，我的臉孔變成了獅子。／莎樂美說：「瑪利亞是基督的母親，你瞭解嗎？／我：我看見一股恐怖且無法理解的力量在強迫我模仿最後時刻飽受折磨的主。但我怎麼把瑪利亞稱為我的母親呢？／莎樂美：你就是基督。／我張開雙臂站立，就像受十字刑的人那樣，我的身體繃緊且被蛇緊緊纏繞：莎樂美，你說我是基督？就如我一個人站在高山上張開我僵硬的雙臂一樣。蛇用牠可怕的身體纏繞並擠壓著我，我的身體流出了血，直淌到山腳下。莎樂美屈身在我腳下，並用她黑色的秀髮裹住我的雙足。她在那裡躺了很長一段時間。接著她大喊：我見到光了！確實，她看見了，她的眼睛張開了。蛇從我身上跌落，疲倦地躺在地上。我跨過牠，跪在先知腳下，他正散發著火焰的光芒。」（《紅書》p.252。）

12 譯註2。榮格在此段之後插入了其他內容，容器的意涵因此在文末才會加以說明。

13 原註11。此處指的是但丁錐形的中空地獄，用球形來倒映天堂的形狀。

14 原註12。此處提到的故事無法在任何俄國作家那裡找到，然而我們所諮詢的斯拉夫學者認為那可能是對 Leonid Andreyev 的故事 *The Whistle* 的錯誤回憶。

15 原註13。Lucius Apuleuis，《金驢記》XI。也參見《轉化的象徵》(CW5), par.102, n.51；《無意識的心理學》（1916）p.496, n.30。

敬畏之情環繞著密教存在，特別是神聖化的密教。這是密教最重要的特徵之一，它會賦予個人永生的價值，賦予永生確定性。我們會藉由那樣的入教儀式獲得某種特別的感受。幻象中將我引領向神聖化的重要情節是蛇對我的纏繞。莎樂美的表現就意味著神聖化[16]。我感覺我那轉化成動物的臉孔是著名的密特拉密教中的（上帝）獅頭獸，[17]這個形象是以纏繞著人的蛇來代表，蛇的頭倚靠著人的頭，而人的臉則是一頭獅子。這座雕像只在密教的洞穴（地下教堂、地下墓穴的最後遺跡）裡發現。地下墓穴一開始並不是隱藏的地點，而是選來用作進入地下世界的象徵。它也是聖人應該與殉教者一起埋葬的早期觀念之一，目的是使他們在重生之前能夠進入地底。戴奧尼索斯密教也有一樣的想法。

當地下墓穴毀朽之後，教堂的觀點還在持續。密特拉教也有地下教堂，地下儀式只用以協助新入教者。牆面深入地下的部分會被鑿洞，以使教堂上方的人聽見新入教者在教堂下方說的話。下方的教堂配有成對的沙發床與小隔間。儀式中會使用鐘，麵包上刻有十字符號。我們知道他們在慶祝聖餐禮時，這麵包會配著取代酒的水一起吃掉。密特拉教的儀式有嚴格禁慾的規定。女性不能加入。我們幾乎可以確定，象徵性的神聖化儀式在這些密教中扮演了重要角色。

被蛇環繞的獅首神稱為伊雍（Aion），或者永恆（the eternal being）。他是源自波斯的神祇，澤瓦那卡拉那（Zrwanakarana），[18]這個字的意思是「無限長的時間」。儀式中另一個有趣的象徵是升起火焰的密特拉雙耳罐，獅子在其中一側，蛇則位於另一側，雙方都想取走火。[19]獅子年輕、火燙、如乾燥的七月太陽在正午時照射出的陽光。蛇則象徵著潮濕、黑暗、地土與冬季。它們是世界的對立極，藉由位於雙方中間的和解象徵試圖彼此結合。它是容器的著名象徵，這象徵一直存活到1925

年[20]。你們可參見《帕西法爾》（*Parsifal*）。它就是聖杯，又稱為原罪之瓶（參見King: *The Gnostics and Their Remains*[21]）。它也是早期諾斯底教派的象徵。它當然也是一個人的象徵，子宮的象徵，它是人創造性的子宮，裡面會升起火焰。當對立的兩極聚在一起，某種神聖的事物就會發生，它就是永生，以及永恆的、創造性的時間。哪裡有世代創生，哪裡就有時間，因此柯羅諾斯（Chronos）才會是時間之神，以及火焰與光明之神。

在此神聖化的奧祕中，你會將自己轉變成容器，一個能使對立極在其中彼此調和的創造性容器。這些意象理解得越多，你就越會受它們吸引。當意象向你現身，你卻無法理解它們，你就來到了眾神的世界，或者你想這麼說也行，那是一個心智錯亂的世界；你不再處於人間，因為你無法表達自己。只有當你能說：「這個意象指的是什麼跟什麼」時，你才能待在人間。任何人都可能被這些東西抓住並在裡頭迷失。有些人會捨棄這些經驗，並說那只是一派胡言，他們會因此讓這些體驗

16 譯註3。榮格的意思是，莎樂美的失明能得到治癒，是她被神聖化的佐證

17 原註14。參見CW5, par. 425, and pl. XLIV；《無意識的心理學》pp. 313f。２０１２：Richard Noll 對這段情節的評論出現在"Jung the *Leontocephalus*," *Spring: A Journal of Archetype and Culture* 53 (1994): pp. 12-60。關於Noll 的作品，參見山達薩尼，*Cult Fictions: Jing and the Founding of Analytical Psychology* (London: Routledge, 1998)。

18 原註15。參見CW5, par. 425 以及pl. XLIV；《無意識的心理學》pp.313f。

19 原註16。參見CW5, pl. LXIII。

20 譯註4。此演講發表於１９２５年，因此榮格的意思是該象徵至今仍未消亡。

21 原註17。C. W. King, *the Gnostics and Their Remains, Ancient and Medieval* (London, 1864) 位於榮格圖書館。

喪失最有益處的價值，因為它們都是創造性的意象。另外有些人可能會認同這些意象，從而變成一個怪人或傻瓜。

問題：這些夢出現的日期是何時呢？

榮格醫師：1913年12月。自始至終它們全是密特拉教的象徵。1910年我做了一個夢，[22]夢見哥德式教堂裡正舉行彌撒。突然間，教堂的整面牆倒塌了，一群繫著鈴鐺的牛闖了進來。你們應該還記得庫蒙（Cumont）[23]曾這麼說過，如果有什麼東西在3世紀時摧毀了基督教，那麼今日的世界就會成為密特拉教式的了。

22 原註18。未記錄（除了喬安·柯瑞：《榮格心理學ABC》，1927，p.80，書中內容與本次講座相同）。在一封1910年2月20日寄給佛洛伊德的信中，榮格寫道：「所有這類事情都在我身上醞釀，尤其是神話……我的夢陶醉於不言自明的象徵中。」

23 原註19。Franz Cumont, *Texets et Monuments figurés relatif aux mystères de Mithra* (2 vols., Brussels, 1894-1899), and *Die Mysterien des Mithra* (1911)，這兩本書以及庫蒙其他的作品都藏於榮格的圖書館。榮格對密特拉教的興趣最早在1910年6月，他與佛洛伊德通信時被提起；參見letters 199a F and 200J。榮格在《力比多的轉化與象徵》中經常引用庫蒙的作品。

第13講

問題與討論

♦

榮格醫師：

我帶了一些畫，繪者是一名美國的年輕人，他在作畫時還不瞭解我的理論。我只告訴他用顏色來表達他內心混亂的糾結狀態，因為他不知道自己應該用什麼風格作畫，我也很少向他解釋，以免干擾他對這些畫作的態度。

如你們將見到的，這些畫作遵循著漸進的序列，那是超越功能的進一步表達，也就是說，是將無意識內容加以意識化的努力。它們展現出對立極的爭鬥，並試著以結合雙方來解決問題，因此它們確實屬於我們討論過的兩極問題，但我直到今天才搞懂它們。

第一張圖（參見圖1）[1]：在這張圖中，他說他感覺上方很明亮，而下方則有東西在動，像蛇一樣，然後變得跟大地一樣沉重；兩者中間是虛空與黑暗。我們會順帶看到，只有美國人才會產生這類象徵。最下面的圓，它的上方是藍色，它與大海有關，他實際上是真的覺得自己當前的狀態非常迷惘，就像在海上漂流。而黑色則象徵著無意識，它與惡的念頭有關。這張圖是典型的男性心理：意識在上，性在下，中間什麼都沒有。

1 原註1。原始抄本裡只複製了第一張圖，而原圖並未留下。

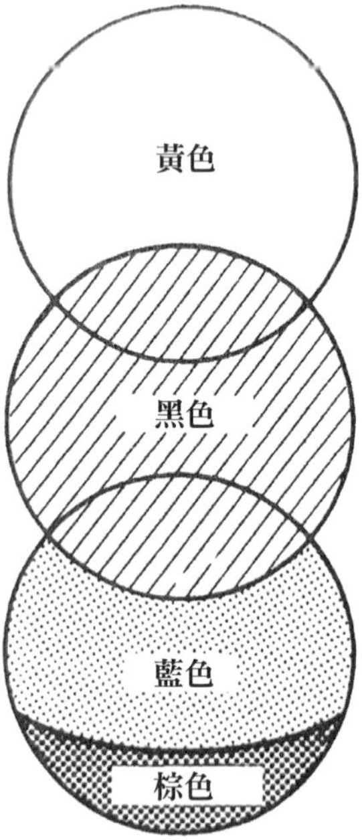

圖一

第二張圖：兩個分開的圓，一上一下。這裡展現的是完全的分離，陽上陰下。下方的圓表現的是發展成原始裝飾物的傾向。

第三張圖：展現出把事物相結合的嘗試。陽的顏色在上，陰的顏色在下，在對綠色樹木的描繪上，我們可以看到一些關於成長的跡象。蛇則從下方爬了上來。

第四張圖：這是想把事物主動結合在一起的一次嘗試。陽與陰兩種原則結合成一個星形的圖案。直覺—感官的問題被設計成垂直的形態展現了出來。當設計出現了水平形式時，理性功能也跟著出現了，因為它們在我們的大地上。

第五張圖：這裡顯示的是一個更典型的印第安人或原始人。靈魂之鳥被展示出來；這裡非常需要能提供協助的動物。在先前的設計中，他遇到了一個不可能的任務，因為理性功能無法直接被非理性類型取代，因此他才畫了鳥。陽幾乎已經消失了，而鳥則位於中央。地面上展現出特別的運動：運河、蛇，還有可能是樹根的東西。鳥所展現的是本能傾向。如果他能看見附近有一些能提供協助的動物，那會比任何理性功能更有用處。

第六張圖：在上一張圖中他接近了大地。此處他已經深入。大地高達天空，雲遮蔽了太陽，但陽下降到地上，深深地進入海裡。高處站著某個正在俯視的人，他想看看能否跳進無意識的深處。無意識的內容物感覺像魚。那人所站的位置和深處之間沒有聯繫，他無法縱身躍入。

第七張圖：此處的男人已經跳過去了。但那是空氣，不是水；這是一處沙漠，裡面看得見頭骨。那人被鐵球囚禁在底部。所有的生命都表現在畫面上方。這意味著走向另一個極端也是充滿死亡的災難，就好像他還留在上方那樣。他正處於大地的內部。

這些畫作的產生源於心靈原始層的刺激，而個體將因此獲得原始的驅力。這些畫展現出來自東方的顯著影響，這是美國人心理的普遍特徵，與歐洲人相反。歐洲人無法畫出這些畫。

（接著討論了不同種族的人在接觸原始文化時會對它做出怎樣的反應）

北美與南美在這點上會採用的方式非常不同。盎格魯—撒克遜人會讓自己離原始人遠遠的，而拉丁人則會紆尊降貴和他們互動。我曾遇過一些相關的心理問題。也就是我接下來要和你們談的事。

一個位於南美的家庭曾向我諮詢他們兒子的情況，後者快被他的朋友們逼瘋了。這對父母親是奧地利人，婚後去了南美。家裡奉行的是歐洲傳統，但周遭全是印第安人，拉丁裔的住民們並未抗拒這些影響。對印第安人的家庭而言，把他們的孩子送去城市以低薪或無酬的方式工作是他們的習俗，而對於小女孩來說，這不啻意味著會受到性虐待。

這種生活方式嚴重影響了他們兒子的神經，他向一位自己很仰慕的教授尋求建議。這教授卻問他有沒有吉祥物？這男孩說他沒有，因此教授送了他一個。這教授告訴他要把吉祥物帶著，那是一個玩偶，它的力量會隨時間增強，玩偶越強大，那男孩的困擾就會越小。他首先要做的事就是將玩偶抱著在街上走，雖然很丟臉，那男孩還是照辦了。然後他帶著玩偶去找教授，問他是否還有其他事要做，教授說還有。玩偶還不夠強，他必須帶它到總統舉辦的盛大慶典，穿越警方設下的封鎖線，並在總統面前搖晃玩偶三次。男孩照辦了，但也在警方面前惹上了麻煩。由於警察發現那只是為了強化玩偶而有的舉動，因此將他無罪釋放。男孩又回去找教授。不，玩偶還未得到它應該有的力量！他必須找一個小女孩，用玩偶摀住她的口鼻使之窒息，直到她瀕臨死亡。她瀕死帶來的極度痛苦會進入玩偶中，玩偶就會變得很有力量。男孩在最後一次考驗後崩潰了，但他什麼也不敢說，因為如果他說了，玩偶就會喪失力量，因此他一直處於神經質狀態，直到他的父母尋求協助為止。

男孩的母親是天主教徒，若說教會支持這樣的事情是很荒謬的。這些拉美國家的西班牙裔教士一直都非常迷信。大家會在他們身上發現我所描述的這類事情，而它源於征服者與原住民之間的聯姻。藉著這麼做，拉丁人才能擺脫意識與無意識之間的分裂，但也因此喪失了他們的優越性。盎格魯—撒克遜人並未與原始人聯姻，但他們在無意識層面卻降到了原始的水準。

泰勒小姐的提問：(1)你認為密特拉教的某些發展有可能會在不久的未來使其成為一個活躍的宗教嗎？

榮格醫師：我不能假定它會發生，我只提到密特拉教是因為我的幻象與它有關。這個宗教本身相當古老。作為基督教的兄弟，它的重要性較低，它從基督教那裡吸收了一些元素。追蹤這些元素何以被基督教拋棄或接納很有趣。彌撒慶典上的鐘聲可能就是源於密特拉教的儀式，在其神祕儀式中，鐘聲會在特殊時刻敲響。同時，聖誕節也是密特拉教的盛宴。在早期，聖誕節是1月8日，這日期是從埃及人那裡來的，是他們用以慶祝找到歐西里斯身體的日子[2]。直到後來，當密特拉教被征服後，基督徒才以12月25日來紀念聖誕節，而這原本是密特拉教信眾慶祝太陽神的日子。對早期的基督徒來說，聖誕節是太陽的復活之日，遲至奧古斯丁之後，基督才被視為是太陽。

泰勒小姐的提問：(2)「你上次講座表達的觀點，是對你先前觀點的進一步說明嗎？也就是無意識的內容可以從它所缺少的部分推論出來嗎？」

榮格醫師：沒錯，但我不是在暗示我早先的觀點與我那天關於無意識平衡的說法有衝突。我只是往前走了一小步。

毫無疑問地，在某種程度上，意識態度可以由無意識推論出來，反之亦然。如果夢境說了這樣及那樣的東西，我們就可證明意識態度必然是如此。如果一個人只有理智這個面向，他的感受必然會壓抑到無意識中，而我們就能預期自己可以在那裡找到它們。

我可以進一步說，無意識內部也會尋求平衡，這超越了它對意識所扮演的補償角色。也就是說，我們不應認為無意識的主要內容不過是用來作為意識的平衡而已，反之也非如此。因此我們可

2 譯註1。在埃及神話裡，農神歐西里斯的身體被其兄弟賽特支解後散落世界各處，後經女神伊西斯的努力方才尋回。

以如多數人所做的那樣，完美地全然生活在意識中，只少量關注或絲毫不去注意自己的無意識。只要你能忍受這種生活帶來的症狀和限制也沒關係。

意識中的平衡包含在權重的過程裡。你對這件事說是，又對另一件事說否。同樣地，如果你做了個夢，你也會在裡面會發現是與否，我稱它為夢的矛盾性（the ambiguity of a dream）；它絕不會全心投入任何一個，因此我才說，當無意識正常運作的時候，它自身就會採取平衡。在所有無意識嚴重片面化的案例中，它的起因都是源於無意識的失控。掃羅（Saul）和保羅（Paul）就是這樣的例子，可以這麼說，如果掃羅能在他的意識中多點平衡，他的無意識就會因此走向不同的發展，他也不會在突然之間轉變為成熟的保羅[3]。

我們可以在任何獨立的單元中遵循同樣的平衡原則來保持補償的關係，例如男人與女人的關係。沒有男人會因為缺少女人而無法存在，也就是說，如果他被迫以這種方式生活的話，他會在自己內部產生必要的平衡。同樣的事情也適用於女性，但如果任一性別要有完整的生活，他就需要另一個性別來補償。意識與無意識也同樣如此，我們尋求分析的原因就是為了獲得無意識補償所帶來的好處。比起我們，原始人展現了較為平衡的心理，因為他們更願意讓非理性的態度出現，但我們卻憎恨它。有時病人會對夢境或幻想中出現的性慾內容發怒，哪怕只帶著一點點可能性也不行，但可以確定的是，我們今日對於性慾的承認已經變得很流行了。但如果夢境對個人出現了道德批評，假設是某件對你而言感到汙穢或醜陋的事物，你也會出現與過去對待性夢那樣相同的激烈反應。

羅伯森先生：沒有其他方式可以看待意識中所進行的平衡嗎？也就是說，如果四種功能一起運作，這不能意味著平衡嗎？

榮格醫師：即使四種功能一起運作，遺忘的事物還是存在，而無意識就包含這些事物。有些人傾向讓無意識攜帶應當屬於意識的內容，而這會擾亂無意識的功能。而這樣的人會從個人和集體無意識中移除很多東西來使無意識正常運作。舉例來說，你可能遇過一些認為自己對宗教無感的人，而這就等於在說他們自己生來就是瞎子那樣可笑。那只意味著他們把自己的宗教面向全留在無意識裡。如果你將這些事物從無意識帶來意識，那麼就會如我所說的那樣，無意識的功能會得到幫助。再看另一個例子，我們很常聽見有過分析經驗的人這麼說：「在我做決定之前，我要先瞭解我夢境的說法。」但有很多事情必須由意識來做決定，把它留給無意識是很蠢的。

古老的神祕修練法對釋放那些無意識中真正屬於意識的元素有很大幫助。所有以正知見（right spirit）進入啟蒙儀式的人都會在裡面找到魔法的要素，而那僅是由於儀式對無意識所產生的效應。人們可以藉由上述的釋放過程來進入無意識，從而發展出驚人的洞見。有的人甚至能獲得超感官知覺的能力，但這樣的天賦如果發展起來，就會讓人對造成他苦難的各種環境條件失去感知（permeable）。當生命貧瘠得令人難以忍受時，人們會想擴展這樣的能力，但當他們真的擁有這些能力時，就只會去詛咒命運。然而人若是擁有對生命的熱情，就會對這樣的洞見表達歡迎。曾參加過拉丁（Radin）博士[4]演講的人應該還記得，他曾提到，在驅疫舞（Medicine Dance）來到第四間小

3 譯註2。這邊引用的是《聖經》裡「保羅歸信」的故事，掃羅就是保羅，由於受到強烈的感召，使他突然從基督徒迫害者成為一名堅定的基督徒。

屋時，會遇見一條蜿蜒的小路。在第四間小屋的最後，新成員會在那裡獲得很高的尊榮與權力，但是，這條蜿蜒的小路現在會開始充滿駭人的障礙。因此當你把無意識裡未意識到的內容釋放出來時，你雖因為它特殊的功能而將它釋放，卻不知它會像頭野獸往前衝。你會因此踏上原始人曾遭遇的、那條令人恐懼的蜿蜒小路。但你也會從它的經驗中得到財富。因為相較於現代人，對原始人來說，生命比我們想的龐大且豐富，因為生命中不僅只存在著事件，也存在著事件的意義。我們看見動物時會說，牠屬於這類或那類物種，我們若是知道動物是我們的鬼魂兄弟[5]，那意義又會遠遠不同。或者，當我們坐在樹林中看見一隻甲蟲落在某人的頭上時，這件事只會引發這樣的評論：「真討厭！」但對原始人而言，此事卻別有意義。有時我會在病人身上看見這種原始的反應，也就是對自然中的尋常小事產生非凡的意義感。畢竟，動物不僅是一隻披了毛皮的東西，牠也是一個完整的存在物。你可以說郊狼不過是一匹郊狼，但原始人卻認為，郊狼醫師（Dr. Coyote）會跟著郊狼一起出現，牠是一匹擁有魔力與精神力的超級動物。

無意識對我們來說，就起著超級動物的作用。當我們夢見一頭公牛，我們不能僅把牠視為低於人類的存在，因為牠同時也高於我們。也就是說，牠是類似於神靈那樣的事物。

◆

霍頓小姐：如果這邊可以提問的話，我想問的是，為何美國人更接近遠東而非歐洲人呢？

榮格醫師：首先，他們在地理位置上更接近。其次，東方與美國在藝術上的連結比起後者跟歐洲之間更強。因此美國人就活在這樣的種族土壤中。

霍頓小姐：你指的是人種學層面嗎？

榮格醫師：是的，我對住在培布羅（Pueblos）的印地安女性與內亞本塞州（Canton Appenzell）的瑞士女性兩者間的相似性非常驚訝，內亞本塞州當地居住著許多蒙古入侵者的後裔子孫。這些事情或許可以解釋美國人的心理為何會比較接近東方。

德・安古洛博士：這不能從意識層面來解釋嗎？

榮格醫師：是的，也可以這樣解釋。也就是說，美國人太過分裂了，因此其無意識的表達才會轉向東方。美國非常欣賞中國人。我對中國事物的所有知識都來自盎格魯—撒克遜人，而不是來自歐洲或英格蘭，這是真的，但美國卻是英格蘭的延伸。

4 原註2。我們並未發現拉丁的講座，但很明顯此處的主題是關於美國中西部溫尼貝戈（Winnebago）部落的驅疫儀式。參見拉丁，*The Road of Life and Death: A Ritual Drama of the American Indians* (B. S. V; New York, 1945)。關於拉丁與榮格的關係，以及他是如何參與講座的記錄，可參見麥逵爾的導讀。

5 譯註3。原文為ghost brother，榮格曾指出，原始人會透過「神祕參與」（*participation mystique*）的過程來和某個對象（可能是植物或動物）取得聯繫，以當代的精神分析術語來說，指的是投射性認同。對於該術語的進一步理解可參閱《榮格心理學辭典》（楓樹林，2022）。

我今天想跟你們講的是，我對上回所講到的人物的理解，也就是阿尼瑪與智慧老人。當你分析一個男人時，只要走得夠深，你總會遇到這些人物。一開始你可能不會個別遇到他們，比如我自己遇到的是三個人，但你可能遇見他們與動物的融合，例如一隻有著女性模樣的動物[6]，或者從中分離出來的動物，也可能是一個雌雄同體的形象。因為那時的智慧老人和阿尼瑪是一體的。

所有這些形象或人物都與意識自我及人格面具之間的關係相符，而且象徵會根據意識的狀態產生變化。讓我們從圖二來談起。

把這個空間當成意識：我感覺自己是意識領域可見視野中的一個發光點。我不曉得你們在想什麼，所以它的範圍是有限的，在它之外的，是現實中的有形世界。這個世界可以藉由一個客體來向我呈現；因此，如果我向A先生詢問某件事時，他就會在那一刻成為我與那個世界的橋梁。但如果我問自己要如何與世界建立一個絕對的、或無條件的聯繫，我的回答是，我只能在既被動又主動的時候做到此事，如同我既是受害者又是加害人。在男人身上只能通過女人來達成這一點。她是將男人與大地連接起來的因子。如果你不婚，可以去任何想去的地方，但男人要是結婚了，他就必須待在特定的點，他必須在那裡扎根。

我所說的視野就是我的行動範圍，我行動所及之處，就是我影響力所及之處。這便構成了我的面具，但當我採取主動時，也得有你對我的接收，這個行動才算對你有作用。因此，是你的存在使我得以出現，我一個人無法單獨做到這件事。換言之，由於我對你的影響，以及你對我的影響，我才能在自己周遭創造一個殼。這個殼就稱為人格面具。殼存在的事實並非有意欺騙，而是由於關係的系統就在那兒，它使我永遠無法擺脫客體對我的影響。只要你活在這個世界，就無法不去形塑人格面具。你可以說：「我不想這樣，也不想有人格面具。」但你拋棄這個人格面具時，就會戴上另一個。當然了，除非你可以一個人住在聖母峰上。你只能藉由你對他人的影響來學習你是誰。這意味著你藉此創造了自己的人格。意識也同樣如此。

在無意識層面，我們必須藉由對夢的推測來工作。我們必須假設那裡有一個類似的視野存在，但它有個特別之處，因為夢中的我們永遠不會完全是我們自己；即使是性，它在無意識裡也不總是能清楚界定。我們可以假設無意識中有一樣事物，亦即集體無意識的意象。你和這些事物

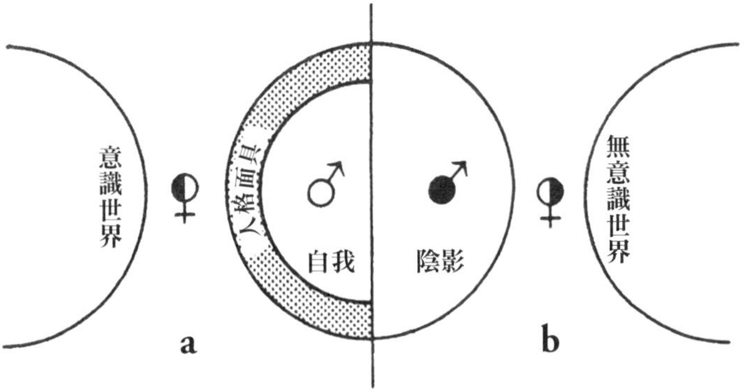

a. 女性　　♂ 男性符號
b 阿尼瑪　♀ 女性符號

圖二

6 譯註4。希臘神話《伊底帕斯王》中的斯芬克斯（Sphinx）就是上半身有著女性臉孔與胸乳的獅子。

的關係是什麼呢？重點還是女性。如果你在現實中棄絕了女性，你就會成為阿尼瑪的受害者。與女性關係的必然聯繫是男人最不喜歡的。只有當男人確定切斷了與她的關係，並終於能朝向他自己的內在世界之後，看哪！他才又枕在了母親的腿上。

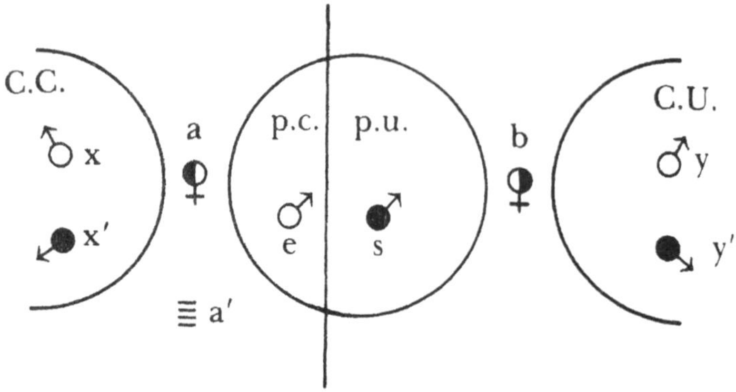

C.C.= 集體意識
p.c.= 個人意識
p.u.= 個人無意識
C.U.= 集體無意識
x= 集體意識的積極面
x′= 集體意識的消極面
y= 集體無意識的積極面
y′= 集體無意識的消極面
a= 真實的女性或獨立的客體
a′= 獨立客體的多元性
b= 阿尼瑪
e= 自我
s= 陰影自我

圖三

第 14 講

問題與討論

♦

榮格醫師：

我要用一張類似的圖（參見圖三）來繼續上次的討論。如我試著藉由明與暗兩種顏色來表示 a 與 b 那樣，一個男人與真實的女性及阿尼瑪的關係也同時保有積極與消極兩個面向。通常來說，如果他對真實女性的態度是積極的，那麼他對阿尼瑪的態度就會是消極的，反之亦然。但很常發生的情況是，男人會對女人同時抱有積極與消極的態度，但他消極的面向會藏起來，只能在無意識深處找到。舉例來說，婚姻中就很常觀察到此事，在剛開始，這個消極因子會以十分微不足道的方式出現，隨著時間過去，它會在關係裡變得越發凸顯，直到最後出現決裂，儘管這兩人一直對婚姻有著最為和諧的幻覺。

我們在男人的集體意識中發現了二元性原則，如我試著以 x 和 x' 兩個符號來顯示的那樣。也就是說，一般而言我們的法律與想法都很好，因此當我們開始探索男人的意識世界時，首先會遇到積極的符號 x。如果我們回顧歷史，就會注意到由教會與國家所發展出的事物，它們表現出來的視野和重要性令人印象深刻。如果用原始人的話來說，我們可以說有明智的長老會議在管理這些事物。且讓我們以天主教的彌撒為例。如果我們研究這件事，就會明白它是我們所擁有最好的事物之一。同樣地，我們的法律也是如此，它們有許多方面都會引發我們的尊重與讚賞。但這不是事情的全部，我們無法迴避的事實是，這些事物也有非常邪惡的一面。就拿基督教表現出來的善良為例吧！對我們而言很明顯的是，一旦脫下基督教的外衣，它就會變得黯淡，就像玻里尼西亞的原住民一樣黝黑。

或者問問西班牙那些以上帝榮光為名被燒死的異教徒吧！他們對基督教又會怎麼想呢？

回到無意識來談，阿尼瑪的二元性是很明顯的。當男人認識自己的阿尼瑪時，對他而言，她既是黑夜又是白天。如我們很常在萊德．哈嘉德的《她》中所看到的阿尼瑪經典形象，我們永遠無法完全確定她的善與惡，她現在是這樣，等會兒又以不同的模樣捉住我們。她的潛能很大程度上仰賴於她本質中的二元性。如我曾說的，男人可能會同時把女人認知為黑夜與白天，但當他在某個女人身上見到「她」[1]的魔法本質後，他就會立刻把大量的無意識投射到她身上。

男人與集體無意識的關係也是二元性的。藉由阿尼瑪進入集體無意識後，我們會遇見智慧老人的形象，例如薩滿或巫醫。一般而言，巫醫有其十分良善的一面。如果牛群走失了，他必須知道用什麼方式及去哪裡找回牠們；如果當地太久沒有下雨，他也得成功祈雨。而且他也要負責治病。在這些事物中，他都以正向的形象出現，正如我以圖表中的y來顯示的那樣。但我們也要把黑魔法納入考量，而這和惡緊密相關，因此我們才有y'，我們可把它稱為黑魔法師，它是從y分裂出來的。

關於男人集體無意識的二元性這件事，可以藉一名神學院年輕學生的夢生動地展現。[2]他為了是否成為牧師而陷入嚴重衝突，同時也懷疑自己的信仰是否真如他所想的那麼堅定。你們有很多人可能先前就聽過這個夢了，所以我不太確定是否應該把夢再講一次。

（大家要求把夢再說一次）

好吧！作夢者發現自己面前有一位非常出眾且可敬的老人，他身上穿著一襲黑色長袍。他知道這位老人是白魔法師。這老人剛結束一場演講，作夢者知道演講內容充滿美好的事物，但他不太記得講了什麼，只確定老人說我們需要黑魔法師。接著，來了另一位穿著白袍的尊貴老人，他就是那位黑魔法師。他想跟白魔法師說話，但看見年輕人在旁邊因此有些猶豫。白魔法師立刻向他解釋，這個年輕人是「一個天真的人」，所以黑魔法師可以放心地在他面前說話。因此，黑魔法師說他來自一個由老國王統治的國度，由於老國王想到自己已經年邁，所以開始尋找舒適尊貴的墓地。他在古老的遺址中找到了一塊很美的墓地，他將其打開後清理，沒想到裡面竟然有一個存放了很久很久的少女墓。當他們把清出來的屍骨拋在陽光下時，它們立刻化成一匹黑馬跑進沙漠消失不見。黑魔法師說他曾聽過這匹馬的事，知道把牠找回來很重要，因此他來到事件的發生地找到了馬的足跡。他跟著足跡進入沙漠，在那裡尋找多日，一直來到沙漠的另一側，他在那裡見到黑馬正在吃草，馬的旁邊放著通往天堂的鑰匙。他帶著這些問題來找白魔法師幫忙，因為他不知道該拿它們怎麼辦。

這是一個從未接觸過分析心理學概念的男子所做的夢。他以這種方式遇見了無意識的啟動，由

1 譯註1。此處原文為大寫的She，意指阿尼瑪。

2 原註1。榮格是在1924年由New Education Fellowship 在倫敦所舉辦的三場講座中的第三場演講發表了這個夢：第一次是在5月10日，那是大英帝國展覽會由本地教育協會所舉辦之會議的一部分，最近在溫布利（Wembley）的郊區開幕；第二次及第三次是在5月12日及5月13日，在倫敦西區的Mortimer Street Hall（*Times Educational Supplement*, 3，10 and 17 May, 1924）。講座的初稿是榮格以英語寫成，再由C．羅伯茲．阿德里奇修訂，最初是以德文發表（1926），而後英文版被收錄於《分析心理學的貢獻》（1928），係由H．G．拜恩斯和卡莉．F．（德．安古洛）拜恩斯所翻譯（除了這些講座之外）。關於對這個夢的討論，參見〈分析心理學與教育〉（CW17), par.208，更多的細節可參見〈無意識裡的原型〉(1934; CW9i), pars. 71ff。

於他有不為人知的詩歌才能，無意識內容才採取這種方式現身，沒有這種才能是不可能出現的。很明顯，這個夢充滿了智慧，如果我對這年輕人進行分析，他肯定會對那智慧印象深刻，從而深深尊敬自己的無意識。

◆

我現在想對你們呈現的是女性的心理樣貌，同樣使用這張圖，只是有些變動（參見圖四）。

我們可以說女人眼中的真實男性是他的光明面，而她與真實男性的關係相對比較具有獨佔性，在這一點上，正好和男人與真實女性之間的普遍關係相反。在男人身上，這段關係比較沒那麼排他。當男人把他妻子與其他女性做比較時，他會說：「她是我這些女人中的太太。」然而，對女人來說，她的丈夫與孩子就是那個把世界加以擬人化的客體（我們圖中的a），他們住在相對無

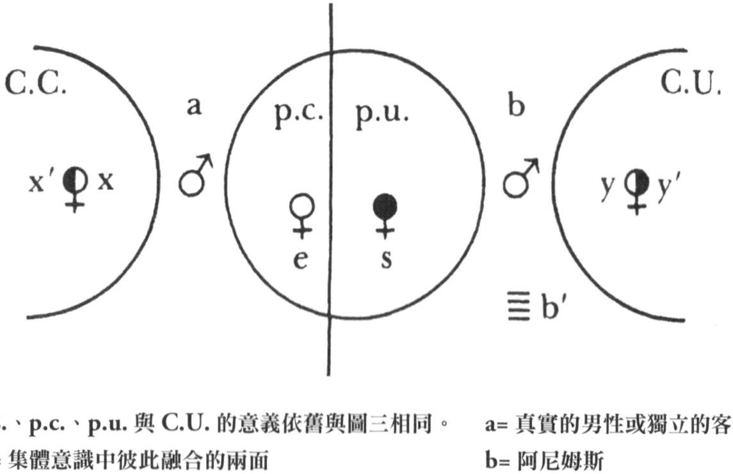

C.C.、p.c.、p.u. 與 C.U. 的意義依舊與圖三相同。
x′x= 集體意識中彼此融合的兩面
yy′= 集體無意識中彼此融合的兩面
a= 真實的男性或獨立的客體
b= 阿尼姆斯
b′= 阿尼姆斯的多元性

圖四

趣的世界。這個「獨特的」丈夫擁有妻子的陰影面，正如我們在男人與真實女性之間的關係裡所看到的那樣。

同樣地，阿尼姆斯也有光明與黑暗面，但由於要平衡意識中的單一男性，我們在女性的無意識中就會看見阿尼姆斯形象的多元樣貌。男人把他和阿尼瑪的關係理解為高度的情緒事件，然而女人與她阿尼姆斯的關係則多為邏各斯領域的事。當一個男人被阿尼瑪佔據時，他會處在某種特別的情感中，他無法控制情緒，反倒會被它所控制。而被阿尼姆斯所控制的女性則是一個被自身觀點給控制的人。她會輕易地說：「在1900年的時候曾經如何如何，我爸曾這樣告訴我，」或者「好幾年前有一個白鬍子的男人曾告訴我這是真的。」因此對她來說這永遠是真的。男人遇見此現象的女人時，會覺得那是一種沉默的偏見。這對他來說真的很難對付，也會被這個現象的力量與難以捉摸給惹毛。

現在我們來看看女性與集體無意識的關係。由於我沒有女性的情感，因此我可能沒有能力對此關係有太多論述，但因為家庭看來似乎是女性生活的真實基礎，所以我這麼說或許很公平，那就是她對意識世界的態度猶如一位母親。女人也對自然有特別的態度，比起男人，她更信任自然。當男人的焦慮就快爆發的時候，她總會說：「喔！那會自己好起來的。」一定有這類的東西能夠解釋男人的自殺率為何是女人的三倍。但我們總能發現，儘管女人與集體無意識的關係並不如男人那樣顯著，仍舊有足夠的二元性允許我們去註記x'x的符號。換句話說，女人認為那位能實現每件事的親愛老上帝有他自己的情緒，因此我們不應該太過信任他。這是懷疑主義的陰暗面。男人會嘗試分開x與x'，女人則會試著把它們結合在一起。如果你聆聽男人的爭論，總會聽見他們試著把事物的消極面與積極面給分開，他們可能會先討論這個，再討論另一個。但和女人爭吵時，只在前兩分鐘還能保持區分原則的前提，接著她就會把正面的觀點帶入你反面觀點的正中央，從而摧毀你整個邏輯結構，反之亦然。你永遠無法讓她明白，她已經毀了整場討論的邏輯。以她的思考方式來看，這兩者非常接近。對統一原則的追求貫穿了她整個心理歷程，如同與之對立的區分原則也貫穿了男人的心理歷程一樣。

當涉及女性的無意識時，畫面就會變得非常模糊。我認為此處還能再次找到母親形象，且同樣有著兩面性，但它是以特別的方式存在。如我們在男人那裡看到的，他對善與惡、和諧與混亂都有明確的區分，但在女人的集體無意識中，人類與動物是彼此融合的。我對女人無意識中的動物特質有非常深刻的印象，而我也有理由認為女人與酒神元素[3]的關係非常密切。就我來看，比起女人，男人離動物更遠。這並不是指男人與動物之間沒有強烈的相似性，而是指他在心理上不比女人強烈。男人與動物的相似性好像停留在脊椎，但在女人身上，卻可延伸到大腦較低處的皮層。或者說，男人使動物的王國止步於橫膈膜之下[4]，然而女人卻使之擴延至她整個存在。當男人在女人身上看見這項事實時，他立刻假定女人的動物性本質和他一樣，唯一的差別是女人擁有得更多。但這完全錯了，因為女人的動物性包含了精神性，而男人的動物性卻僅僅只有野蠻。女性的動物面有點像我們可在任何類似馬這樣的動物身上所看到的東西，如果我們能從動物內部而非從其外部看見這些特質，我們就能真的發現它。如果我們從一匹馬的內部審視牠的精神生活，那看起來會很怪。但男人總是從動物的外表去看待牠們，他的無意識中沒有精神層面的動物性，但女人卻擁有這項元素。

明顯地，我只能在此處對你們說一些女性心理領域的輪廓。還有很多相關問題會從這裡出現。

◆

（接著有兩個不同方向的討論：首先，是男人會傾向於區分對立的兩極，而女人則傾向維持相對的統一；其次，是關於榮格醫師對女性在其特別的情感世界中所能達成的意識程度是否做出了公平的評價。

關於第一點，施密茨先生認為，對他來說，男人與女人的本質差異似乎是女人天生就能感知到對立，但男人卻是藉由理性獲得的。換句話說，女人是無意識的，男人是意識的，而這是出現海倫娜[5]，或阿尼瑪形象與老人一起出現的基本思想。）

榮格醫師：是的，對男人來說似乎就是如此，但你們要永遠記得，女人可能會有某種男人無法理解的意識，因此我們也會看見，男人會在女人身上犯一些典型的錯誤。海倫娜是男人所期待的樣子，但女人絕不會把她稱為一個真實的女性，她只是人造的形象。一個真實的女人是完全不同的人，當男人與之對抗並將海倫娜的形象投射在她身上時，事情就是不會如願，災難也就無可避免。

---

3 譯註2。意指狂熱、生命力、本能與藝術的特質。可參見《榮格論心理類型》第三章〈太陽神精神與酒神精神〉中的描述。2017，商周出版社。

4 譯註3。也就是胸腔以下，意指男人的大腦與動物性本能是分離的。

5 譯註4。原文為 Helena，意指在神話中造成特洛伊戰爭的王后海倫。

◆

施密茨先生認為女人的意識中沒有太奇怪的東西，只是她們會傾向於把應該分開的事情混在一起。

榮格醫師：但這也是一種男性的偏見。男人所發展出來的意識傾向於分離或區辨，但女人所抱有的統一原則並不僅是一種你所指的無意識狀態，儘管通常來說，女性會拒絕將它意識化沒錯。

◆

（關於第二點，亦即關於榮格醫師對女性在其特別的情感世界中所能達成的意識程度是否做出了公平的評價。有人說，儘管榮格已經清楚展示了男人在集體無意識領域所達成的區分，但在提及女性在此領域的表現時，他寧願給我們這樣的印象：女人是無可救藥又難以理解的生物。似乎對班上的某些人而言，為了獲得完整的圖像，有些人會更強調女人建立了情感價值的世界，她在此處所展現的區分能力跟男人在理智世界中所能做的一樣精確。讓女人感到困惑的是這些情感價值經常被不懂情感的男人加以踐踏，好像那會讓男人很不安，因為他的理性價值被那不懂得思考的女人「搞得一團亂」。）

第15講
問題與討論

♦

榮格醫師：

在回答問題之前，我想給大家指派一些我急著想完成的作業：也就是分析三本與阿尼瑪主題有關的書，包括：哈嘉德的《她》、伯努瓦的《亞特蘭提斯》，以及麥林克的《綠色的臉》。[1]我希望你們分成三組，每組大概五個人，分別討論這些書，各組選一個組長負責報告組員的心得。這麼做可以讓我瞭解你們從這些講座裡學到了什麼。當然，你們可以按自己覺得合適的方式來進行，但我想給你們一些建議：⑴顧慮到班上有些人可能沒讀過這些書，所以我們要先提供內容摘要；⑵接著再對書中主角進行人物描述和詮釋；⑶而後報告他們的心理歷程、力比多的轉化，以及無意識人物從頭到尾的行為表現。毫無疑問地，報告這些材料會用去一個小時，接著我們再討論一個半小時。

1 原註1。H. Rider Haggard, *She* (London, 1887); Pierre Benoit, *L'Atlantide* (Paris, 1920); Gustav Meyrink, *Das Grüne Gesicht* (Leipzig, 1916)。在他之後的作品中，榮格經常引用前兩本作為阿尼瑪的首要範例。他顯然是在1920年從阿爾及利亞往突尼斯的旅程中第一次讀到《亞特蘭提斯》這本小說的；參見 *Word and Image*, p.151。

（班上同學建議，不要三本書都討論阿尼瑪，如果能用一本書來討論阿尼姆斯應該會很有意思。在榮格醫師的建議下，選定了瑪麗．海的《邪惡的葡萄園》[2]，用以取代《綠色的臉》。

各組成員如下（各組組長用§來表示）：

講座[3]

圖五是我們在現實中絕不可能遇見的理想狀況，也就是說，它假定的是一個包含所有心理功能的完整意識。因此我把所有功能在一個平面中呈現出來。位於中間的是真實的核心，我稱它為自性，[4]它代表著意識與無意識歷程的整體性（totality）或總和。相較於自我（ego）或部分自體（partial self），後兩者被認為與心理歷程的無意識元素沒有聯繫。因為自我與人格的無意識面向沒有接觸，也就是說，沒有接觸的必要，我們對自己的看法經常跟別人對我們的看法不同，即使把投射考慮在

2 原註2。出版於紐約與倫敦，1923。Agnes Blanche Marie Hay（1873～1938）是英國女性，嫁給一名德國外交官Herbert Beneckendorff und von Hindenburg。她的作品裡記錄了瑞士詩人Gottfried Keller（1920）的重要生活。對於Hay、Haggard，以及Benoît 等人作品的評論，可參見〈心靈與大地〉(1927; CW10), pars. 75-91。關於講座中的報告與討論，可參見第16講的附錄。

3 原註3。榮格對其功能類型的經典論述可參見《心理類型》第10章。

4 原註4。圖表中寫的是INDIVIDUAL。

	哈丁醫師 §		阿德里奇先生 §		曼恩醫師 §
	拜恩斯小姐		芝諾女士		羅伯森先生
《她》	邦德博士	*《亞特蘭提斯》*	霍頓小姐	*《邪惡的葡萄園》*	辛克斯小姐
	拉丁先生		薩金特小姐		培根先生
	沃德博士		培根先生		德・安古洛博士

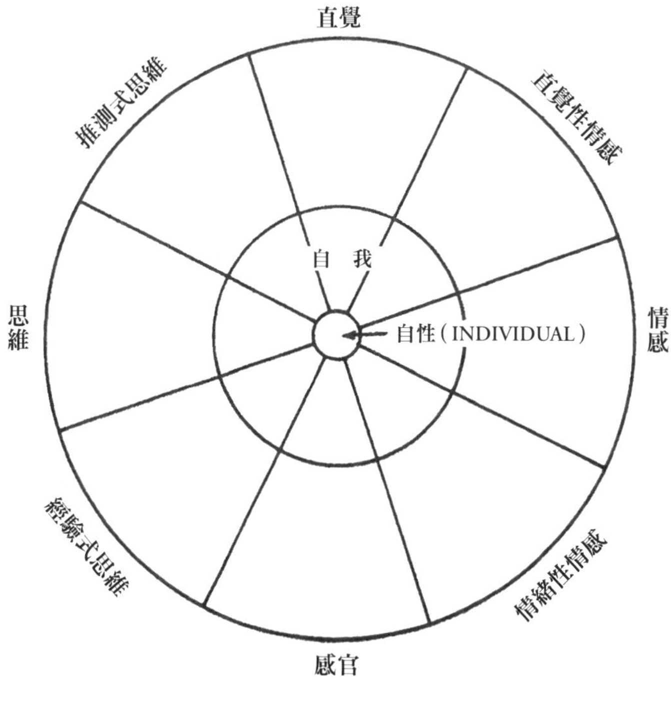

圖五

內也一樣。無意識恆常地運轉，有時甚至運作得很明顯，但我們卻知覺不到它對我們的重要性。我能做一些非常複雜的事情，即便我對自己的行為一無所知，舉例來說，走在街上時，我會小心地在人群中穿梭閃避。若是有人在一兩個街道後的盡頭處問我：「你身邊穿越了幾個人？」我肯定無法回答。然而，每個從旁穿過的人都已分別被我的心給記住，我只是沒有把結果帶入自我之中。

同樣地，我們很少意識到自己臉部的表情變化，但對外部的觀察者來說，這些由無意識顯露的事情在每個時刻都會被他人窺測到，旁人有時會對我們的無知感到難以置信，因為他把一切看得非常清楚。只要我們還留有沒被自我所顧及的部分，那麼，就不能說自我足以代表心理歷程的整體性。

當然，我們不能對我所假設的實質中心過於肯定；這不是一個可驗證的事物。別說一個，我們可能有兩個，或甚至在早發性失智症患者身上那樣，存在著更多的中心。但當你們在處理正常人時，他身上總是會有一個主導一切的中心，而重要的事情似乎就是從那個統治中心來的。有些人會把由此核心而來的反應投射為天啟的訊息。然而，這個自我調節的中心只是一個假設。

我把自性放在這張圖的中央，但它也可以包含整張圖，或散布在整個世界。印度哲學就把我所謂的自性描述成比小還要小、比大還要大的事物。

回到這張圖，你們會看到我把心理功能排列成圓中的扇形結構。讓我們從**思維**[5]功能，或者說純粹理智開始。作為理性功能，它藉由我們說的**推測式思維**或本能思維與非理性功能——**直覺**相聯繫。接著我們藉由**直覺性情感**來到思維的對立極，也就是**情感**，並在這裡藉由**情緒性情感**來到直覺的對立極，亦即**感官**。情緒近似於生理狀態的情感，可藉由感官來覺知。藉由我們稱之為**經驗式**的思維，也就是對事實的思考，我們從感官再次回到了**思維**。我們現在知道思維可以很輕易地同時過渡到直覺與感官，反之亦然，但移動到情感是最遠的。

我們現在可以試著對情感做一個精確的說明了，儘管如我們在先前的講座所觀察到的那樣，這是一項困難的任務，班上有人願意說說情感的本質嗎？

◆

（班上有人提了一兩個想法，但必須說，更多的是對主題的興趣，而非成功找出答案。有個觀點是，對定義情感功能的努力也要表現在對其他功能上才是，另一個觀點認為，此定義應該只適用於作為情感的特質本身。大家一致認為，現今分析心理學對情感的定義並不令人滿意，該定義認為情感的功能是用來形成主觀的價值。一個令人滿意的定義應必須包含存在於主體與客體之間的動力才行。直到時間結束，大家還討論得很熱烈。大家要求榮格醫師對他的觀點做一個簡短的總結。）

榮格醫師：我的想法是，一方面來說，情感是一種非思維（unthinking）性的評價（appreciation）；另一方面則是一種動態的關係[6]。

5 原註5。為了清楚識別，文中以斜體標出，這一段被引用在柯瑞的《榮格心理學ABC》pp. 29f。

6 譯註1。榮格在下一講中才會說明情感何以是動態的關係。

第 16 講

問題與討論

♦

榮格醫師：

關於一般心理功能我想還有一些重點需要進一步澄清。我現在想談的是與現實有關的四種功能，因為我的想法是，每種功能都能把主體帶進現實的特定層面。這張圖（圖六）代表了從實質中心散發出的四種主要功能，並在其整體中構成了主體。

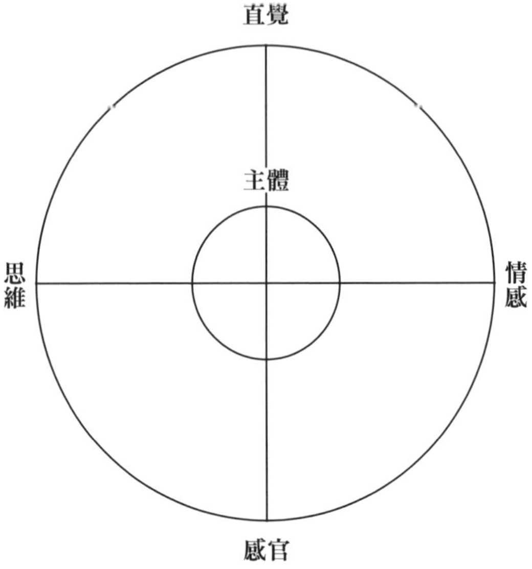

圖六

主體懸置於客體的世界中，脫離後者就不能思考前者。一般來說，我們只會把那些屬於外在世界的東西視為客體，但同樣重要的，還有與主體相接觸的內在客體。後者包含各種從意識層面溜走的、被遺忘的，或我們說的，被壓抑的意識內容，以及所有無意識的歷程。你的心理功能中總有某些部分在你的意識裡，還有某些部分在你的意識之外，但後者仍在心理活動的範圍內。

有些內在的客體確實屬於我，但當我忘記它們的時候，它們就像那些遺失的家具配件。從另一方面來說，它們也是由集體無意識進入我身體內部的入侵者。或許有些入侵者來自外部世界，舉例來說，制度就是其中之一。這可能是無意識的，因此這個客體可能源於我自己，或者源於周遭的某種事物。

很明顯地，外在世界會影響心理功能。如果感官只是主觀的，而非建立在現實的基礎上，它就無法使人確信。可以肯定的是，並非所有確信都建立在外部客體的影響。有時它也會有強烈的主觀元素在內，在精神病患身上觀察到的妄想與錯覺就能證明這一點。但感官所帶來的確信有很大一部分是源於感官與現實中的超主觀或客觀事實間的連結。它是感官所能述說的現實，並不是現實曾經的樣子或它應該成為的樣子，而是它**現在**的樣子。因此感官只能給出現實的靜止狀態，這是感官類型的基本原則。

現在，直覺也攜帶著類似的確定感，但它卻是一種不同的現實。它代表的是現實的可能性，但對直覺類型者來說，這個現實是絕對真實的，就如同感官類型者看待靜止狀態的現實一樣。因為我們能藉著觀察事情是否真的發生來驗證直覺的有效性，而且因為上萬種由直覺所預見的可能性曾被實現過，所以對直覺類型者來說，把這個功能視為瞭解某階段的現實（亦即動態的現實）的方法之一是很合理的。

當我們談及理性功能時，事情就又不同了。思維功能只能間接地奠基於現實，但它能帶來的確信感同樣很大。沒什麼東西比人腦中的想法還要真實。思維者會從一般或集體的觀念中汲取他的判斷，這就是我們所稱的邏輯方法，但這些內容也是源於某種底層的思想；易言之，邏輯方法源於原型。我們很難追溯它的歷史，但未來某一天，當人類比現在更聰明的時候，這無疑能被實現。但如果我們只是盡可能大致地研究思想史的話，很快就會看到所有時代其實都認識到了原始意象的存在。對康德而言那是物自身，cas Ding an sich。對柏拉圖來說，它們是擬像，是先於世界而存在的模型，世上所有事物都源於它。

思維源於意象的現實，那麼，意象的現實又源於何處呢？為了回答這個問題，且先讓我們轉向自然科學的領域，我們可以在那裡找到意象潛能的充足證據。如果你把蚯蚓切成兩段，頭部那一段會長出新的尾巴，而尾巴那一段會長出新的頭。如果你搗毀火蜥蜴眼睛的水晶體，它還會生出新的水晶體來。這兩個例子都說明了有機體內部必然攜帶著整體性的意象，當整體性受阻斷的時候它會將自己重新建立起來。同樣地，橡實裡面包含著成熟的橡樹，這也說明了整體意象的原則。當然，當某個部分被切斷時，整體性的重建原則也有限制。被替換掉的部分會比原來的部分更原始。因此我們可以說，一般而言，如果分化的形態被移除了，有機體會以較原始的形態來加以替代。同樣的事也發生在心理層面。也就是說，只要我們無視更分化的功能，我們就會聽從自己回到原始層次。我們可以在辯論過程這件簡單的事情上找到例子。如果不藉由邏輯思考來說服他人，我們就會拋棄思考，轉而回到更原始的方法。也就是說，我們會開始提高音量，緊抓當下的用語，變得挖苦和諷刺。換言之，原先的精緻工具失效了，我們改抓起情緒的鐵鎚與鉗子，對人充滿惡意。

回到意象的問題，我們在自然中發現了與此原則相對應的事物。當我們只把此概念應用到思維上，我們會假設意象是靜態的。偉大的哲學家總是將這些事情視為是永恆。正是這些靜態的意象構成了思維的基礎。如果願意，我們可以把它稱為：邏各斯。

如我們所見，情感也有它自己對現實的確信。也就是說，它與超主觀的事實有關。如果我們從某些方面看，它會和思維有點像，但那只是表面，不是真正的聯繫。舉例來說，自由可以被表達為一個高度抽象的靜態概念，換言之，我可以只把它當成一種想法，但自由也能傳達出強烈的感受。同樣地，「我的祖國」這句話也可以分別從抽象的或情緒的角度來談。因此，我們多數的想法都是情感價值以及理性意象，所以我們才能說情感的底層事實是動態的意象。也就是說，真正運作的是意象，它擁有驅動的力量。對情感的抽象描述並不會變動，它是靜態的。如果我把上帝界定為流變歷程中不變的整體性，那麼我所談的不就只是一個全然靜態的概念嗎？但把上帝想像成最具力量的動態意象也很容易。因為動態意象的整體性能夠使用厄洛斯。

綜上所述，我們已經討論了四種現實：⑴藉由感官帶來的靜態現實；⑵藉由直覺顯露的動態現實；⑶藉由思維賦予我們的靜態意象；⑷藉由情感所感知到的動態意象。

我假設這四種功能的發現等同於對世界的描述，也就是說，世界中的現實有四種層面。我們無從得知世界是和諧還是混亂的，因為我們所知道的世界，它的秩序都是由我們自己賦予的。我們可以設想世界的可能性會以此方式來改變，以便產生另一種或其他類型的功能；同時我提出這些概念是為了把它當成一個可能的定位點。

因此你們現在知道我是怎麼看待情感的了。

曾有成員問我，如果班級內很多人願意談情感對他們的意義，我是否願意討論這個功能。這是進入這個主題的好方式，我當然很樂意這麼做；但我必須警告你們，不要以太主觀的方式來看待情感。每種功能類型都有看待情感的特別方式，而且很容易發現對其他類型者來說是虛假的東西。而關於這個功能最常被攻擊的一個論點是：情感屬於理性功能。很多知識分子讀過我的書，當然，他們不會從這個角度去看待情感，因為情感對他們來說完全是非理性的，因為它受到無意識元素的汙染。同樣地，那些情感發展得很好，但仍有直覺混雜其中的人，也會覺得情感是非理性的功能。

以自己最強勢的功能來解釋人，這是人類的宿命。有時我們無法說服一個人，無法讓他知道他不能只用單一功能來掌握他主觀世界以外的事物。以思維功能為例，曾有一個找我諮詢強迫症的男人讓我印象深刻。[1] 他告訴我：「我不覺得你能治療我，但我想知道為什麼我無法治好，因為你會看到，我對自己真的無所不知。」事實證明他是對的，他用卓越的智力把自己掩蓋得很好，從佛洛伊德學派的觀點來看，他已經受了很完整的分析，因為他過去的每個角落，即便最遙遠的嬰兒期回憶，都沒有未被探索之處。有一陣子我搞不明白為何他沒好轉。因此我開始詢問他的經濟情況，因為他剛從聖莫里茲（St. Moritz）回來，整個冬天都在尼斯（Nice）度過。「你不用工作就能有那麼多錢過這種生活嗎？」我問他。他對我提到這件事有些生氣，但最後他對我吐實，他不能工作，也未曾為自己賺過錢，但有某個學校女老師在資助他，對方大他10歲。他說這件事跟他的神經症無關，他愛這個女人，他們兩人也思考過這個情況，都覺得這件事沒有問題。我也沒能使他知道，他在那女士面前表現得就像一頭豬。當他在歐洲各地旅遊的時候，她卻幾乎一貧如洗。他離開我辦公室時依舊堅信，他已經把整件事想清楚了，因為他很滿意，所以結束了晤談。

但感官類型也會以同樣巧妙的方式扭曲現實。假設一個女人愛上了自己妹妹的丈夫。他是她的妹夫，而我們是不會愛上自己妹夫的，因此這個事實絕不會被意識接受。只有他們是受情境控制這件事，才會引發爭論，背後的可能性必須小心排除。因此他們兩人一起生活了20年，通過分析才明白自己在情感上真的外遇了。

我不止一次說過直覺類型者會忽略現實，我相信你們也能提供很多關於情感類型做出類似事情的案例。如果情感上不喜歡某件事物，情感類型者就會用最巧妙的方式來忽視現實。因為女人與厄洛斯的連結比男人深，她們會傾向於對情感帶有特定的想法，就像男人一樣，即使他們不夠理智，也會傾向於對思維有特定想法。因此男性和女性很難彼此瞭解。女人傾向於將情感等於現實，男人則頑固地傾向於邏輯論述。

◆

到目前為止，我們在談論主體時就彷彿它不會隨時間改變，但正如我們所知，身體便是一個四維的實體，第四維度就是時間。如果第四維度是空間性的，我們的身體就會變得像蟲子，也就是

1 原註1。榮格第一次談到這個案例是於1924年倫敦的講座，他在那裡描述了更多的細節。見第14講，原註1。參見〈分析心理學與教育〉(CW17), par. 182，以及〈分析心理學的基本假設〉(1931), Cw8, par. 685，以及〈塔維史托克演講集〉（1935），Cw18, par.282。

說，是由空間中的兩個點所畫的線。在圖七中，我試著表達的是個體在空間中的移動，亦即三維度的空間。個體不能只被理解為一個靜止的實體。如果我們想完整地瞭解某個個體，就必須增加時間因素。時間意味著過去與未來，只有在我們把他當前的結構視為過去事件的結果以及新趨勢的起點時，個體才會完整。依此觀點來說，我們可以把人劃分成兩種類型，有些人被過往的魔咒困在過去，有些人則過度超前，活在未來。而後者這樣的人只能透過他們的性格傾向去瞭解。

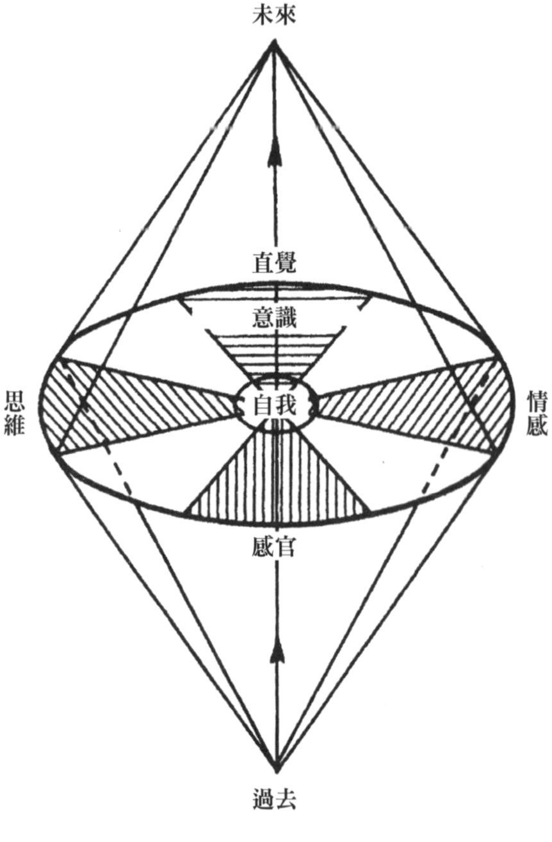

圖七

目前，這些圖還沒把無意識考慮在內。我在圖八中把這個因素列入考慮。這張圖假定的是一個思維類型，他的感官與直覺功能一半在意識內，另一半則在無意識中，而其情感功能則全在無意識裡。這並不意味著此類型缺乏情感，這只意味著，與他的思維相比，他的情感並不受控制，而是一個會隨時爆發的特質，因此通常來說它不在意識中，而是會突然出現，抓住當事人。

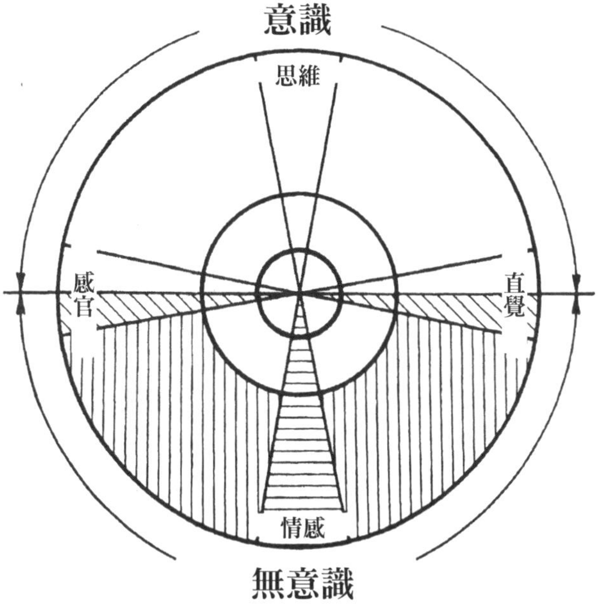

圖八

在圖九中，我呈現的是個體與外部的客體世界，以及個體與集體無意識意象的關係。連接他與第一世界，亦即外部客體世界的，是人格面具，它是由內部力量和外部力量交互作用之下發展出來的。我們可能會以為人格面具是意識人格的產物，就如我們在他處所指出來的那樣。但人格面具的模樣並不完全是我們的選擇，因為我們永遠無法完全控制在意識人格中運作的力量。

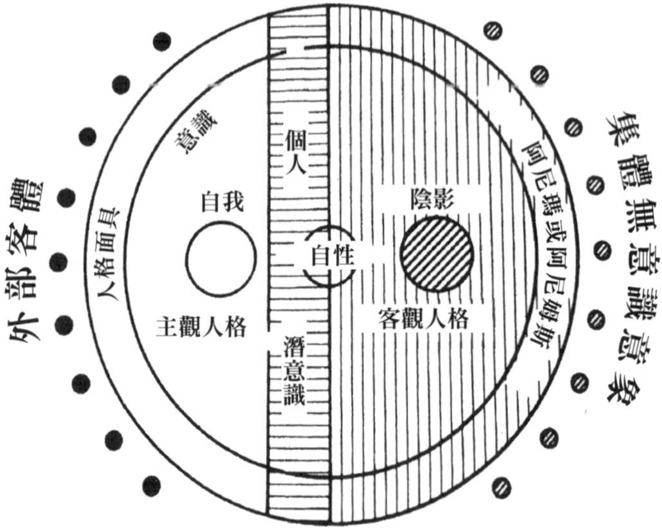

圖九

意識人格的中心是自我，如果我們將自我的表層給拿掉，就會遇見個人潛意識[2]。此處包含了不被意識允許的願望或幻想、我們童年的影響力，以及被壓抑的性慾，簡言之，是那些我們出於各種原因在意識上拒絕保留，或我們失去的東西。實質核心或管理中心位於正中央，代表意識與無意識自我的整體。

我們接著來看集體無意識在我們身上的呈現方式，亦即我們身上所攜帶的種族經驗。這是卡比里（Cabiri）或矮人的源頭，我們見不到他們，否則他們就拒絕為我們服務。[3]在此區域中，另一個實質中心很常在夢裡出現。他是人們經常投射在朋友身上的次要形象，因為無意識常會輕易地表達讚美。我把它稱為陰影自我（shadow self）。原始人已和他的陰影發展出精緻複雜的關係，他很貼切地象徵著我對陰影自我的想法。他必須永遠不去踩別人的陰影，因此我們也同樣別去提及他人的弱點，這些事情對他人來說很羞愧，因此不願意識到它。原始人這麼說：「不要在正午出門，看不到自己的影子是很危險的。」我們則說：「當你不清楚自己的弱點時，務必當心！」

2 譯註1。此處榮格的用語是subconscious，故翻成個人潛意識，來和unconscious（無意識）區別。

3 原註2。2012：卡比里是薩摩雷斯所祭拜的密教神明。祂們被視為是生育力的促進者以及水手的保護者。George Fried Creuzer 以及 Friedrich Shelling 認為祂們是希臘神話中的原始神明，其他諸神都由此發展而來（*Symbolik und Mythologie der alten Völker* [Leipzig: Leske, 1810-23]）；*Schelling's Treatise on "The Deities of Samothrace"* (1815)，由 R. F. Brown 所翻譯 (Missoula, MT: Scholars Press, 1977)。榮格有這兩本書。他們出現在歌德的《浮士德》第二部裡的第二幕。卡比里則出現在《紅書》（pp.306, 320f., and 326f.）。

我們可以將意識自我稱為主觀人格，把陰影自我稱為客觀人格。後者是集體無意識的一部分，它攜帶著能影響他人的事物出現在我們身上。我們確實會影響他人，這點你既無法預測也無法解釋。因為本能會警告我們遠離自身原始的種族面向。如果我們對自己身上的祖先生命有所覺察，我們就會崩潰。祖先可能會佔據我們的人格，使我們走向死亡。原始人這麼說：「別讓鬼魂進入你的身體。」藉由此語，他傳達出雙重的意涵：「別讓外來者進入你的無意識，以及別失去祖先的靈魂。」

原始人對我們所稱的集體無意識有很強烈的敬畏感。對他們來說，這就是鬼魂的世界。某個探險家曾說過以下的故事，內容是關於愛斯基摩人的敬畏感，它剛好可以做個例子，而這是他們的巫醫告訴他的。[4]這位探險家來到了北極愛斯基摩人的小屋，此處正在念咒驅趕一個附身於病人身上的鬼魂或邪靈，後者使他患病。噪音不斷持續，巫師在那裡又跑又跳地，像瘋了一樣。當他看見探險家走進來後，他突然安靜了，說道：「這根本是胡鬧！」接著他把病人帶到另一個巫師那裡，因為除了巫醫之外，任何人都不能在念咒時進入那間小屋。這也是個習俗，要對正在與鬼魂搏鬥的巫醫笑著說這一切都是胡鬧，這並不是由於他們這麼想，而是由於他們把它當成一種驅邪用的笑話。它在本質上是用來保護他們抵抗自身恐懼的委婉說法。

我們對集體無意識的本能恐懼真的很強烈。那裡可能會有不斷湧現出來淹沒我們的幻想流，如果不能阻止幻想流，危險訊號就會出現。如果我們曾目睹這種事發生，就會深感畏懼。我們對這種事物一般不會有太多的想像，但原始人卻很清楚。在很大程度上，我們是切斷了和它的聯繫才能在上方漂浮的。[5]

當涉及定位集體無意識這項相當精密的任務時，你不能認為它可以單獨由大腦領會，而是要包含交感神經系統在內。只有你脊椎動物遺傳的那一部分，也就是從脊椎動物先祖來的那一部分，才可以被認為是中央神經系統的範圍。否則它就會落於你的心理範圍之外。最原始的動物層是從交感神經系統遺傳來的，而屬於脊椎動物的動物層則由腦脊髓系統來代表，後者相對晚期。最新的人類層則構成了實際意識的基礎，因此集體無意識延伸至意識，只有這樣你才能把集體無意識稱為心理的。我們想保留「心理的」這個術語，用以稱呼那些至少在理論上可被帶入意識控制的元素。在此基礎上，集體無意識的主體不能被嚴格地稱為是心理的，而是生理的。我們再怎麼強調這個差別也不為過，因為當我說集體無意識位於我們大腦之「外」時，大家都以為我指的是它會懸掛在空中的某個地方。經過這樣的解釋後，你們就會很清楚地看到集體無意識一直藉由超越主體（trans-subjective）的事實在影響你，這些事實可能在你們之內，也可能在你們之外。

舉個例子來說明集體無意識是如何藉由內在事實影響你們的吧！假設有個人坐在門外，有隻鳥突然飛來他附近停下。另一天，他又在同個地方遇見了類似的鳥。這一次，鳥用一種很奇怪的方式看著他，那隻鳥身上似乎有種神祕的特質。這個天真的人肯定會認為第二隻鳥的奇怪效果是源於外

4 原註3。榮格的故事來源可能是 Knud Rasmussen, *Neue Menschen: ein jahr bei den nachbarn des Nordpols* (1927)，一本他在圖書館中的書，或者 Rasmussen, *Across Arctic America* (1927)，他在 *Dream Analysis* 講座中引用過，pp.5f. (1928)。

5 譯註2。意指我們是因為切斷了與集體無意識的聯繫，才獲得了意識或自我，否則我們就會受到它的控制或被恐懼淹沒。

部世界，如同第一隻鳥所產生的普通效果一樣。如果他是一個原始人，它會區別這兩種效果，他會說第一隻鳥只是一隻普通的鳥，但第二隻鳥卻是一隻「醫師」鳥。但我們知道醫師鳥的特殊效應其實是源於那人內部集體無意識的投射。

通常只有藉由對外部世界的投射，我們才能意識到集體無意識的意象。所以我們才會假設所遇到的特殊效應源於外部。然而對這類效應的分析卻顯示它其實是無意識內容的投射，因此我們才能理解這個內容。上面提到的例子很常見，因為我們假設個體會認同自我或意識，但如果個體剛好與自己的陰影面比較接近，那麼他就會明白自己不需要立即或自動地把無意識內容投射出去。但如果個體認同的是他普通的自我，那麼對他來說，即使是無意識內容的自動顯現（亦即不是由投射所釋放，也不是外部效應，而是由他內部產生的），也猶如外部世界造成的。換言之，人需要與無意識密切接觸，並對它有所瞭解，才能明白神祕經驗或精神體驗的起源是他的內在，無論這些經驗以什麼形式出現，它們實際上都不是源於外部世界。

用我剛才討論的這張圖，也就是圖九來說，我們就能夠給出分析的解釋。分析師藉由人格面具接近當事人，他問候對方，彼此恭維一番。藉由此法，我們通往意識的大門。接著仔細地檢查意識內容，然後我們就會來到個人無意識。醫師通常會在此處對發現的事物感到驚訝，因為它們竟沒有被當事人給意識到，但對觀察者來說卻又如此明顯。如我先前提到的那樣，佛洛伊德式的分析會在個人潛意識止步。當你個人潛意識的分析工作結束後，過去對你造成的因果影響也就結束了。接著你就要開始重新建構，集體無意識會以意象的方式對你說話，而你會開始覺知到無意識的客體。如果你能成功地摧毀個人潛意識對你造成的隔離之牆，陰影就能與自我和睦相處，而個體就會變成兩個世界的中介者。他現在能從牆的「另一邊」及「這一邊」來看自己。但此處對陰影自我的意識還不充分（though），[6]我們也須掌握自己的無意識意象才行。阿尼姆斯或阿尼瑪現在開始變得活躍，而阿尼瑪會引進老人的人物形象。這些形象會被投射到意識的外部世界，而無意識的客體則會開始與外部世界的客體彼此對應，所以後者（亦即實際的客體）就會具有神話般的特質。這意味著一個豐富多彩的生命。

◆

我常被問到人格「地質學」的問題，所以我試著用這種方式把它畫出來。圖十顯現的是來自特定共同水準的不同個體，他們就像從海中露出頭的山峰。個體的第一個連結是家庭，接著是由一定數量的家庭所組成的氏族，然後是聯合了較大群體的國家。在那之後，我們會有一個可以連結各國家的更大群體，例如「歐洲人」。再進一步，我們會遇見所謂的猴群，或者原始的祖先層，接著遇見的是我們說的動物層，最後則是中心之火，就如圖中所示，我們依舊彼此相連。[7]

---

6 原註4。此處的抄本似乎有些含糊不清，應該是「充分的」（enough）。

7 原註5。抄本中的腳註：演講中有許多模糊不清的點，榮格醫師增加了補充材料以及下文的附錄。

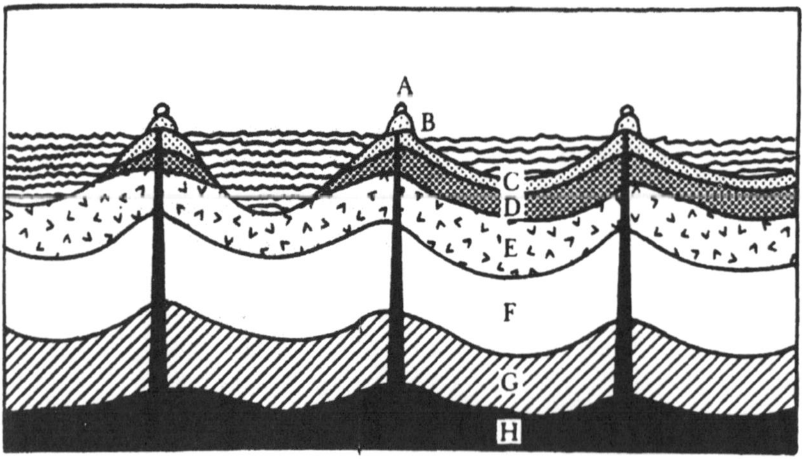

A= 個體　　D= 國家　　G= 一般的動物祖先
B= 家庭　　E= 大群體（例如歐洲人）　　H= 中心之火（the central fire）[8]
C= 氏族　　F= 原始的祖先

圖十

8 譯註3。原文未附 H 層說明，譯者依文字增補。

第16講附錄

對我提到的主體與外部客體之間的關係，以及主體與無意識意象世界的關係，明顯還存在著很大的誤解。我希望我在講座的補充材料中已經澄清了這些觀念，但由於它們的重要性非比尋常，因此值得我們進一步探討，即使它會讓我們有點離題。且讓我們對這些材料做點歷史回顧，以便對主體與外部客體的關係有更多瞭解。這是哲學家常年爭論的主題。「存在於現實之中」（*esse in re*）是古代世界的觀點。每件我們感知到的在我們之外的事物都完全是外在的，不受我們感知它的方式所限制。這就好比在說是我們眼睛散發出的光亮照耀了客體，這才使它能被我們見到，但這個觀點卻未能認知到主觀層次的看見。而這就是當今那些沒教養的人所抱持的觀點。

緊接在此觀點之後的是「僅存在於理智之中」（*esse in intellectu solo*），亦即我們所見的僅只是腦中的意象。至於在那之外是否還有其他事物，這問題依舊懸而未決。這會導致唯我論（solipsism）的產生，並使世界成為一個巨大的幻覺。

我們的觀點是「存在於靈魂之中」（*esse in anima*）[9]這個原則承認外在世界的客觀性，但也認為除了在我們心靈中所形成的意象外，我們無從感知到世界的任何事物。我們永遠看不到客體本身，但

9原註6。2012：1921年，榮格寫道：「如果心靈沒有提供它存在的價值，那麼我們要怎麼看待思想呢？如果心靈把它從感官印象的決定性力量給移除，事物的價值又是什麼？如果現實不是我們自身的現實，不是『存在於靈魂之中』，那它究竟是什麼？現實並非事物實際、客觀行為的產物，也非由思想單獨制訂，而是藉由兩者在生動的心理歷程中的結合，即『存在於靈魂之中』。」（《心理類型》，CW6, §77）。

我們可以見到我們投射在客體之上的意象。我們肯定知道這個意象與事物本身並不完全相似。舉例來說，聲音無疑地包含了波，但只有當波以特定的頻率出現時，例如每秒16次，我們才能把波感知為聲音。當震動的頻率是16或更高的時候，我們就感覺不到波，而是聽見聲音；低於這個頻率我們就聽不見聲音，只能靠皮膚感受到空氣的震動。這件事對光來說也是如此，如果我們使用合適的儀器來檢測光，就會看見光具有波的特質，但對我們的眼睛來說卻不是如此。這表示我們感知到的世界在很大程度上是一個主觀的意象，亦即我們內在的意象，但同時這個意象不可避免地與事物本身有關，後者的絕對本質獨立於我們的感官之外，因此我們無從觀察。我們觀察到的任何事物都是心靈中的意象。從此意義來說，即便是我們腦中的外在現實也是如此，但這也只限於用此意義來談。而我們也不能過於強調世界是主觀意象，以免傳達出先驗的唯心論印象，而它實際上就是「僅存在於理智之中」的差不多意思。

「存在於靈魂之中」則承認我們在覺知世界時的主觀本質，並同時強調主觀意象是個體的實質（或意識的實體）與未知的陌生客體之間無可避免的連結。我甚至認為，主觀意象是超越功能最初顯現的一種類型，而超越功能則源於意識實體與陌生客體之間的張力。

我對所謂外在現實意象所必須談的每件事，也是我想在集體無意識意象裡談的：也就是說，它們指的是絕對存在的外部客體所造成的影響力，它們是心靈造成的反應，外部現實意象與原型之間唯一的差異在於，前者是有意識的，而後者則是無意識的。然而原型要是未經過分析歷程的對內「挖掘」，也能出現在所謂的外在世界中。但你也可以將同樣的分析歷程應用在外部現實的意象上，並看看它們到底有多主觀。

外部現實的意象與原型之間還有一個差異。外部現實的意象構成了我們意識記憶的內容，以及我們人為的回憶，也就是說，我們的書、檔案等等東西。然而原型卻是對主觀感覺意象的記錄。在我們的意識記憶中，我們記錄的是事物主觀存在的樣子，是對真實事物的記憶；但在無意識裡，我們記錄的，是對意識所感知到的事物所做的主觀反應。我認為有這類反應的反射或反應（repercussions, reactions of reactions）的不同分層存在，而它們會構成心靈的各種層次。

讓我們舉個例子：基督教長期存在的事實在我們的無意識心靈中留下了一個特別的反應，我們暫且稱它為反應 *b*。這是對另一個我們稱為反應 *a* 的反射，亦即我們的意識與基督教的關聯。反應 *b* 是對意識反應的反射，它直達無意識層級，並以原型的形式存在於我們的心靈中。

反應 *b* 已被原型所模塑，而原型也僅能被新的沉積物所模塑與重塑。或者舉另一個例子：世上最規律的循環就是太陽的升落。我們的意識記住了這個現象，但我們的無意識卻以英雄神話來記錄這數萬次沉默的日出與日落，它表達了無意識對意識中的日出與日落意象的反應方式。正如反應 *a* 形成了外部世界的意象，反應 *b* 則形成了集體無意識，我們可將之稱為幻象的世界或反射的世界。

但把集體無意識當成間接的（secondhand）源頭多少過於貶低了它的尊貴。還有另一種想法可使我們把集體無意識設想為原初的（firsthand）現象，某種獨特的事物。如我們假設外部世界的意象具有絕對的實體那樣，我們也必須假定可感知的主體背後也存在著一個實體，當我們這樣思考時，就必須說集體無意識是反應 *a*，第一反應，或者世界的第一意象，而意識則僅是間接的。

《她》10

在先前的講座中，拉丁先生報告了《她》的故事，也包含了書中人物的梗概。分析則延到下次講座再進行，這裡先把它記下。

哈丁醫師為此做了分析，她說小組成員已決定將本書視為過去記憶的材料，把霍利（Holly）當成哈嘉德的意識面，並藉由故事素材對霍利加以分析。詳細的分析已經給出，下面是大致的總結。

霍利已經到了應在學術生涯安頓下來的人生階段，也就是說，他要將自己投身於一個知識分子的絕對片面性中了。就在此時，無意識召喚了他。所有被他棄置的人生面向做了最後努力，一起動員起來吸引他的注意。無意識的擾動敲響了他的門，並帶來一件他無法觸及的神祕事物，同時也帶來一個人，那便是里奧（Leo），他使霍利轉向人生的新方向。這個神祕的事物休眠了20年，現在再次甦醒。棺材已經打開，他同意顧及無意識的內容，一層又一層地穿越，直到他遇見陶器的碎片與聖甲蟲。棺材揭示了霍利的問題，它作為生命對立面的傳統道德而存在，並在過去的時光不停地重生。

霍利和里奧，後者是霍利的年輕面向，現在正努力動身前往寇爾（Kor）的土地，也就是說，霍利會往無意識不停深入，直到他發現阿尼瑪形象，「她」，掌管著所有她拒絕進入心靈裡的事物。當「她」被找到，且最後被霍利愛上時，他一度處於瘋狂的邊緣。他思索著把無意識象徵施加到外部世界的可能性。也就是說，「她」能被帶往英格蘭嗎？

在寇爾土地上的數不盡冒險，無不是霍利心理發展之路的重要里程碑，最終在燃燒的火焰之柱上達到考驗的高潮。霍利與里奧兩人很明智地選擇不去冒險，他們拒絕接受這項考驗。霍利並未打算改變他的根本態度，但他再也不會成為開頭那樣平凡無奇的人了，因為他已經找到了某種內在的人生意義。

◆

榮格醫師：我要感謝小組成員和哈丁醫師對《她》的報告。他們給大家帶來了很棒的想法，我非常喜歡他們的報告。

現在我想提供一點意見。你們為何會覺得霍利是主角呢？無論如何，這一點還可以有其他角度。我認為作者肯定是把里奧當成主角。這件事可以在第二卷中得到完美的確認，里奧的人格在此處得到了充分的發展，成為關鍵的角色。但作者是否成功地在此處表達了他的意圖，或這是否為他的觀點，這當然是個問題，而哈丁醫師認為霍利是主角這件事則表示哈嘉德的做法沒有成功。

哈丁醫師：里奧是故事的主角還是心理上的主角，這點才是問題，不是嗎？

榮格醫師：當然整件事都是哈嘉德的幻想，因為哈嘉德可能更認為自己是霍利而非里奧，所以我們可以說霍利就是主角，然而他在故事裡是想要里奧當主角。因為哈嘉德在現實中太像霍利了，里奧因此留在陰影裡，一個相對沒能充分發展的角色。換言之，他沒有活出里奧的樣子。

很不幸地，陶賀尼茲（Tauchnitz）版本[11]的《她》並未包含英文版的一首詩，而這首詩為哈嘉德與故事的關係提供了線索。在這首獻給「她」的詩中，他這麼說，只有在心裡，而不是在寇爾的土地

10 原註7。關於閱讀的分組作業，參見第15講（一週前）。

11 原註8。Collections of British and American Authors，由一家德國公司出版（英文）並在歐陸銷售，但不能在美國或英國販賣。

與洞穴，或任何神祕的土地上，我們才能找到遺失之愛的墳墓，那裡才住著「她」。這首詩顯示出他希望的「她」是什麼樣子。這是一篇愛情故事，我們也可以說它是作者的愛情故事，但這卻不是由意識層面寫出來的，而是無意識層面。不論這是什麼，都是來自意識經驗的反動。當然，這是內傾型作家的習慣。因此《她》對我們來說很有價值，因為它帶來了無意識的反應。作者明顯地曾有過他並不滿意的愛情經歷。這使他把問題留在《她》這本書裡，而同樣的問題也出現在他多數的著作中。或許這件事發生在他寓居非洲時的日子。[12]

我們可以把霍利當成一個無意識的人物，把里奧當成另一個，他們兩個都是哈嘉德的不同面向。當你認同霍利是主角時，如我們所說的，你會離書中的某個意義很近。我們也提到，哈嘉德認同的是霍利，他就像霍利一樣，可能沒有注意到自己愛情經歷的重要性，當那發生時，亦即當有人出現情緒經驗卻拒絕認真以待時，就意味著無意識素材的累積。哈嘉德顯然就是這種情況。

我現在想討論一些書中細節，你們有人知道為何會出現這個古代的材料嗎？

柯瑞小姐：它源於集體無意識。

榮格醫師：是的，但它為什麼會出現呢？

柯瑞小姐：它早晚會在內傾者身上出現。

榮格醫師：不，不一定。

施密茨先生：《她》不能看成是哈嘉德對整個維多利亞時代，特別是對維多利亞時代女性的反抗嗎？萊德．哈嘉德曾在各國旅行，特別適合去推翻英格蘭女性身上的荒謬想法，並提出每個女性身上都有一個「她」的存在。

榮格醫師：你所說的部分內容帶我們來到了問題點。也就是說，如果萊德·哈嘉德沒有去過原始國家，集體無意識不會以這麼特定的方式被啟動。它的反應也不會這麼有活力。當然，還有其他能強力刺激集體無意識的方式。當一個人罹患精神病的時候，他的無意識會形成一個洞，集體無意識的內容就有機會從中突破。但這不是哈嘉德的情況，他的無意識藉由與原始生命的接觸而容光煥發。觀察原始國家生活對來到當地的文明人的影響是很有趣的事。據說很多從印度返回英國的官員都帶著疲倦不堪的大腦回了家。但這當然和氣候無關。吸乾他們生命力的，是異文化的氛圍。這些人想要在一個事事截然相反的國家保持他們受訓的標準，這樣的壓力讓他們崩潰。

我曾治療過一些在殖民地與當地女性有長期關係後返國的男人。在那之後他們再也無法去愛歐洲女人。他們產生了各種症狀，例如消化不良，但實際上他們是因為當地女性而解離了。原始人會說是他們的靈魂弄丟了。阿爾杰農·布萊克伍德（Algernon Blackwood）有一本很糟的書就有這個例子。這本書叫做《美妙的冒險》[13]（*Incredible Adventures*），而那篇故事叫做「下降到埃及」（Descent into Egypt），這個男的只是消失了，作為歐洲人的他消失了。

這就是集體無意識從萊德·哈嘉德身上大量湧出來的原因。正是由於他和原始人的接觸才使愛的問題複雜化。但他在非洲的生活又是怎麼複雜化了愛的問題呢？

施密茨先生：或許「她」與狄更斯（Dickens）筆下的女性完全相反，可以這麼說，她可以被視為

12 原註9。亨利·萊德·哈嘉德爵士（1856～1925）在返回英國與一名女繼承人結婚之前的1875～1880年間，擔任納塔爾總督的祕書。他的浪漫小說為他帶來名聲與財富。

13 原註10。倫敦，1914。Blackwood（1869～1951）寫了很多超自然主題的短篇故事。他的著作可和古斯塔夫·麥林克相比。

願望的滿足。當然他不想要「她」這樣的女性，然而他也瞭解，在某些方面，「她」是必要的。也就是說，女人必須擁有原始的那一面才能變得完整，正如男人一樣。

榮格醫師：但如果他知道女人應該是什麼樣子，對他的問題會更有幫助。

施密茨先生：他並不清楚，所以無意識產生了這個願望。

榮格醫師：他的無意識在摸索中將「她」給發展出來。但為什麼一個在非洲的男人在處理愛的問題時會變得失能呢？

羅伯森先生：難道不是因為非洲的情況讓他難以用老方法處理自己的情感嗎？

榮格醫師：是的，如果你不用太特別的方式來看就可以這麼說。也就是說，他對愛情問題的態度改變了，而這對他來說變成一個真正嚴重的問題。

培根先生：這個問題難道不包含他把原始阿尼瑪投射到非原始的女性身上嗎？

榮格醫師：是的，正是如此。當這種事發生的時候，非原始的女性會因此變得完全歇斯底里。阿尼瑪的投射是最難的主題。如果一個男人不能投射他的阿尼瑪，他就會自外於女性。他確實可以建立一個完全體面的婚姻，卻沒有愛情的火花，他沒有完全把現實帶入生活中。回到這個故事：你們會怎麼理解里奧的父親？

哈丁醫師：除了作為傳說的早期英雄之一外，我們沒有額外解析他。

榮格醫師：他肯定不是重要的角色，事實上故事開始的時候他就淡出了。但這件事本身就很重要，因為從心理學的角度來說，我們知道英雄到來的時候，父親必須淡出，否則英雄的發展就會嚴重受阻。我提這一點的原因是這對埃及的宗教很重要，而哈嘉德的幻想就圍繞著這個主題展開。因此歐西里斯成為了幽靈，統治著死者的世界，而他的兒子荷魯斯則成為升起的太陽。這是一個永恆的主題。

施密茨先生：兒子需要父親讓路以便成長的極佳案例是腓特烈大帝，他到自己父親去世前都還相當柔弱。庫賓[14]（Kubin）也是，他直到父親死後才開始寫作。

榮格醫師：這確實是男人生命裡的重要時刻。若不是因為父親之死而得到釋放，兒子常會因此變得神經質。神話就注意到了這個重要的時刻，事實上，所有生命的偉大時刻都體現在神話裡，因為它為人類的疑難提供了一般性的解答。

我認為你們對箱子的解析頗為適當。箱中有箱意味著迴旋的過程。當它涉及卡里克雷特斯[15]（Kallicrates）的愛情時，我們發現在最遙遠的年代時就已預見了這個故事。為什麼會這樣呢？

伯丁醫師：因為它不是一個單一的故事，而是原型模式的重複。

榮格醫師：確實如此。它是一個永恆的事實。它意味著人類必須一次又一次地扮演這個角色。這是無意識素材之所以會現身的另一個原因。但又是哪個原型被再次喚醒了呢？

這是歐西里斯（Osiris）、伊西斯（Isis），以及奈芙蒂斯（Nephthys）的神話。神話說歐西里斯和白

14 原註11。表現主義派畫家與作家阿爾弗雷德．庫賓與施密茨的妹妹結婚。榮格將他的小說 *Din andere Seite*（1909）稱為「一個直接感知無意識歷程的經典範例」（*Jung: Letters*, vol.1, p.104:19 Nov. 1932）。

15 原註12。卡里克雷特斯：並非公元前5世紀的希臘建築師，而是《她》中的角色。

晝之后伊西斯、黑夜之后奈芙蒂斯，三人一起待在母親努特（Nut）的子宮中，因此他在子宮中與兩個妹妹有性關係。此處是一個永恆重複的動機，意指兩人為了得到主角的愛而產生的衝突。因此我們可以看到「她」和阿莫那提斯（Amenartis）的衝突。在《她的歸來》[16]（*Return of She*）中，衝突再次出現在她和想嫁給里奧的韃靼王后之間。衝突又一次處於日夜之間，只是這一次「她」扮演的是伊西斯，另一人扮演的是奈芙蒂斯。這就是哈嘉德在非洲被誘發的原型。哈嘉德是一個完全「值得尊重的」男性，無疑地他的婚姻非常傳統，但我們可以從《她》的字裡行間讀到他可能愛著另一個女人。

對作者來說里奧又是誰呢？霍利的年紀相對大，他已近入智慧之齡，已經太老以至於無法再冒這個問題帶來的風險。因此他創造了年輕的里奧。後者只不過是一個年輕的傻蛋，但他終歸是個紳士。藉由他的年輕，他補償了年老的霍利，並使後者能安全地參與。通常是里奧在冒險，甚至像個熱鍋中的螞蟻。

你們知道處在熱鍋中的意義嗎？

施密茨先生：我認為它指的是腦中激情的熱度。

榮格醫師：而這是什麼意思呢？我們四處都見得到瘋狂，就如諺語說的那樣。我幾乎沒有見過誰能不因集體無意識變得瘋狂。首先，過去看起來死了，但當我們靠近時，它會抓住我們。舉老房子為例吧！我們起初會對它的古意盎然感興趣，但慢慢地，某種神祕的氣氛會逐漸集結，然後在我們搞懂它之前，我們就撞「鬼」了。房子中的某些東西啟動了我們的無意識。只要為它注入一點力比多，集體無意識就會對我們展現巨大的吸引力。只要看看歷史的力量對我們心靈的影響就知道了，這是另一個例子。

拉丁先生：沃特．史考特就是一個意識適應被過去所吞噬的例子，因為當他搬到阿伯茲福德（Abbotsford）且開始生活在歷史中時，他就失去了所有的財產以及引導個人生活的力量。[17]

柯瑞小姐：「她」說她的王國是想像出來的。

榮格醫師：是的，當你讓自己奔馳於想像時，實際上你會在這個世界迷失。很快你就不能解釋自己，然後精神病院就會為你敞開大門。這就是為何當集體無意識靠近時，我們必須學習某種表達形式以便創造通往現實的橋梁。否則我們就沒有可以抓住的東西。當人們迷失在集體中的時候，你可以提供他們一個能投射自己想法的形式，這樣他們就能再次恢復正常。

那就是處在熱鍋中的危險。這是原始性造成的。原始層非常厚，它們可以輕易壓垮你。

我認為你對約伯（Job）的詮釋是正確的，也就是說，平常人很樂於迷失。這等同於說霍利永遠不能成為一位閣下。里奧接受了「她」的外套是對約伯損失的補償。里奧因此成形了，但只有在霍利放棄他傳統的面向（亦即約伯）之後，他才從「她」那裡得到了東西。

你們還沒有提到烏斯坦（Ustane）。

哈丁醫師：那是因為已有太多東西要談，而她看起來沒那麼重要。

榮格醫師：是的，實際上她已經去世了。

我認為你們對諾特（Noot）、畢拉里（Billali），以及霍利的觀點很正確，也就是說，把他們視為

---

16 原註13。哈嘉德，*Ayesha, or the Return of She* (1895)。

17 原註14。史考特在1811年買了阿伯茲福德的房產，在1814年發表了威佛利系列小說的第一部，並在1826年破產。

智慧老人的形象。霍利是當中最人性的。哈嘉德傾向透過霍利把自己認同為智慧老人。但霍利的形象更多的是迂腐而非真正的智慧。當里奧要去世時，霍利應該去探索墳墓，這就非常典型。

你們提到了獨角獸與鵝的段落，這是在哪兒？

哈丁醫師：不，不是獨角獸，是一隻鵝，牠在獅子與鱷魚打鬥之後被射殺了。鵝的頭上有根刺，而我說牠和獨角獸有關。

榮格醫師：如你所說的，殺鵝肯定與聖杯故事的動機有關。這是一種事情即將發生的預兆或預言。古人總是覺得即將發生的事情就像投射在他們之前的陰影。這裡有一隻被殺死的動物，事實上是一隻神話動物，也就是本能。當牠被殺死的時候，有些人會變得更有意識。在帕西瓦爾（Parcival）的故事中，[18]無意識英雄帕西瓦爾通過射殺了天鵝而變得有意識。在《她》裡，主角清醒地認識了在他們之前的非凡事物。從象徵來說，鳥是一種心靈動物，所以無意識就在心靈中。

再談一下永生的主題。它和阿尼瑪緊密相關。經由與阿尼瑪的關係，我們有機會獲得更多的意識。它會導向對自性的瞭解，而自性是意識與無意識功能的整體。這份瞭解會帶來對自性的認識，包含它先天以及後天組成的新單元。也就是說，一旦我們同時抓住了意識與無意識的意義，我們就會覺知到那已融入我們生活構成的祖先生活。

接著你不僅會瞭解你的前人類階段，也會瞭解動物階段。這種集體無意識的感受會帶來生命的更新感，無窮無盡。它在世界甫誕生時出現，並持續至今。因此當我們完全瞭解自性，跟著就會出現永生的感受。即使在分析中，這樣的時刻也會到來。這是個體化的目標，亦即觸及使個人生命跨越時空延續永存的意義。它會給我們在地球上的永生感。

正如哈丁博士所指出來的，這些人還沒準備好迎接火柱。「她」的整個現象還沒被同化，他們的任務仍待完成，他們必須與無意識有新的接觸。

《邪惡的葡萄園》

曼恩醫師為組員報告了《邪惡的葡萄園》。這裡只記錄心理學層面的概要。從現實的角度來看，故事說的是一樁沒有真實關係存在的婚姻。女孩壓抑了她作為女性的本能，嫁給了拉堤墨（Latimer），因為他代表的是理智世界，這讓她非常著迷。她並不愛他，甚至害怕他。拉堤墨比她年長20歲，從她身上尋求回春；他帶給她的是性慾，而不是感情。他曾描述這種詭異的感覺，在他婚前曾因炮彈休克而罹患神經症，這讓他必須重溫一個義大利傳奇雇傭兵的罪行。

因為他代表著她所投射的無意識，簡單來說，她的阿尼姆斯形象，所以瑪麗（Mary）完全無法從他身上解脫，直到她以真實的方式愛上另一個男人。

18 原註15。伯西維爾（Percivale）、帕吉瓦爾（Parzival）、或帕西法爾（Parsifal），亞瑟王傳說中的英雄，藉由 Wolfram von Eschenbach 的詩以及華格納的戲劇而被榮格所熟知，他很常引用這兩部作品。（榮格在一封1908年12月寫給佛洛伊德的信中提到了帕西法爾，並在《轉化與象徵》中提到聖杯，1912；參見《無意識的心理學》，ch6, n.36, and CW5, par. 150 nn.577, 60。也可參見《心理類型》，CW6, par.371ff.）。顯然，艾瑪．榮格是在這次研討會舉辦當年才開始研究聖杯傳說的：參見瑪麗─馮．法蘭茲：《聖杯傳說》（orig. 1960; tr. Andrea Dykes, New York and London, 1971）的序言（p.7），此書原為榮格夫人所撰，但她在1955年去世時尚未完稿，後由馮．法蘭茲接續完成。根據馮．法蘭茲的說法，為了顧及妻子的興趣，榮格並未對聖杯傳說與煉金術的關係進行研究。2012：帕西法爾在《紅書》（p.302）中出現。

從象徵的角度來說，故事說的是一個女人屈服於阿尼姆斯的邪惡面，最後被即將到來的積極面給拯救了。自始至終，作者在心理上都認同著瑪麗。

榮格醫師認為組員沒有成功瞭解本書的深層心理意義，原因是他們認為拉堤墨在遇見瑪麗的時候是不正常的。他認為這個觀點沒有充足的證據，這樣解讀故事也過於狹隘。必須用更深的角度來理解這本書。

榮格醫師：我想聽聽男性組員的想法，培根先生？

培根先生：我感興趣的部分是，如果我能正確閱讀這些我覺得自己讀不來的象徵，我就能從作者那裡學到有趣的東西。我認為她一定有一些很糟的經驗，而那本書反映了她所遇見的私人問題。

榮格醫師：我認為太把這本書當成作者本人的故事是錯的。我們實在不知道作者在多大程度上是因內在動機寫下本書，而又在多大程度上受到鐵屋[19]（Casa di Ferro）的傳奇所影響。她似乎曾住過瑞士，相當瞭解瑞士的生活。如果她是採用事前已經備好的情節，那我們說它反映作者的症狀就不太妥當。因此我認為，我們可忽略與作者個人衝突有關的直覺。從這個角度去理解《她》比較合適，但此處的連結比較不清楚。從主角的角度去看待這個故事比較好，就如哈丁醫師解讀霍利的方式那樣。因此我會從這女孩的角度先分析，然後再分析拉堤墨。從這兩方面來看，會有非常不一樣的東西出現。就我所知，我們沒有書可供我們建立作者與阿尼姆斯形象之間的直接關係。但此處呈現了問題的重要部分。我們可以假設作者將女性心理置入了女主角中，而我們可以試著重建那女人的經歷，及阿尼姆斯的發展。

曼恩醫師，你認為拉堤墨是個合適的阿尼姆斯形象嗎？

曼恩醫師：是的，因為他是一個有力的形象。

榮格醫師：我認為更接近事實的說法是他變成了一個有力量的形象。首先，他是一個有學問的人，作為智慧的源泉吸引著她，一個代表智慧的人。阿尼姆斯並不必然是一個有力的形象。但另一方面，阿尼瑪通常是有力的形象。她從一開始就以那樣的方式出現。

但女性對智慧的反應並不一定是一種力量的反應，就如你們在報告中呈現的那樣。它是一種相當合理的渴求。我認為作者在此處所試著展現的是一個在精神層面感到匱乏的女孩，並合理地在一個年長的男性身上尋求它。當然，這個世界總是會從這樣的情境裡創作愛情故事，不讓女孩從男人身上尋求愛情以外的東西。當這種事發生在現實中的男人身上時，他很可能會做出錯誤假設；而很明顯的是，在很多時候，這個假設正確的情況比錯誤的多，但我們也必須承認，有許多嚴肅的案例是女孩可能對學習感興趣。所以我覺得瑪麗是去拉堤墨那裡尋求資訊的。

然後悲劇開始出現。他並不認為她是對知識感興趣，而是把他當成一個男人來欲求，僅是假裝對知識感興趣從而讓他上鉤。這是一個悲劇的衝突。他沒有看見她真正感興趣的部分，所以他引她踩入陷阱。接著她犯了錯誤。她沒有意識到自己的本能，對他也完全沒有愛。她有責任告訴拉堤墨他犯了錯，但她卻讓自己嫁給了他，從未告訴對方自己並不愛他。

---

19 原註16。15世紀。常被稱為「鐵城堡」，位於馬焦雷湖岸，羅加諾郊區的米努西奧。參見 *Kunstdenkmaler der Schweiz*, vol. 73 (Basel, 1983), pp.219ff.。

因為她無視自己的本能，所以它們開始在黑暗中滋長。接著阿尼姆斯開始運作，從此刻起，他邪惡地扭曲了她的無意識歷程。在此之前她一切安好，她把自己的阿尼姆斯投射在眼前的拉提墨身上。這本是一件單純的事情，如果情況能嚴肅地處理，就會進行得很順利。但他對她的態度全錯了，因為這是盲目的。他沒有認知到女方對他真正的想法，錯誤地認定對方只是想找他當情人。一個完全清楚自己本能的男人不會犯這樣的錯誤，但很明顯，他是非常理性的男人，活在阿尼瑪被完全壓抑的心靈中。當他遇見女方時，那些被壓抑的部分都投射到她身上，而他卻從未停下來把現實情況搞清楚。但女方不願擔負他的投射，不久後他就開始感覺有某種他不瞭解的東西在女方身上滋長。我們在這裡碰見的就是阿尼瑪與阿尼姆斯之間的戰鬥。

讓我們先來看看處於衝突中的女方。她犯了無知的罪，因為她沒有意識到自己的本能。但自然不會把無知當成藉口，只會把它當成應當加以懲罰的罪行。她任由事態發展，但人們帶著惡意選擇錯誤方式或僅是任憑自己墮落，對自然而言，兩者並沒有差別。我們可以說瑪麗對本能的無知是遺傳而來的罪惡，因為她受的教育都是沿著排除生命知識的路徑而行。她的家人盡可能使她保持在無意識狀態，她對女人應當扮演的角色一無所知。儘管她對男方撒了謊，但她其實相當無辜，然後她表現得好像是他的妻子，實際上卻不是如此。

在這樣的婚姻中，男人在一開始就會出現強烈的性慾爆發。男性的原始面向被喚醒了，因為他必須擊敗女性，以便使她為自己的本能服務。而這當然是完全不對的，相當錯誤，但他被驅使著這麼做，所有男人都會這麼做。女人因而進入了古代女性的位置，男性的動物性慾望深受攪動。非洲某些地區的黑人女性會因為與男人性交時所留下的傷疤而驕傲，這會使男人變得異常殘暴。但受過教育的男人無法永久保持這種狀態，這會使他崩潰，成為性無能。

只要女性一直屈居下風，她就會活得像動物，淪為殘暴行為的受害者，並從中獲得動物般的滿足。但她無法像男人那樣忍受這種低等狀態，因此她崩潰了。

接著會發生什麼事？我們會說，沒有出口的力比多會在無意識中形成瘤塊。它變成一顆蛋，她產下它，又加以孵化。蛋裡有什麼？有女性的直覺。幻想圍繞著年輕男性的形象開始形成，他會拯救自己，使她能脫離暴君。伴隨著她被殘酷暴君囚禁的主題，幻想逐步加深。我很常看到關於年輕男性的幻想，還有老男人將小鳥放到鍍金鳥籠中的幻想。

她沉湎於這些幻想中不停地醞釀，但卻不知道原因。很難有女人在這種情況下可以保持覺察。或許在40或45歲之後她會醒來，並開始明白心裡發生的事，但通常她對一切都會保持無知。因此無意識的性幻想開始形成，而它們會製造出能形成無意識情結的材料。這是從個人無意識開始的。她本可在第一次性經驗中明白。許多女性確實是以這個方式獲得覺察。但當粗暴的性慾出現時，深層的人格就被打開了。這會使人返回猿猴年代，亦即力比多會離開表層並往更深處去。

當女人來到這一點時，她會開始用歷史素材來包裹幻想。她不會說：「我丈夫強迫我。」她會開始以一篇古代故事來形塑這場悲劇。這個歷史元素指向了集體無意識。然後就必須決定為何會選擇這個特定的年代，在本書裡選的是中世紀。在本書裡，是由於特定心理包含了中世紀的視角在內。另一方面，如果我們穿越時光，尋找開始壓抑阿尼瑪的某個時間點，就會發現那遠在中世紀之前，可從基督教上溯到異教時期。這對我來說是一個錯綜複雜的主題，但我相信對阿尼瑪的壓抑與人類集體馴化的問題有關。為了達成這個狀態，阿尼瑪必須被壓抑。這是為何《她》這本書中，卡里克雷特斯的故事會在古代首次登場。然而沒有像巴比倫或埃及那麼早，因為嚴格來說，這兩個地區還沒有國家（state）的概念。他們的國王處於眾神的地位，就如我們在巴比倫神廟裡看到的那樣。某一邊是國王，另一邊則是神明。在某些埃及塑像中，可以見到國王正在命令諸神。當然了，國家不可能在這種狀況下出現，那只是藉由對魔力（mana）的恐懼來統治大眾。在希臘城邦（*polis*）中沒有這種事存在，而我們是在這裡找到國家的起源的。若阿尼瑪處於統治地位，國家就不可能成形。但這樣的壓抑是怎樣出現的呢？你建立了契約，保證不會在這樣或那樣的情況下開戰，你放下了武器，講話開始輕聲細語，你變得彬彬有禮，不去踐踏他人的陰影。原始人就是這麼做的，寬容因此有機會成長起來。藉由奉行這些事，男人的阿尼瑪開始被壓抑。

施密茨先生：女性對本能的壓抑不是由於戰場上的男人渴望女人保持貞潔而成長起來的嗎？

榮格醫師：是的，但你必須解釋那些戰爭時期被誇大的貞潔理想。

施密茨先生：如果我們能回到母系社會，那裡就不會有女性的貞潔理想，但當父系社會出現後，男人開始對建立父子關係感興趣，所以貞潔的觀念才成長起來。並從那時起，藉由貞潔觀念傳遞了強力的處女思想，例如雅典娜。

榮格醫師：你把處女崇拜和誇大的貞潔觀建立了關聯。我非常同意這點。這種崇拜以非常殘酷的手段推行貞潔觀念。如果你去原始人的部落，即使是在施行嚴格一夫一妻制的時期，男人一旦離開女人，大家都覺得女人不可靠是很正常的，但他們不會認真看待，除非那男人很黏自己的太太。女人不會完全忠誠，原始人很清楚，丈夫也不特別在意。女方也不會在意丈夫跟其他的女人廝混，只要不把他搶走就行。換言之，嫉妒的情形不明顯。嫉妒是隨貞操觀念而來的。

培根先生：在尼加拉瓜[20]（Nicaragua）的原住民中，丈夫會異常嫉妒自己的妻子。事實上，他會因此變得很殘忍。

榮格醫師：是的，某些部落的觀念可以解釋特別的案例，但當你讀到一般的案例時，就會發現我說的是真的。但有其他案例表明，不忠會引來可怕的懲罰。我們對貞潔的誇大感受會帶來類似的殘酷行為。原始人的懲罰特別殘暴，就如獵巫行為所呈現的那樣。但在這點上我們的法律又是怎樣呢？在西元700年時，燒死女巫是不被允許的，但此後直到1796年，卻一直有女巫被燒死。當它在羅瑞塔尼安連禱[21]（Lauretanian Litany）出現的同時來到了高潮，表現了聖母崇拜[22]的頂點。當燒女巫這樣的酷刑出現在社會時，意味著在心理層面，我們的本能正受到折磨，而事實上，本能受到過度重視貞操的社會觀念所折磨。而真正地獄般的折磨在覺醒後才跟著出現。

所以這本書的中世紀幻想可以由對本能的完全壓抑來加以解釋。這些行為在亨利科．馮．布魯嫩（Henrico Von Brunnen）的時代很常見，而這個時代的意象又再度被喚醒了。作為謀殺妻子與愛人的凶手，他為瑪麗的無意識素材形塑了一個合適的形象，瑪麗把自己當成了食人魔的囚犯。當這樣的幻想形成後，它們會滲透進心靈中，活化集體無意識，我們因此做出反應，我指的是任何一個與這樣的人親密相關的人。這就像是被活化的集體無意識在傳送某種波來影響別人。故事中的丈夫就

20 原註17。培根年輕時生活在尼加拉瓜，見他的自傳：*Semi-centennial* (New York, 1939)。
21 原註18。也被稱為聖母瑪利亞連禱（16世紀），關於文本與分析，參見《心理類型》（CW6）, pars. 379, 390ff., 406。
22 譯註3。原文為大寫的 Virgin，意指聖母瑪利亞，聖母瑪利亞處女生子，此處的聖母崇拜便是處女崇拜。

回應了妻子被激活的集體無意識。他被某種自己不瞭解的事物給控制住了，而當他變得焦躁不安時，正意味著他被妻子的集體幻想所追趕。他不知道它們屬於哪裡。在他遊蕩時，他來到了此處，也就是鐵屋。我認識這個地方，事實上它非常特別，人們會好奇它到底是什麼，也會在那裡感覺到與傳說有關的真相。

當拉堤墨見到鐵屋時，他發生了某些事。他告訴自己：「就是這個地方，而我就是那個男人，也就是亨利科．馮．布魯嫩。」當原型擊中我們時，確信感會緊接在後，它是一種非凡的體驗。如果你伴侶的幻想進入你身上，你要對自己負責；而如果你碰到了架構起幻想的現實，你就會像拉堤墨所說的那樣：「我就是亨利科．馮．布魯嫩，這就是我的形式。」這為他帶來平靜，但同時他也得把自己活成這項事物。他覺得陷入了幻想的魔咒並被它所征服。他不再是他自己，而是他的無意識。所以他在謀殺時死去，他自己沒有這麼做，而是自然使之如此。

總結來說，我們在故事中看見了女性對男性完整的無意識投射，以及阿尼姆斯的運作。接著是對愛情的悲劇性否認，所有被壓抑的本能力比多激發了更深層的無意識層面，從而帶來了我們見到的幻想系統，直到它投射在這個男人身上，他因此陷入魔咒的控制，活成那個樣子。這就是由女方立場所述說的故事。如果我們從男方的立場看就又不一樣了。

直到結婚之前，拉堤墨一直過著學者的生活。他完全壓抑了自己的阿尼瑪。然後他前去尋找「她」，並在這名可愛的年輕女孩身上發現了她。年輕的感覺在他心中被激起，他發現這個女孩處於一種出奇的無意識狀態，充滿奇怪的模糊感，也覺知不到她的本能，因此她變成了拉堤墨得以投射阿尼瑪的絕佳對象。一旦進入這種模糊、矛盾的框架中，你就可以置入任何幻想，所以他把她變成了一件玩物。她則藉著保持沉默來滿足他的期待。她越是模糊，阿尼瑪就越有機會扮演她的角色。她越符合阿尼瑪的角色，他就越難在現實中理解她。接著他開始做出取代現實的假設，他對她陷入了完全的迷霧，她則變得比月光還捉摸不定。她已拒絕了愛，所以他開始尋找那個他找不到的事物。他開始在全歐洲尋找這個未知的事物，因為她從他身上撤回了全部的力比多，並開始編織幻想，期待有個愛人能夠從拉提墨身邊拯救自己，他的妻子確實對他不忠。而他也開始相信妻子有不忠的事實，並在夜裡提防著她的愛人。對阿尼瑪的懷疑隨之出現，他在網羅中越陷越深。最後他只得將她鎖起來，這些他被迫做的事，全是為了擺脫那將他撕成碎片的折磨。

德．安古洛博士：我能理解你說的，你把與瑪麗結婚時的拉提墨視為一個普通人，但組員所做的推論難道沒有合理性嗎？也就是說，拉提墨其實已經分裂了，由於他的片面性而導致在與她初次相遇時就已心理異常。他在戰爭中的經驗完全將他給淹沒了，接著他開始活在自己的無意識裡，最後導致他認同了亨利科．馮．布魯嫩。瑪麗只是恰巧成為了他的妻子，真正讓他發瘋的是他對接近自己情感的無能為力。正是因為他在遇見瑪麗時如此不真實，他才成為了瑪麗的阿尼姆斯形象。

榮格醫師：不，我不認為假設拉提墨一開始就已異常是合理的。此外，這也只是一種躲在文字背後的說法，因為它不能解釋任何事。

《亞特蘭提斯》

培根先生念了組員對《亞特蘭提斯》的報告，組員間的心理學詮釋彼此不同。一個觀點是書裡呈現了伯努瓦關於精神與物質的衝突。舉例來說，有人感覺他為了寫出暢銷書，刻意誤用了無意識的訊息。從這個角度來看，安蒂妮雅（Antinéa）並不是真實的阿尼瑪人物，也就是無意識幻想的創造物，而是為了文學效果而建構的人物。

小組中的另一種觀點是本書代表了伯努瓦理性與非理性的衝突，而非精神與物質的衝突。

阿德里奇先生的想法跟這兩種觀點都不同，代表了少數人的意見，他勇敢地為安蒂妮雅辯護，認為她不僅是一個真正的阿尼瑪形象，也是一個具有正向重要性的象徵。根據他的觀點，安蒂妮雅不是好女人也不是壞女人，而是各方面兼具的完整女人。他總結自己的報告如下：

「一名完整女性的自然補償是一名完整男性。因為書中的男人並未完整發展，或拒絕把天性中更多的面向給她，因此他可能以為女方會懲罰他。在伯努瓦的愛情故事中，男主角分裂成兩部分：感官層面由聖阿維（Saint-Avit）代表，而莫朗格（Morhange）則代表幼稚且傳統的精神性。實際上，主角走向了安蒂妮雅並對她說：『我向你交付我的感性面，因為天性使我如此；但我不願你參與我的精神面，因為根據我傳統的道德理念，對女人的愛與精神性是對立的，而且無法和解。』這很自然地引發了安蒂妮雅內心的惡魔。任何擁有獨立性的女人都是如此。很明顯地，對一個男人來說，正確的女人就是那個能夠補充他發展階段的女人。母親適合嬰兒，妻子適合那個已經在世界上贏得自己地位的男人。而交際花[23]，也就是完全發展的女性伴侶，則適合已經達成完全個體性的男人，亦即智慧男性（Wise Man）。但對還沒通過戰士階段的男人來說，她既不合適又致命，如同妻子相對於嬰兒一樣。」

榮格醫師：本書最有趣的點是它和《她》的差異，培根先生，對嗎？

培根先生：是的，我必須說我對這些差異有點混淆，但伯努瓦的書非常強調奢侈這個主題。

拉耶夫斯基小姐：不僅如此，還有非常強烈的感官主義，即便在安蒂妮雅身上也是如此。

榮格醫師：是的，如果你考慮到外部的細節，就會看到很多差異。如你所說，《亞特蘭堤斯》有著奢侈的氛圍，它詳述住處的華美與人們感知事物的方式，以便帶出細節。對比《她》這本書，這些特徵都很少處理。伯努瓦有著坦率的美學風格。我們無法想像一名盎格魯—撒克遜的作家竟對物理細節如此關注。事實上，哈嘉德相當關注這些事情，例如他就描寫過一場十分荒謬的下午茶會，但當哈嘉德做這件事時，就有一種樸素感。那是一種屬於運動員的感官，然而伯努瓦卻是沙龍式的。

當你提到《亞特蘭堤斯》時，你已注意到了重要的東西，但還有更大的差異。伯努瓦充分承認性慾的地位，然而在哈嘉德那裡，性慾總是以某種邪惡的元素出現。在伯努瓦那裡，性慾扮演重要的角色，但在哈嘉德的書中，它完全只是背景。我們可以說這是法國人與盎格魯—撒克遜人的視角彼此對立造成的。我們不能假設盎格魯—撒克遜的角度是唯一與上帝和諧的角度，我們必須假設法國人的角度也有合理性。因此值得仔細討論態度的問題。為了這麼做，我們必須將注意力放在安蒂妮雅身上。我不確定班上同學對安蒂妮雅的形象是否有清楚的認識。培根先生，你能描述一下安蒂妮雅與《她》的不同嗎？

23 譯註4。原文為hetaira，交際花。在古希臘時代，交際花不僅提供性服務，也精通藝術，受良好教育，跟中國古代的名妓意思相近。在古代中國，娼是僅提供性服務的女性，而妓的知識文化水準較高，故報告者在此處用交際花借指身心完全發展的女性。

培根先生：比起「她」，安蒂妮雅是更生理性的對象，「她」是非常模糊的。安蒂妮雅代表充足的動物性慾望。

阿德里奇先生：我對「她」沒有想法，但安蒂妮雅對我來說卻是一個真實的女人。我覺得我是小組中唯一不覺得她是毒藥的人。如果作者能把他自己整理好，不把她當成一個分裂的人格來接近，他會發現安蒂妮雅是一個好女孩。

榮格醫師：但你必須承認一個充滿死人的沙龍是個有點糟糕的笑話。

阿德里奇先生：啊！但她卻給了他們永生。

榮格醫師：我必須說這個觀點稍嫌樂觀了些，但安蒂妮雅[24]經常受貶低也是事實，如果顧及她所處的環境，這點就沒有必要。她是一位全能的女王，能使自己每種情緒與心思都得到滿足。這樣一位東方女王可以很殘酷卻不邪惡。如果我們把她拿來與其他類似的類型比較，她就沒那麼糟了。此外，她的處境也很艱難。她是一個沒有受到教育妨礙的女性，可以完全開展自己。但我們不應假設這是所能發生的最佳狀態。她能看見且欣賞自然的價值，她也很聰明而且受過教育，但她沒有受過高等價值的教育。當然，我們可以懷疑高等價值是否值得學習，但認為可以完全忽視它們是個錯誤。如果我們拿「她」與安蒂妮雅比較，我們可以看見悲劇就懸於價值問題上。直到「她」承認它們之前，她被折磨了數千年。安蒂妮雅並沒有到這個程度，她承認或者看見了它們的存在，因此她沒有加以對抗，我們看到安蒂妮雅所在的水準比「她」更低。因此我們對後者更加同情。但安蒂妮雅具有原住民女性的魅力，以及這類女性特有的情慾力量及本能。某種程度上這在「她」那裡不存在，因為「她」已經被事物所影響。

但我們必須謹記，安蒂妮雅不是一個真實的女性，而是一個法國人的阿尼瑪，我們可在此處見到法國人與盎格魯—撒克遜人的典型差異。如果有一本書能看見這樣的差異，那就是這一本。我應該聽聽你們對這一點的想法，你們會如何解釋這個特殊的差異？

施密茨先生：我相信法國人與盎格魯—撒克遜人的差異，以及法國人與其他歐洲人的差異。這件事源於他們與異教世界關係的差異。法國人是唯一與異教世界有所聯繫的民族。當羅馬人征服高盧時，他們使法國環繞在羅馬文化的氛圍裡。所以當基督教出現的時候，它發現與德國相比，法國是一個文明國家。日耳曼人拒絕羅馬文化，所以他們的傳統與異教世界沒有連續性。基督教發現我們很野蠻，而我們的異教則保留著野蠻的元素。這種差異穿透了整個法國文化。

榮格醫師：施密茨先生說的非常正確。這正是法國人與盎格魯—撒克遜人的觀點存在差異的原因。高盧在早期是文明之地，在日耳曼人與盎格魯—撒克遜人還處於最原始的發展階段時，它甚至就已包含了豐富的羅馬文化。即使是在當時，巴黎也是一個文明之地，有來自高盧本地的詩人、甚至皇帝。換言之，它是個豐富的文明，古高盧人已被羅馬民族給同化。凱爾特語消失了，移居此處的日耳曼部落也被羅馬人給吸收，因此也接受了羅馬文明。基督教根植於這樣的基礎，而非如日耳曼地區那樣根植於野蠻人。因此羅馬人的心靈與中世紀之間有著絕對的連續性。它們沒有中斷，甚至某些早期的教堂神父也是法國人。

24 原註19。抄本：Atlantide。

除了羅馬外，希臘的強大影響力也延伸到隆河河谷，而地中海文化的影響力很早就在那裡出現了。所有這些源於異教世界的影響力都有一種特別的效應，它們強化了基督教無法加以抵銷的古老層次。對地中海周遭的民族來說，這點或多或少也是如此。亦即他們比基督徒保留了更多異教特質。對法國人來說這點很難接受，因為他們把自己視為善良的天主教徒。從某種意義來說，他們確實如此，即使是對此抱著懷疑態度的人也這麼覺得。否則，伏爾泰（Voltaire）與狄德羅（Diderot）就不會被接受。因此，我們能以一種消極的方式成為天主教徒，並樂於用憎恨來對抗先前所尊敬的事物。

教會內部的人們態度最積極，他們會集中在天主教的教義下，因為他們覺得它包含了生命。在天主教的領域，異教依舊存在，因此我們會在最有信仰的法國人身上找到對性慾的充分認識。今天，他們認為性是無關道德的[25]（amoral）。很明顯他們接受這個觀點，道德和此問題無關。一個規律上教堂的男人，可以同時保持他覺得任何合適的性行為，因為性慾在他眼中與道德無關。這是為何性慾在法國受到特別待遇的原因。

我認為這個特別的差異解釋了「她」與安蒂妮雅的不同。而因為安蒂妮雅有著相當鮮明的個性，我們可以從中重新建構作者的意識態度，並欣賞一名現代的法國人。

然而，還有其他人也很瞭解法國人的心理。就以勒梅日（Le Mesge）為例，她是一名以完全非理性的方式在生活的純粹理性主義者，一個法國的典型人物。法國心靈的特徵之一是允許極端非理性的行為，而我們在現實中的每個地方都見不到這麼多可笑的人物，然而他們的觀點依舊是理性的。

接著是畢洛斯基伯爵（Count Bielowsky），儘管他是一名波蘭人，仍是第三帝國中的典型法國人物，巴黎的常客。他的形象與莫朗格完全相反，畢洛斯基對「高尚生活」的輕佻態度補償了莫朗格對教會的輕佻。雙方的中介者是勒梅日。這樣的對立總是需要和解，而這是藉由理性的調節達到的。但此處的生命力太少了，所以聖阿維的存在是為了提供氣質與激情才被帶入的。

法國人總是想讓自己「得體」，他才能運用整套的修辭，從那裡帶出一系列優美的文字，並以完美的風格加以堆疊，然後他就開心了。

阿德里奇先生：根據我對莫朗格的理解，他只有一種很微弱的精神性。我不相信他曾有過宗教情感。

榮格醫師：但你是盎格魯—撒克遜人，而他是一名天主教徒。我們永遠不知道聖心堂[26]（Sacré-Coeur）對他們來說意味著什麼，也不知道他們何以會對聖母的意象感到激動。我們可以說《亞特蘭提斯》有一種特別的氛圍，與《她》完全不同。這是我覺得非常深刻的一件事，也好奇你們會不會這麼想。當我們讀到這樣一本書時會自問：「它會帶來什麼？」它對你來說意味著什麼？

芝諾女士：對我來說，它似乎是走向死亡而非生命。

培根先生：對我來說它有一種難以言說的廉價感。它的結尾似乎是在為續集準備。

芝諾女士：我認為「她」是一種將非現實與現實彼此連結的努力，但安蒂妮雅依舊被困在非現實中，亦即無意識裡。

25 原註20。抄本：a moral。
26 原註21。位於巴黎蒙馬特的聖心大教堂，六年前（1919）被封為聖地，具有強烈的宗教象徵；或羅馬天主教徒對聖心的奉獻。

榮格醫師：你已經碰到某種重要的東西了。安蒂妮雅並沒有試著逃離，她沒有試著接觸世界，也不讓世界接觸她。「她」計畫統治世界，用某種方式接觸它。這是盎格魯—撒克遜人的特殊之處，也就是接觸世界並加以統治的欲望。這在英國非常明顯，可能50年後也會發生在美國。但法國人的觀點卻是保持事物原有的模樣。法國真的不關心統治世界的問題，統治歐洲的想法是拿破崙帶來的，那是他的個人情感，而他不是一個真正的法國人。法國人關心的是自己的國家。

因此安蒂妮雅堅持待在自己的地方也就不足為怪了。我對這議題真正的感受是絕望。它會重複一百次，然後整件事會走向結束。安蒂妮雅會死，而後她會以身上的王室氣質及合適的裝扮坐在王座上。這是某種神聖化，某種我們會在電影結尾看到的事物，一種關於榮耀的思想。他們有一座供奉死去英雄的萬神殿，整件事都以虛榮的野心結尾。

在《她》的結尾中有一種巨大的期待感。我們不知道那是什麼，但未來卻可以期待。造成法國人與盎格魯—撒克遜人的阿尼瑪有所差異的原因是，後者包含了希望的神祕面向，因此《她》的精神力量感比安蒂妮雅來得多。

這些元素都因為安蒂妮雅的出身而被排除。當然，理性的懷疑是對原型功能的巨大貶抑。這又是一種「只不過是」[27]（nothing but）的精神。價值從原型中消失了。那意味著「你不能把自己建立在原型之上，最好完全不要發展，它的基礎並不安全。」這是在分析法國人時必須加以考慮的特殊事實。他們的理性主義在每件事上都對他們構成障礙。他們對每件事都有精準的看法，並清楚知道每個細節。他們在那樣的戰役中精疲力竭。因為知道每件事情的運作方式，他們會傾向於貶低靈魂的真實性，並假設每件事都是古老文明造成的結果。這是他們在中世紀時期必須採取的態度，以作為對抗古代力量的補償。基督教在一開始沒有足夠的力量來保護自己，而這種理性主義支持了教會。理性主義與教會之間的關係是盎格魯—撒克遜人很難瞭解的。

德・安古洛博士：你能說一下組員在報告中提出的，關於安蒂妮雅並非無意識人物，而是被有意安排到無意識中的觀點嗎？

榮格醫師：我認為安蒂妮雅有某部分是有意識的，而另有某部分是無意識的。當盎格魯—撒克遜人說她被個人無意識扭曲的時候，他評論的是安蒂妮雅特定的種族性格。

榮格女士：你可以談談阿尼姆斯與永生之間的關係嗎？用你討論阿尼瑪與永生之間關係的同樣方式來談。[28]

榮格醫師：阿尼姆斯似乎只能回溯到14世紀，而阿尼瑪則可回溯到遙遠的古代，但關於阿尼姆斯，我必須說我完全不確定。

榮格女士：對我來說，阿尼姆斯似乎不是永生的象徵，而是運動與生命的象徵，而正是男人的態度才使阿尼瑪擁有不同的面向。

榮格醫師：阿尼姆斯經常由移動的形象所代表是真的，例如飛行員或交通管理員。或許是歷史事實中的女性一直以來都比較穩定，因此在其無意識中有更多的運動。

27 原註22。榮格從William James那裡沿用的術語：參見〈心理類型研究的貢獻〉(1913; CW6), par.867。

28 原註23。艾瑪．榮格在1931年11月於蘇黎世的心理學俱樂部演講過阿尼姆斯的問題。該論文以 *Wirklichkeit der Seele* 為題出版 (Psychological Abhandlungen 4; Zucich, 1934; C. F. Baynes, "On the Nature of the Animus," *Spring*, 1941; reprinted in E. Jung, *Animus and Anima*, New York, 1957), pp. 1-44。

施密茨先生：在母性社會時期確實沒有對阿尼姆斯的壓抑存在。

榮格醫師：我們不能這麼肯定。

芝諾女士：諸神的形象攜帶著永生的理念，不是嗎？因為他們也是以阿尼姆斯的形象進到女人的夢中，所以我認為我們可以說阿尼姆斯也帶有永生的意義。

榮格醫師：是的，沒有錯，但阿尼姆斯與阿尼瑪之間仍存在巨大的差異。

施密茨先生：個體身上會有永生嗎？

榮格醫師：不，只有作為意象的永生。永生屬於阿尼瑪的孩子。因為阿尼瑪還沒有生育，因此她承載著永生。一旦生育，她就死去。但阿尼瑪和阿尼姆斯的問題太過複雜，此處可能無法繼續討論。

案例摘要

♦

按報告的順序排列。此處是榮格所提的案例，但不見得是由他所治療的。

1、H．普萊斯維克，夢遊症者與靈媒。第1、2講。

2、模仿修鞋動作的女性精神病患。第3講。

3、B. St.，患有早發性失智症與妄想的女性。第3講。

4、試圖犯下謀殺罪的偏執律師。第3講。

5、跳進皇后馬車的瑞士年輕人。第8講。

6、試圖描繪聖靈的雕刻家。第9講。

7、和丈夫在日本團聚後發瘋的女性。第10講。

8、希望日子不再單調的富有病人。第10講。

9、在樹上看到豬的男酒鬼。第10講。

10、認為孩子「只是我生命中的偶然」的母親。第11講。

11、在不知情的狀況下住在妓院的直覺型女孩。第11講。

12、感官功能很弱的直覺型病人。第11講。

13、有救世主幻想的男性。第11講。

14、畫作中顯示出兩極爭鬥的美國年輕人。第13講。

15、住在南美並患有神經症的奧地利男孩，差點被教授唆使犯下謀殺罪。第13講。

16、對成為牧師感到懷疑的神學院學生。第14講。

17、罹患強迫症的男性，被年長女性所包養，他覺得自己已經分析完畢了。第16講。

夢、幻想與幻象

♦

按報告的順序排列。除非有特別說明，否則都是榮格本人的夢。

1、佛洛伊德的夢，但榮格不能透露它的主題。第3講。

2、有許多樓層跟地下室的房子（原文在《轉化的象徵》）。第3講。

3、放射蟲。第3講。

4、海關官員的鬼魂＝佛洛伊德；以及十字軍。第5講。

5、佛羅倫斯的涼廊；轉變成女孩的白鴿。第5講。

6、歐洲陷入災難的幻想。第5講。

7、幻想：女性的聲音（是斯皮勒林？）說他的寫作是藝術。第5講。

8、關於挖洞、進入洞穴，以及血泉的幻想。第6講。

9、殺死齊格飛。第6講、第7講、第8講。

10、凱庫勒的苯環幻象。第6講。

11、彼得．布洛布斯的夢。第8講。

12、以利亞和莎樂美的幻象。第8講、第11講、第12講。

13、彌撒期間衝進教堂的牛。第12講。

14、夢見黑色與白色魔法師的神學院學生。第14講。

引用和討論的榮格作品年代表

♦

原始出版品和相關文章的發表日期：

1896～1899《佐芬吉亞演講錄》（*The Zofingia Lectures*）（CW A）

1902〈論所謂超自然現象的心理學與病理學〉（"On the Psychology and Pathology of So-called Occult Phenomena"）M. D. Eder 翻譯，1916（後來收進 CW 1）。

1904～1909〈字詞聯想研究〉（"Studies in Word Association"）（CW 2）

1906〈精神分析和聯想實驗〉（"Psychoanalysis and Association Experiments"）（CW 2）

1906《歇斯底里症研究》（*Studies on Hysteria*）（CW 4）

1907〈早發性失智症的心理學〉（"The Psychology of Dementia Praecox"）（CW 4）

1908〈精神病的內容〉（"The Content of the Psychoses"）（CW 4）

1908《歇斯底里症研究》（*Studies on Hysteria*）（CW 4）

1912《力比多的轉化與象徵》（*Wandlungen und Symbole der Libido*）1916 年由 B. M. Hinkle 翻譯成《無意識的心理學》。

1912〈精神分析理論〉（"The Theory of Psychoanalysis"）（CW 4）

1913〈心理類型研究的貢獻〉（"A Contribution to the Study of Psychological Types"）（CW 6）

1916〈無意識的結構〉（The Structure of the Unconscious）（CW 7）

1916《無意識的心理學》（*Psychology of the Unconscious*）（即《力比多的轉化與象徵》）

1916～1917《分析心理學論文集》（*Collected Papers on Analytical Psychology*）

1917《無意識歷程的心理學》（*Die Psychologie der unbewussten Prozesse*）

1918《論無意識的心理學》（"On the Psychology of the Unconscious"）（CW 7）

1921《心理類型》（*Psychological Types*）H．G．拜恩斯在1923年翻譯，後來收錄於CW 6。

1923 波爾澤斯講座（Polzeath Seminar）

1925 斯旺納奇講座（Swanage Seminar）

1925《作為一種心理關係的婚姻》（"Marriage as a Psychological Relationship"）（CW 17）

1927《心靈與大地》（"Mind and Earth"）（CW 10）

1928《分析心理學二論：正常與病態心理的無意識／自我與無意識的關係》（*Two Essays in Analytical Psychology: The Unconscious in the Normal and Pathological Mind / The Relations between the Ego and the Unconscious*）由C．F．及H．G．拜恩斯翻譯，後來收錄於CW 7。

1928《分析心理學與教育》（"Analytical Psychology and Education"）（CW 17）

1928《分析心理學的貢獻》（*Contibutions to Analytical Psychology*），由C．F．及H．G．拜恩斯翻譯。

1928～30《夢的分析講座》（*Seminar on Dream Analysis*）1983年出版。

1929《黃金之花的祕密》（*The Secret of the Golden Flower*）C・F・拜恩斯翻譯，後來收錄於CW 13。

1931〈分析心理學的基本假設〉（"Basic Postulates of Analytical Psychology"）（CW 8）

1932〈畢卡索〉（"Picasso"）

1933《尋求靈魂的現代人》（*Modern Man in Search of a Soul*），由拜恩斯與戴爾翻譯。

1934〈無意識裡的原型〉（"Archetypes of the Collective Unconscious"）（CW 9i）

1934～39《尼采的《查拉圖斯特拉如是說》講座》（*Seminar: Nitzsche's Zarathustra*）1988年出版。

1934〈塔維史托克演講集〉（"The Tavistock Lectures"）（CW 18）

1937〈佐西默斯的幻象〉（"The Visions of Zosimos"）（CW 13）

1939 鈴木大拙的《禪學入門》序言（Forward to Suzuki's *Introduction of Zen Buddihism*）（CW 11）

1946〈移情心理學〉（"The Psychology of the Transference"）（CW 16）

1950〈易經序言〉（Forword to the *I Ching*）（CW 11）

1950〈關於曼陀羅的象徵〉（"Concerning Mandala Symbolism"）（CW 9i）

1952〈轉化的象徵〉（*Symbols of Transformation*）（CW 5）

1962《回憶・夢・省思》（*Memories, Dreams, Reflections* [*MDR*]）（亞菲編輯）

1973《榮格信件集》（*Letters*）（由阿德勒與亞菲編輯）

1974《佛洛伊德與榮格通信集》（*The Freud/Jung Letters*）（麥逵爾編輯）

1977《榮格演講集》（*C. G. Jung Speaking*）（由麥逵爾與霍爾編輯）

1979《榮格：文字與意象》（*Jung: Word and Image*）（亞菲編輯）

榮格全集[1]

The Collected Work of C.G. Jung

第一卷：《精神病學研究》（Psychiatric Studies）（1957 初版；1970 二版）

論所謂神祕現象的心理學與病理學

On the Psychology and Pathology of So-Called Occult Phenomena（1902）

論歇斯底里的誤讀

On Hysterical Misreading（1904）

潛隱記憶

Cryptomnesia（1905）

論狂躁性情感疾患

On Manic Mood Disorder（1903）

一名拘留所犯人的歇斯底里昏迷案例

A Case of Hysterical Stupor in a Prisoner in Detention（1902）

論假性精神失常

On Simulated Insanity（1903）

假性精神失常案例的醫學觀點

A Medical Opinion on a Case of Simulated Insanity（1904）

關於兩個相互矛盾之精神病學診斷的第三及最後一項意見

A Third and Final Opinion on Two Contradictory Psychiatric Diagnoses（1906）

1 編者：Sir Herbert Read、Michael Fordham、Gerhard Adler；William McGuire 主編。英譯者為 RFC Hull，例外處另行註記。

論事實的心理診斷
On the Psychological Diagnosis of Facts（1905）

第二卷：《實驗研究》（Experimental Researches）（1973）[2]

字詞聯想研究（Studies In Word Association）（1904-7, 1910）

普通受試者的聯想（由榮格與 F. 瑞克林合著）
The Associations of Normal Subjects（by Jung and F. Riklin）

一名癲癇症患者的聯想分析
An Analysis of the Associations of an Epileptic

聯想實驗中的反應時間比
The Reaction-Time Ratio in the Association Experiment

記憶能力的實驗觀察
Experimental Observations on the Faculty of Memory

精神分析與聯想實驗
Psychoanalysis and Association Experiments

證據的心理學診斷
The Psychological Diagnosis of Evidence

聯想、夢和歇斯底里式症狀
Association, Dream, and Hysterical Symptom

聯想實驗的精神病理學意義
The Psychopathological Significance of the Association Experiment

聯想實驗中的再現障礙
Disturbances of Reproduction in the Association Experiment

聯想法
The Association Method

家庭情結
The Family Constellation

心理生理學研究（Psychophysical Researches）（1907-8）

論聯想實驗中的心身關係
On the Psychophysical Relations of the Association Experiment

用電流計和呼吸描記器對一般個案和精神病患者進行的心身研究（由F. 彼得森與榮格合著）
Psychophysical Investigations with the Galvanometer and Pneumograph in Normal and Insane Individuals (by F. Peterson and Jung)

對一般個案和精神病患者的電流現象與呼吸的進一步研究（由C. 里克舍與榮格合著）
Further Investigations on the Galvanic Phenomenon and Respiration in Normal and Insane Individuals (by C. Ricksher and Jung)

附錄：徵兵的統計細節（Statistical Details of Enlistment，1906）；犯罪心理學的新向度（New Aspects of Criminal Psychology，1908）；蘇黎世大學精神病診所採用的心理學調查方法（The Psychological Methods of Investigation Used in the Psychiatric Clinic of the University of Zurich，1910）；論情結學說（On the Doctrine Complexes，[1911] 1913）；論證據的心理學診斷（On the Psychological Diagnosis of Evidence，1937）

第三卷：《精神疾病的心理成因》（The Psychogenesis of Mental Disease）（1960）[3]

早發性癡呆症的心理學
The Psychology of Dementia Praecox（1907）

精神病的內容
The Content of the Psychoses（1908/14）

---

2 由 Leopold Stein 主譯，Diana Riviere 合譯。

3 中譯注：為去除患者汙名形象，我國衛生福利部已於二〇一四年將 Schizophrenia 中譯正名為「思覺失調症」，此處從之；舊譯「精神分裂症」。

論心理學的認知
On Psychological Understanding（1914）
對布魯勒思覺失調抗拒症理論的批評
A Criticism of Bleuler's Theory of Schizophrenic Negativism（1911）
論無意識在心理學中的重要性
On the Importance of the Unconscious in Psychology（1914）
論精神疾病之心理起因問題
On the Problem of Psychogenesis in Mental Disease（1919）
精神疾病與心靈
Mental Disease and the Psyche（1928）
論思覺失調症的心理起因
On the Psychogenesis of Schizophrenia（1939）
針對思覺失調症的新近見解
Recent Thoughts on Schizophrenia（1957）
思覺失調症
Schizophrenia（1958）

第四卷：《佛洛伊德與精神分析》（Freud and Psychoanalysis）（1967）
佛洛依德的歇斯底里症理論：答阿莎芬伯格
Freud's Theory of Hysteria: A Reply to Aschaffenburg（1906）
佛洛依德的歇斯底里症理論
The Freudian Theory of Hysteria（1908）
一項對謠言心理學的貢獻
A Contribution to the Psychology of Rumour（1910-11）
論數字夢的意義
On the Significance of Number Dreams（1910-11）
針對莫頓・普林斯〈夢的機制和詮釋〉的批評性回顧
Morton Prince' s "The Mechanism and Interpretation of Dreams": A Critical Review（1911）
論對精神分析的批評
On the Criticism of Psychoanalysis（1910）
關於精神分析
Concerning Psychoanalysis（1912）

精神分析的理論
The Theory of Psychoanalysis（1913）
精神分析學概覽
General Aspects of Psychoanalysis（1913）
精神分析與精神官能症
Psychoanalysis and Neurosis（1916）
精神分析中的一些關鍵：榮格博士和洛伊博士的一則通信
Some Crucial Points in Psychoanalysis: A Correspondence between Dr. Jung and Dr. Loÿ（1914）
《分析心理學論文集》序文
Prefaces to "Collected Papers on Analytical Psychology"（1916, 1917）
父親對於個人命運的重要性
The Significance of the Father in the Destiny of the Individual（1909/1949）
克蘭費爾德〈精神祕徑〉之引言
Introduction to Kranefeldt's "Secret Ways of the Mind"（1930）
佛洛依德和榮格的對比
Freud and Jung: Contrasts（1929）

第五卷：《轉化的象徵》（Symbols of Transformation）（[1911-12/1952] 1956；1967二版）

第一部

前言
Introduction
兩種思惟方式
Two Kinds of Thinking
米勒小姐的幻想：病歷
The Miller Fantasies: Anamnesis
詠造物
The Hymn of Creation
蛾之曲
The Song of the Moth

第二部

前言
Introduction
力比多的概念
The Concept of Libido

力比多的轉化
The Transformation of Libido
英雄的起源
The Origin of the Hero
母親和重生的象徵
Symbols of the Mother and of Rebirth
從母親脫離的戰役
The Battle for Deliverance from the Mother
雙面性的母親
The Dual Mother
犧牲
The Sacrifice
結語
Epilogue
附錄：米勒的幻想
Appendix: the Miller Fantasies

第六卷：《心理類型》（Psychological Types）（[1921] 1971）[4]

前言
Introduction
古典時代與中世紀思想中的類型問題
The Problem of Types in the History of Classical and Medieval Thought
席勒對於類型問題的見解
Schiller's Ideas on Type Problem
日神型與酒神型
The Apollonian and the Dionysian
人類性格中的類型問題
The Type Problem in Human Character
精神病理學中的類型問題
The Type Problem in Psychopathology
現代哲學中的類型問題
The Type Problem in Modern Philosophy
傳記文學中的類型問題
The Type Problem in Biography
心理類型的基本描述
General Description of the Types
定義
Definitions

結語

Epilogue

附錄：心理類型四論（1913、1925、1931、1936）

第七卷：《分析心理學二論》（Two Essays on Analytical Psychology）（1953; 1966 二版）

論無意識的心理學

On the Psychology of the Unconscious（1917/1926/1943）

自我與無意識之間的關係

The Relations between the Ego and the Unconscious（1928）

附錄：心理學的新道路（New Paths in Psychology，1912）；無意識的結構（The Structure of the Unconscious，1916：1966 新版另有更動）

第八卷：《心靈的結構與動力》（The Structure and Dynamics of the Psyche）（1960：1969 二版）

論心靈能量

On Psychic Energy（1928）

超越功能

The Transcendent Function（[1916] 1957）

回顧情結理論

A Review of the Complex Theory（1934）

體質與遺傳在心理學中的意義

The Significance of Constitution and Heredity in Psychology（1929）

決定人類行為的心理要素

Psychological Factors Determining Human Behavior（1937）

本能與無意識

Instinct and the Unconscious（1919）

心靈的結構

The Structure of the Psyche（1927/1931）

論心靈的性質

On the Nature of the Psyche（1947/1954）

夢心理學概覽

4 R.F.C. Hull 對 H.G. Baynes 譯本的修訂版。

General Aspects of Dream Psychology（1916/1948）

論夢的性質
On the Nature of Dreams（1945/1948）
神靈信仰的心理學基礎
The Psychological Foundation of Belief in Spirits（1920/1948）
精神與生命
Spirit and Life（1926）
分析心理學的基本假設
Basic Postulates of Analytical Psychology（1931）
分析式的心理學和**世界觀**
Analytic Psychology and *Weltanschauung*（1928/1931）
現實與超現實
The Real and the Surreal（1933）
人生的各個階段
The Stages of Life（1930-31）
靈魂與死亡
The Soul and Death（1934）
共時性：一個非因果性的聯繫定律
Synchronicity: An Acausal Connecting Principle（1952）
附錄：論共時性（On Synchronicity，1951）

第九卷 第一部：《原型與集體無意識》（The Archetypes and the Collective Unconscious）（1959；1968 二版）
集體無意識的原型
Archetypes of the Collective Unconscious（1934/1954）
集體無意識的概念
The Concept of the Collective Unconscious（1936）
關於原型，特別涉及阿尼瑪概念
Concerning the Archetypes, with Special Reference to the Anima Concept（1936/1954）
母親原型的心理層面
Psychological Aspects of the Mother Archetype（1938/1954）
關於重生
Concerning Rebirth（1940/1950）

兒童原型的心理學
The Psychology of the Child Archetype（1940）
處女神珂蕊的心理學面向
The Psychological Aspects of the Kore（1941）
童話中的神靈現象學
The Phenomenology of the Spirit in Fairytales
（1945/1948）
論搗蛋鬼人物的心理學
On the Psychology of the Trickster-Figure（1954）
意識、無意識與個體化
Conscious, Unconscious, and Individuation（1939）
個體化歷程研究
A Study in the Process of Individuation（1934/1950）
關於曼陀羅象徵
Concerning Mandala Symbolism（1950）
附錄：曼陀羅（Mandalas，1955）

第九卷 第二部：《伊庸：自性的現象學研究》
（Aion: Researches into the Phenomenology of the Self）（[1951] 1959；1968二版）

自我
The Ego
陰影
The Shadow
聖耦：阿尼瑪和阿尼姆斯
The Syzygy: Anima and Animus
自性
The Self
基督：自性的象徵
Christ, A Symbol of the Self
雙魚的象徵
The Sign of the Fishes
諾查丹瑪斯預言
The Prophecies of Nostradamus
魚的歷史意義
The Historical Significance of the Fish
魚之象徵的矛盾性質
The Ambivalence of the Fish Symbol
煉金術中的魚
The Fish in Alchemy

煉金術對魚的詮釋
The Alchemical Interpretation of the Fish
基督教煉金術象徵的心理學背景
Background to the Psychology of Christian Alchemical Symbolism
諾斯替派的自性象徵
Gnostic Symbols of the Self
自性的結構與動力
The Structure and Dynamics of the Self
結語
Conclusion

第十卷：《變遷中的文明》（Civilization in Transition）（1964；1970二版）

無意識的作用
The Role of the Unconscious（1918）
人心與大地
Mind and Earth（1927/1931）
古代人
Archaic Man（1931）
現代人的精神問題
The Spiritual Problem of Modern Man（1928/1931）
一名學生的戀愛問題
The Love Problem of a Student（1928）
歐洲的女性
Woman in Europe（1927）
心理學之於現代人的意義
The Meaning of Psychology for Modern Man（1933/1934）
當今心理治療的狀況
The State of Psychotherapy Today（1934）
〈當代事件雜論〉之序跋
Preface and Epilogue to "Essays on Contemporary Events"（1946）
沃坦
Wotan（1936）
浩劫過後
After the Catastrophe（1945）
與陰影交戰
The Fight with the Shadow（1946）

未發現的自性：如今與未來
The Undiscovered Self (Present and Future)（1957）
飛碟：一則現代神話
Flying Saucers: a Modern Myth（1958）
關於良知的心理學觀點
A Psychological View of Conscience（1958）
分析心理學中的善與惡
Good and Evil in Analytical Psychology（1959）
東尼・沃爾夫〈榮格心理學研究〉之引言
Introduction to Toni Wolff's "Studies in Jungian Psychology"（1959）
歐洲範圍內的瑞士路線
The Swiss Line in the European Spectrum（1928）
評論凱澤林〈令美國自由〉及〈世界革命〉
Reviews of Keyserling' s "America Set Free" (1930) and "La Révolution Mondiale" (1934)
美國心理學的複雜性
The Complications of American Psychology（1930）
印度的如夢世界
The Dreamlike World of India（1939）
印度能教給我們什麼
What India can teach us（1939）
附錄：文獻（1933-38）

第十一卷：《心理學與宗教：西方與東方》

（Psychology and Religion: West and East）（1958；1969二版）

西方宗教

心理學與宗教（泰瑞講堂）
Psychology and Religion (the Terry Lectures)（1938/1940）
三位一體教義的心理學考究
A Psychological Approach to the Dogma of the Trinity（1942/1948）
彌撒中的體變象徵
Transformation Symbolism in the Mass（1942/1954）
懷特〈上帝與無意識〉之前言
Foreword to White's "God and the Unconscious"（1952）
韋伯洛斯基〈路西法與普羅米修斯〉之前言
Foreword to Werblowsky's "Lucifer and Prometheus"（1952）

聖徒克勞斯
Brother Klaus（1933）
心理治療者或神職人員
Psychotherapists or the Clergy（1932）
答約伯
Answer to Job（1952）

東方宗教

對《西藏大解脫經》的心理學闡釋
Psychological Commentary on "The Tibetan Book of the Dead"（1939/1954）
對《西藏度亡經》的心理學闡釋
Psychological Commentary on "The Tibetan Book of the Great Liberation"（1935/1953）
瑜伽與西方
Yoga and the West（1936）
鈴木大拙《禪學入門》之前言
Foreword to Suzuki's "Introduction to Zen Buddhism"（1939）
東洋冥想心理學
The Psychology of Eastern Meditation（1943）
印度聖人：齊默《邁向真我之路》之引言
The Holy Men of India: Introduction to Zimmer's "Der Weg zum Selbst"（1944）
《易經》之前言
Foreword to the "I-Ching"（1950）

第十二卷：《心理學與煉金術》（Psychology and Alchemy）（[1944] 1953，1968 二版）

英文版緒論
Prefatory Note to the English Edition（[1951?] 1967 增補）
煉金術的宗教與心理學問題引論
Introduction to the Religious and Psychological Problems of Alchemy
與煉金術相關的個體夢象徵
Individual Dream Symbolism in Relation to the Alchemy（1936）
煉金術中的宗教觀念
Religious Ideas in Alchemy（1937）

結語

Epilogue

第十三卷：《煉金術研究》（Alchemy Studies）（1968）

《太乙金華宗旨》評述

Commentary on "The secret of the golden flower"（1929）

佐西默斯的異象

The Vision of Zosimos（1938/1954）

作為一種精神現象的帕拉西爾蘇斯

Paracelsus as a Spiritual Phenomenon（1942）

神靈墨丘利

The Spirit Mercurius（1943/1948）

哲理之樹

The Philosophical Tree（1945/1954）

第十四卷：《神祕合體：考究煉金術中心靈對立面的分離與聚合》（Mysterium Coniunctionis: an Inquiry into the Separation and Synthesis of Psychic Opposites in Alchemy）（[1955-56] 1963，1970二版）

合體的組成部分

The Components of the Coniunctio

自相矛盾體

The Paradoxa

對立面的化身

The Personification of the Opposites

王與后

Rex and Regina

亞當與夏娃

Adam and Eve

結合

The Conjunction

結語

Epilogue

第十五卷：《人、藝術與文學中的精神》（The Spirit in Man, Art, and Literature）（1966）

帕拉西爾蘇斯

Paracelsus（1929）

帕拉西爾蘇斯醫師

Paracelsus the Physician（1941）

佛洛伊德與其歷史背景
Sigmund Freud in His Historical Setting（1932）
紀念佛洛伊德
In Memory of Sigmund Freud（1939）
紀念衛禮賢
Richard Wilhelm: in Memoriam（1930）
論分析心理學與詩歌的關係
On the Relation of Analytical Psychology to Poetry（1922）
心理學與文學
Psychology and Literature（1930/1950）
尤利西斯：一齣獨角戲
Ulysses: A Monologue（1932）
畢卡索
Picasso（1932）

第十六卷：《心理治療之實踐》（The Practice of Psychotherapy）（1954，1966二版）

第一部：心理治療的一般問題

實用心理治療的原則
Principles of Practical Psychotherapy（1935）

何謂心理治療？
What is Psychotherapy?（1935）
現代心理治療的一些層面
Some Aspects of Modern Psychotherapy（1930）
心理治療的目標
The Aims of Psychotherapy（1931）
現代心理治療的問題
Problems of Modern Psychotherapy（1929）
心理治療與一種人生哲學
Psychotherapy and a Philosophy of Life（1943）
醫學與心理治療
Medicine and Psychotherapy（1945）
今日的心理治療
Psychotherapy Today（1945）
心理治療的基本問題
Fundamental Questions of Psychotherapy（1951）

第二部：心理治療的特殊問題

宣洩的治療性價值
The Therapeutic Value of Abreaction（1921/1928）

析夢實務
The Practical Use of Dream-Analysis（1934）

移情心理學
The Psychology of the Transference（1946）

附錄：實用心理治療的現實性（The Realities of Practical Psychotherapy）（[1937] 1966 增補）

第十七卷：《人格的發展》（The Development of Personality）（1954）

一個孩子的心靈衝突
Psychic Conflicts In A Child（1910/1946）

威克斯〈童年的心理分析〉之引言
Introduction to Wickes's "Analyse der Kinderseele"（1927/1931）

兒童的發展與教育
Child Development and Education（1928）

分析心理學與教育三講
Analytical Psychology and Education: Three Lectures（1926/1946）

天才兒童
The Gifted Child（1943）

無意識之於個體教育的重要意義
The Significance of the Unconscious in Individual Education（1928）

人格的發展
The Development of Personality（1934）

婚姻作為一種心理關係
Marriage as a Psychological Relationship（1925）

第十八卷：《雜文集：象徵的生活》[5]（The Symbolic Life）（1954）

第十九卷：《榮格全集參考書目》（Complete Bibliography of C.G. Jung's Writings）（1976，1992二版）

第二十卷：

全集索引（General Index of the Collected Works）（1979）

佐芬吉亞演講集（The Zofingia Lectures）（1983）[6]

無意識心理學（Psychology of the Unconscious）（[1912] 1992）[7]

5 雜文集。由R.F.C. Hull等人合譯。

6 全集的補充卷A（Supplementary Volume A）。William McGuire編，Jan van Heurck譯，Marie-Louise von Franz導讀。

7 全集的補充卷B，為力比多的轉化與象徵之研究，以及思想史演變的歷史考證。Beatrice M. Hinkle譯，William McGuire導讀。

榮格心理學導論

出　　版／楓書坊文化出版社
地　　址／新北市板橋區信義路163巷3號10樓
郵政劃撥／19907596 楓書坊文化出版社
網　　址／www.maplebook.com.tw
電　　話／02-2957-6096
傳　　真／02-2957-6435
作　　者／卡爾・古斯塔夫・榮格
譯　　者／鐘穎
企劃編輯／陳依萱
校　　對／黃薇霓
港澳經銷／泛華發行代理有限公司
定　　價／480元
初版日期／2023年7月

國家圖書館出版品預行編目資料

榮格心理學導論 / 卡爾・古斯塔夫・榮格作；鐘穎譯. -- 初版. -- 新北市：楓書坊文化出版社, 2023.07　面；公分

譯自：Introduction to Jungian psychology : notes of the seminar on analytical psychology given in 1925

ISBN 978-986-377-857-8（平裝）

1. 榮格(Jung, C. G.(Carl Gustav), 1875-1961)
2. 學術思想 3. 心理學

170.189　　112004794